体育产业的发展
及其市场化运营研究

彭　坤/著

中国水利水电出版社
www.waterpub.com.cn
·北京·

内 容 提 要

本书以体育产业为研究对象,以发展与市场化运营为研究角度和写作主线,在简要阐述体育产业理论与发展现状的基础上,结合现阶段我国体育产业结构、体育产业组织、体育产业政策,对我国区域优势体育产业的培育与发展、体育产业的市场化运营理论进行了科学研究,有助于读者对我国体育产业发展的科学理论基础与整体环境有一个全面、深入的认识与了解。同时,本书还就具体的体育产业构成内容,包括体育俱乐部、竞技体育产业、休闲体育产业、体育用品产业、体育传媒业、体育彩票业、体育广告业及体育赞助业等的科学化发展与市场化运营进行了系统研究。全书专业性、指导性强,是一本关于体育产业系统研究的科学读本,对现阶段我国体育产业的科学化运营与发展具有重要的理论与现实指导作用。

图书在版编目（C I P）数据

体育产业的发展及其市场化运营研究 / 彭坤著. --
北京 : 中国水利水电出版社, 2016.11 (2022.9重印)
ISBN 978-7-5170-4860-2

Ⅰ. ①体… Ⅱ. ①彭… Ⅲ. ①体育产业－产业发展－
研究②体育产业－运营管理－研究 Ⅳ. ①G811
②G80-052

中国版本图书馆CIP数据核字(2016)第261795号

责任编辑：杨庆川　陈　洁　封面设计：马静静

书　　名	体育产业的发展及其市场化运营研究 TIYU CHANYE DE FAZHAN JIQI SHICHANGHUA YUNYING YANJIU	
作　者	彭坤　著	
出版发行	中国水利水电出版社 （北京市海淀区玉渊潭南路 1 号 D 座　100038） 网址：www.waterpub.com.cn E-mail :mchannel@263.net（万水） 　　　sales@mwr.gov.cn 电话：(010)68545888(营销中心)、82562819（万水）	
经　售	全国各地新华书店和相关出版物销售网点	
排　版	北京鑫海胜蓝数码科技有限公司	
印　刷	天津光之彩印刷有限公司	
规　格	170mm×240mm　16 开本　20 印张　358 千字	
版　次	2016年11月第1版　2022年9月第2次印刷	
印　数	1501-2500册	
定　价	60.00 元	

前　言

当前,我国非常重视体育事业的发展,体育产业的科学化发展是我国体育事业发展战略的重要内容之一,也是新时期我国产业结构调整和不断完善背景下国民经济的一个新的增长点。深化体育产业发展与加快体育产业经济建设是充分发挥体育的经济价值,同时进一步引导体育社会、文化功能的发挥,以提高我国综合国力、实现体育强国梦想的重要和有效途径。

我国体育产业的发展和国外体育产业发达国家相比,起步较晚、缺乏经验,尤其是在体育产业理论方面的探索要远远落后于体育产业实践的发展,因此特撰写《体育产业的发展及其市场化运营研究》一书,旨在通过对体育产业的经济理论分析,探寻我国体育产业的市场化运行规律与科学机制,为我国体育产业的科学化发展提供理论与现实指导。

本书的研究内容涉及了体育产业的方方面面。在内容论述上,主要侧重于我国体育产业发展与市场化运营的理论研究,同时结合我国体育产业发展现状及发展环境、影响因素对未来体育产业发展进行了分析并提出了科学化发展策略,兼具理论与实践指导意义。

全书共十一章,第一章为体育产业的基本理论与发展现状调查,在解析体育产业概念的基础上,简要阐述了体育产业的内容及分类、属性及特征、体育产业的相关概念与理论,并对当前我国体育产业的发展现状进行了调查与分析;第二章为体育产业结构及其优化发展研究,主要内容包括体育产业结构的基本理论、体育产业结构的演进与变动规律、影响体育产业结构变动的因素分析、体育产业结构优化的路径选择;第三章为体育产业组织的发展与探讨,在阐述体育产业组织基本理论和分析我国体育产业组织发展现状的基础上,结合我国体育产业组织中的相关问题进行了思考与探讨,并提出了改善对策;第四章为体育产业政策的发展与探讨,对体育产业政策的基本理论、我国体育产业政策变迁及其对我国体育产业发展影响进行了科学研究,指出了现阶段促进我国体育产业发展的政策策略;第五章为我国区域优势体育产业的培育与发展研究,重点对区域优势体育产业发展的基本理论、发展的因素、产业选择方法进行了研究,并据此提出了新时期我国区域优势体育产业培育与发展的策略;

第六章从基本理论、环境分析与发展战略三个方面对体育产业市场化运营进行了科学研究；第七章至第十章分别对我国体育俱乐部、竞技体育产业、休闲体育产业、体育用品等产业的发展和运营进行了系统化研究；第十一章对其他体育产业的发展及市场化运营进行了详细研究，主要内容涉及体育传媒业、体育彩票业、体育广告业与体育赞助业。

整体来看，本书通过系统清晰的结构、科学严谨的理论研究和丰富全面的知识点，从市场发展的角度对我国体育产业进行了深入地剖析和探索，充分体现出了时代性、科学性、系统性、实用性等特点，是一本关于体育产业的专业性较强的学术著作。

在撰写过程中，本书参考和借鉴了部分专家学者的研究成果和观点，在此表示最诚挚的感谢！由于时间和精力有限，本书难免存在不足之处，敬请广大读者批评指正。

作者

2016 年 9 月

目 录

第一章　体育产业的基本理论与发展现状调查

体育产业,从某种意义上来说就是体育产业化的产物。体育产业有着其自身的属性及内容。需要强调的是,国内外的体育产业存在着一定的差别,这不仅表现在对体育产业概念的理解上,也表现在其类型的划分、特征等方面。与体育产业相关的方面有很多,其中,较为主要的有体育产品、体育市场、体育消费等,对这些相关概念的了解,有助于更好地理解和认识体育产业。本章主要对体育产业的概念、内容及分类、属性及特征、相关概念与理论以及我国体育产业的发展现状进行调查与分析。

第一节　体育产业的概念解析

当前,尽管体育产业得到了很大程度的发展,一些发达国家的体育产业甚至已经形成了较为完善和健全的发展体系。但是,关于体育产业的概念,当前还没有统一的说法,国内外不同专家学者所持有的观点也存在着一定的差异性。下面就对体育产业的概念进行深入全面地分析和阐述。

一、体育产业概念的界说

(一)体育产业外延的广义说

"体育产业外延的广义说",主要是指国内外学者在产业外延广义化的共同点。关于"体育产业外延的广义说"的表述中,较为典型的为:与体育有关的一切生产、经营活动部门的总和。其产品包括体育物质产品、体育服务和劳务产品;健身娱乐、竞技观赏业、体育传媒业、体育用品业、体育广告业、体育博彩业、体育饮品业等都属于其内容的范畴。

通过上述对"体育产业外延的广义说"的了解,可以看出,其将生产物质产品的企业纳入体育产业的范畴,外延泛化的问题是较为显著的,具体来说,主要体现在以下几个方面:首先,物质产品与服务或劳务的产品属性是完全不同的,彼此间没有替代的可能,故两类产品不符合同一商品市场的产业划分标准;其次,物质产品与服务或劳务产品在生产技术和工艺上的差异性也是较为显著的;最后,生产物质产品的部门与提供服务或劳务产品的部门与 A.Fisher 提出的三次产业分类法的要求也不相符。由此可以得知,"体育产业外延的广义说"不仅与经济学原理不相同,同时也与逻辑学规则相悖。

（二）体育产业的体育事业说

所谓的"体育产业的体育事业说",就是指体育事业包含了体育产业,或称体育产业是社会主义市场经济运行体制下的体育事业,它是体育事业由传统的计划经济转到社会主义市场经济体制下的称谓。

"体育产业的体育事业说"所存在的问题主要表现为:概念关系不明,并且不符合现行实际改革。一般来说,任何学科的研究概念均有其特定指涉的本质内涵和相对明晰的外延结构,换句话说,就是研究概念都是以特定的有形现象或抽象内容为基础而产生的,以高度提炼的方式予以实现的一种概括。如果将体育产业与体育事业放在同一层次上来进行考察,就可以发现,这两者之间的内涵与外延的差异性是较为显著的,属全异关系的概念,换句话说,就是产业是同类经济活动的总和,而事业是创造公益性、福利性公共产品的组织单位的集合。

（三）体育产业的体育事业可赢利部分说

所谓的"体育产业的体育事业可赢利部分说"就是指从实用性的角度提出了体育产业就是体育事业中可进入市场并可获得经济利益的那部分经济活动的总和。

"体育产业的体育事业可赢利部分说"存在的问题较多,其中,较为显著的有以下三个方面。

第一,概念的定义具有不完全性的缺陷,具体来说,就是事物性态的过程描述,并非就是事物的本质属性。

第二,这种界说对原来体育事业中就没有的但现确已成为体育产业构成部分的产业部门进行了排斥,换句话说,就是将现代保龄球服务部门、高尔夫球服务部门等在社会发展中为适应需求结构变动所产生的新兴的具有体育原生属性的产业部门排斥掉了。

第三,产业划分类型和层次存在着边界不清的问题。"体育产业的体育事业可赢利说"在判定体育产业的外延结构时,没有对第二次产业和第三次产业的划分规则引起重视,而是将获取经济利益作为唯一标准,以此为思维逻辑来认识体育产业,回到"体育产业外延的广义说"的路径上就成为一种必然。

（四）体育产业外延的狭义说

所谓的"体育产业外延的狭义说",就是指体育产业是生产和提供体育、运动服务或劳务产品的企业集合,或称以活动、劳动形式向全社会提供各类体育服务的行业总和。对产品的非实物性较为重视,以劳务或服务的"活动"形式存在,并提供满足人的身心等方面需求的使用价值,生产过程是消费者直接参与并享受的过程,这些都是这一界说的主要特点所在。

"体育产业外延的狭义说"与产业经济学理论和逻辑学的规划是较为相符的,具体来说,主要体现在以下三个方面。

第一,将生产和提供体育、运动服务或劳务产品的企业作为指涉对象,对体育产业的产品属性的同质性进行了明确的规定,与"具有某种同一属性经济活动"和产业定义和以相同商品市场为单位的产业划分规则是相符的。

第二,体育、运动服务或劳务产品的生产过程和技术工艺存在着一定的相似性,具体来说,两者的基本要素都是人体运动,运动设施、设备等生产所需的投入品也是较为相似的,都需按解剖、生理、力学等原理和规则生产体育产品等。

第三,以活动劳动的形式生产或提供体育、运动服务或劳务产品的产业是与 A.Fisher、C.Clark、S.Kaznets 等人创立并发展的三次产业分类的标准相符的,换句话说,就是体育产业属于第三次产业的范畴。

二、国内外体育专家对体育产业概念的理解

（一）国外专家学者的观点

从当前的形势看,国外大部分体育专家及学者对体育产业概念的界定都有自己独特的见解,某些地方甚至存在着一定的分歧。但是,从总体上来说,国外众多的专家及学者对体育产业概念的界定都基于操作性层面,具体来说,就是对体育产业研究的可行性较为偏重,而不仅仅局限于体育产业的理论方面。比如,有的学者将体育产业的概念界定为向购买者提供体育、健身、娱乐和休闲产品的市场;有的学者把体育产业界定为生产体育活动的企业或组织;有的学者将体育产业分为主体产业和相关产业等。

另外,国外的体育专家及学者在对体育产业进行研究和探索时,往往都会把体育产业看作是体育物质产品与服务产品生产企业或组织的集合。他们对体育产业内涵与外延的理解的差异性也是存在的,因此,关于国外专家对体育产业概念的界定也没有一个统一的定论。尽管如此,但有一点是可以确定的,那就是绝大部分专家及学者都将体育健身娱乐业、体育竞赛表演业、体育用品制造业与销售业、体育场馆服务业归纳到体育产业当中,认为这些类型的体育产业形成了整个体育产业的主干产业。

（二）国内专家学者的观点

我国在体育产业的研究方面,也存在着一定的差异性。在一些文件中就有所体现。比如,我国的《体育产业发展纲要》将体育产业分为三大类:第一类为体育主体产业,如体育竞赛表演、训练、健身、娱乐等的经营;第二类指为体育活动提供服务的体育相关产业类,如体育用品、器械的生产经营等;第三类是体育部门开展得旨在补助体育事业发展的其他各类产业活动。而《国民经济行业分类》则将体育产业从卫生、体育和社会福利中调整出来,与文化、娱乐共同构成文化、体育娱乐业,只对体育产业的类别归属进行了划分,并未对体育产业的概念做出界定。

另外,我国体育方面的专家学者,在经过长期的探索后,也纷纷发表了对体育产业的认识和观点,具体来说,较为具有代表性的观点有以下几个方面。

（1）体育产业是指进入市场实行商业化经营的体育活动范畴。其包括的内容主要有运动训练与竞赛、体育健身娱乐、体育辅导与培训等几个方面。

（2）体育产业为第三产业中的一个部门,即体育产业或体育业,它是国民经济的重要组成部分。

（3）体育产业是同类体育劳务企业的总和,但不包括体育相关产品企业。

（4）体育产业主要包括体育活动自身的经营,与体育紧密相关的产业,体育系统组织的各种商业经营活动三大类。

（5）体育产业主要分为核心产业、中介产业和外围产业三个板块。核心产业主要包括体育健身娱乐、竞赛表演等市场;中介产业主要包括体育经纪市场和体育媒体市场等;外围产业主要包括体育用品市场、体育旅游市场和保险市场等。

（6）广义的体育产业是指包括以盈利为目的的体育企业和各种公益

性、事业性体育机构；狭义的体育产业则指体育企业的集合。

（7）体育产业是指与体育运动相关联的一切生产经营活动。通常情况下，体育产业不仅仅局限于直接的服务和劳动。第二产业中的体育服装等产品以及第三产业中体育旅游、体育媒体、体育彩票等也都属于体育产业的范畴。

从上述几个观点中可以看出，我国大部分体育专家及学者对体育产业的概念都有自己独特的见解，由于研究的着眼点不同，因此对体育产业的理解也存在着一定的差异性，对此我们要综合以上专家及学者的观点，从整体上来把握体育产业的概念。

三、体育产业的概念

通过将国内外众多体育专家及学者的观点综合起来，可以从广义和狭义上来对体育产业的概念进行理解。具体来说，广义的体育产业是指全社会提供体育产品的企业、组织、部门和活动的集合，包括体育服务业和体育相关产业两大领域；而狭义的体育产业是指以体育劳务形式为消费者提供体育服务产品生产的企业、组织、部门和活动的集合。

总的来说，体育产业是随着社会经济的不断发展而出现的一种新的产业形态，它是体育运动由原来的自给自足的自为模式向组织化、生产化、消费化和盈利化的产业运营模式转变的产物。简单而言，体育产业就是生产和经营体育商品的企业集合体。

第二节　体育产业的内容及分类

随着体育运动的不断发展，与之相关的体育产业的内容也逐渐得以丰富，体育产业的类型划分也越来越明确，越来越细致。下面主要对体育产业的内容和分类进行分析和阐述，从而更好地了解体育产业。

一、体育产业的内容

体育产业能够使人们对体育的多样化需求得到满足，是一切生产性组织和经营性组织的集合，是包括体育生产制造业、体育用品销售业、体育设施业、体育服务业等在内的综合产业。体育产业的内容主要包括四个方面，即体育本体产业、体育相关产业、体育延伸产业和体育边缘产业。

（1）体育本体产业：是指以体育自身特性为主要依据而进行生产、服务的部门，比较具有代表性的有体育培训业、竞赛表演业等，是一种产业部门群。

（2）体育相关产业：是指以体育为资源和手段进行生产、服务的部门，比较具有代表性的有体育用品制造业、体育广播等，是一种产业链。

（3）体育延伸产业：是指在体育产业周围形成的综合性的行业网络，各个行业之间没有性质上的联系，只有形式上的联系，比较具有代表性的有体育彩票、体育保险、体育旅游、体育经纪等，是一种行业网络。

（4）体育边缘产业：是指为了更好地发挥体育本体产业的效益，而提供的综合服务的部门，比较具有代表性的有为体育活动提供的饮食、住宿以及纪念品等，是体育本体产业的重要组成部分。

二、体育产业的分类

在体育产业的分类上，国内外体育专家所持有的观点也存在着一定的差异性。下面就对此进行详细的分析和阐述。

（一）国外体育专家对体育产业的分类

国外体育专家及学者关于体育产业分类的观点主要集中在以下三个方面，分为三个模式。

（1）皮兹模式。皮兹模式是由学者皮兹于 1994 年提出的，这一模式把体育产业分为体育表演、体育生产、体育推广三个亚类。

（2）米克模式。米克模式是由米克于 1997 年提出的，这一模式把体育产业分为体育娱乐、体育产品、体育支持性组织共三个部分。

（3）苏珊模式。苏珊模式是由苏珊于 2001 年提出的，这一模式将体育产业划分为体育生产和体育支持两大类，其中体育支持类还可以扩展为政府内相关的体育机构、各级种类的体育协会、体育管理公司、体育媒体、体育用品的制造和销售、体育设施的建设与运营等六个种类。

总体来看，国外体育专家及学者对体育产业的分类是在当代西方社会经济条件下体育产业的生存和运作方式的基础上进行的。在西方发达国家，体育产业的发展时间较早，体育产业被普遍认知为向市场提供体育娱乐产品的行业，基于此，国外体育学者及专家对体育产业的分类基本上是按照体育娱乐产品的生产、营销、组织管理的业务流程的细分。他们对体育产业分类的思路基本相同，就是以体育娱乐产品的生产与管理流程为依据来进行分类，在这一前提下，体育产业系统主要分为三个部分，即体育生产子系统、体育营销子系统和体育支持保障子系统。

另外,体育产业链上下游的关系也可以作为一种划分标准来进行分类,按照这一划分标准,能够将体育产业划分为上游产业、中游产业和下游产业。其中,上游产业是指体育产业的原产业,主要反映体育产业的原生态,包括健身娱乐业和竞赛表演业;中游产业是指间接为健身娱乐业和竞赛表演业服务的支持性产业,包括体育器材、体育服装、体育鞋帽、体育媒体、体育中介、体育培训、体育场馆运营、体育保健康复等;下游产业是指间接为上游和中游产业服务的相关产业,缺少下游产业并不会对原产业的生存和运作产生影响,包括体育食品、体育饮料、体育旅游、体育建筑、体育博彩、体育房地产等(图1-1)。

图 1-1

依据体育产业链上下游关系的划分标准,是与体育产业发展特点相符的,它主要对体育产业是以体育活动为原点的生产、经营以及开发的产业链进行了阐述,同时,也将体育产业与一般产业之间的关系表明了出来,将体育产业自身的特点突出出来。

在现代市场经济条件下,体育产业的发展和革新的速度是非常快的。例如,群众体育中的体育活动因组织方式的变革而产生了健身娱乐业;竞技体育中的体育活动因竞赛组织的商业化和职业化的发展而产生了竞赛表演业。围绕这两个主业,经过不断的变革与发展又产生了一系列衍生性的产业。在新时期我国体育产业发展的过程中,必须要将群众体育和竞技体育的发展作为重中之重,因为这两个主业是整个体育产业发展的源头,只有上游产业做好了,中游和下游产业才能得到更好的发展。

(二)国内体育专家对体育产业的分类

国家体育总局颁发的《体育产业发展纲要》(以下简称《纲要》)中也对体育产业进行了类型的划分,具体来说,就是将体育产业主要划分为体育主体产业、体育相关产业和体办产业等分类,这一划分方法是国内关于体育产业最为权威的划分方法。

（1）体育主体产业。体育主体产业是指由体育部门管理、能发挥体育自身价值和功能的、提供体育服务为主的体育产业经营活动。体育主体产业主要包括竞技体育产业、体育教育科技产业、群众体育产业、体育彩票和体育赞助等。

（2）体育相关产业。体育相关产业是指与体育有关的其他产业的生产和经营活动,如体育场地、体育器材、体育服装、体育食品、体育饮料、体育广告和传媒经营与管理等。

（3）体办产业。体办产业是指体育部门为创收和补助体育事业的发展而开展的、体育主体产业以外的生产经营活动。

体育商品不同的性质是《纲要》对体育产业进行类型划分的重要依据。这一划分标准可以将体育产业分为两大类:一类是可以分为竞赛表演、健身娱乐、体育媒体、体育旅游、体育培训、体育博彩、体育中介、体育康复保健等的体育服务业,一类是可以分为体育器材、体育服装、体育鞋帽、体育食品、体育饮料、体育建筑等体育配套业(图 1-2)。

图 1-2

需要注意的是,《纲要》对体育产业的类型划分既有一定优点,也存在着一定的缺点。具体来说,优点主要表现在两个方面:一方面,其将体育产业的概念与分类突出了出来;另一方面,这一分类方法具有加强的可操作性,对于体育市场的培育和发展是较为有利的。缺点主要在于这种分类是站在部门管理的角度上对体育产业的分割,在此标准下,第一类和第三类产业是体育部门管得着的,第二类则是体育部门管不着的。因此,从这一方面看,《纲要》对体育产业分类的科学性是较为欠缺的。

第三节　体育产业的属性及特征

体育产业具有其本身的特殊属性,同时,也具有较为显著的特征。需要强调的是,我国的体育产业与世界范围内的体育产业在特征上存在着一定的差异性。

一、体育产业的属性

体育产业是在现代市场经济条件下形成的一种产业形态,可以说,体育产业是体育运动由原来的自给自足的自为模式向组织化、生产化、消费化和盈利化的产业运营模式转变的产物。体育产业是在市场经济条件下,体育活动组织专业化、参与消费化、运作营利化孕育的新型产业形态。它的外显形式是体育商品的不断涌现,以及体育经营企业的不断扩张。但是判断体育产业属性的关键在于其价值内核,因为价值内核对体育产业的存在与发展产生了重要的决定性作用,如果体育产业没有了价值内核,则体育产业将不复存在。由此可以判定体育产业的基本属性只能是隶属于第三产业的现代娱乐业。

另外,在体育相关产业中,体育服装、鞋帽、器材、食品、饮料等大量的实物性商品也存在着,这些是否属于体育产业,要通过体育产业的概念来判定。首先,体育服装、器材等实物性产品都是围绕体育活动而开展的,二者有着明显的主副关系。体育物质产品的生产经营作为主业配套而存在并不构成对体育产业本质的否定;其次,世界上所有的国家都将体育服装、器材等的生产和经营排除在体育产业之外,这已经形成了一个共识。很多国外学者认为,判定体育服装、器材等实物产品是否属于体育产业的关键在于使用此种产品的意图和此种产品的最终市场。社会大众使用体育服装、器材等实物性产品的根本意图是进行体育活动,而这些产品最终的市场也属于体育消费市场。由此可以得知,应该将这些体育实物产品归为体育产业一类。

从上述内容中可以得知,在认识与了解体育产业的基本属性时,要本着透过现象看本质的原则进行。不仅要坚持质的规定性,即坚持娱乐业是体育产业的基本属性;还要坚持体育产业上下游之间的天然联系,不能把体育产业只限定在只提供体育服务产品的一维空间。只有这样,才能对体育产业的本质属性有更加深入的了解和认识。

二、体育产业的特征

体育产业有着较为显著的特征,而对于世界体育产业和我国体育产业来说,两者的特征是有所差别的。下面就分别对世界体育产业和我国体育产业的特征进行分析和阐述。

（一）世界体育产业的特征

世界体育产业的显著特征,主要表现在以下几个方面。

1. 商业化程度较高

目前,体育产业进入了一个快速发展的阶段,体育产业渗透进社会生活的各个方面、各个行业之中。而体育产业的高度商业化是其发展的主要特征之一。

以美国 NBA 职业篮球联赛为例, NBA 是迄今为止最成功的体育经济产品之一。NBA 利用多年积累下来的完善的市场运作、成熟的商业理念、全方位的产品包装等将其商业帝国成功地推向全世界。

2. 有着广泛的影响力

随着现代文明病的不断肆虐,人们对体质健康提出了更高的要求,在业余时间大多数人们倾向于参加各种各样的健身运动。由于人们可以在体育运动中体验到健康和乐趣,因此世界体育人口的数量呈现出不断增长的趋势。现代体育产业的魅力巨大,尤其体现在商业价值上,它吸引着众多的公司以体育赞助和广告的形式参与到体育产业中来,影响力非常广泛。

3. 有着较高的产业产值

随着现代社会的不断发展,经济水平也上升到了一个新的高度。随着人们体育活动需求的不断增长,体育产业的产值也在不断地提高。体育产业消耗能源少,环境污染少,符合转变经济增长方式的要求,是一个可以长期存在和可持续发展的产业。

4. 从业人数较多

由于体育产业有着较为广泛的影响,因此,这就促使体育产业成为就业的重要途径,也在一定程度上解决了就业难的问题,因此,具有促进就业的特征。

伴随着体育运动的社会化、职业化、商业化,体育产业的国际化程度正在不断加强,体育产业必将在扩大内需、吸纳就业等方面,在国民经济发展中发挥巨大的推动作用。

（二）我国体育产业的特征

相较于西方国家的政治体制来说,我国是具有中国特色的社会主义国家,因此,我国的体育产业的特点与西方国家的体育产业的特点也存在着一定的差异性。我国的体育产业具有体育事业和体育产业之分。具体来说,可以从以下三个方面得到体现。

1. 属性和特点的差异性

体育事业更注重社会效益,具有公益性和福利性,满足社会精神文明的需求是其主要任务。

体育产业对经济效益更为注重,具有商业性质。谋求获利则是其主要目的所在。

2. 资金来源方面的差异性

我国现行的财税政策表现为,财政上,事业单位所需资金是由国家财政拨款,企业所需资金是通过自筹或由银行贷款。

税收方面,办事业不收税,办企业则交税。

3. 经济性质方面的差异性

事业经济的性质是产品经济,主要是靠行政指令来运行,在其运行机制中,以福利、公益和社会效益为主。

产业经济的性质是商品经济,主要是靠市场调节来运行,其运行机制要求以经营为主,并在提高社会效益的基础上不断提高经济效益。

第四节　体育产业的相关概念与理论

体育产业有着较为丰富的内涵,体育产品、体育市场、体育消费、体育资本经营等都是与体育产业有关的重要概念,下面就对这几个相关概念的基本理论进行分析和阐述。

一、体育产品

（一）体育产品的概念

在体育产业中，由体育生产活动产生的并且可以满足人们某种体育需求的劳务产品，就是所谓的体育产品。体育产品主要有以下几个方面的性质。

（1）"体育性"。体育产品是由体育活动产生的，而非其他活动。

（2）"生产性"。体育产品是在体育生产活动中产生的，它属于生产性的劳务活动，是一种产出品而非投入品。

（3）"劳务性"。体育产品是以服务的形式向消费者提供的劳务产品，这种服务形式属于第三产业的内容。

（4）"满足体育需求性"。体育产品是为了满足人们的某种体育需求而产生的，这种需求与体育运动的发展水平及体育产业的发展状况有着密切的关系。

（二）体育产品的分类

通常情况下，可以将体育产品大致分为三种类型，即体育健身休闲产品、体育竞赛表演产品以及体育技术培训产品，具体如下。

1. 体育健身休闲产品

满足人们健身和休闲娱乐需要的各类体育产品的集合，就是所谓的体育健身休闲产品。体育健身休闲产品的范畴较为广泛，健身指导、锻炼咨询、体育医疗咨询以及各种休闲体育服务等都属于这一范畴。

作为体育产品的重要组成部分，体育健身休闲产品对消费者有着一定的要求，主要表现为直接参与各种体育消费活动。随着现代社会的不断发展，现代文明病成为人类发展的隐患，在这样的形势下，人们对健康和生活质量的要求越来越高，因此体育健身休闲产品就受到人们的高度重视。人们都希望通过参加各种各样的休闲健身活动来增强自己的体质，以抵抗现代文明病的侵袭。

2. 体育竞赛表演产品

一定的体育组织为满足人们娱乐和审美的心理需求而组织和策划的一系列体育比赛或者竞技表演，就是所谓的体育竞赛表演产品。通常来说，体育竞赛表演产品的提供者主要是各种营利性或非营利性的体育组织。消费者在进行体育消费的过程中,并不直接参与其中,而是通过观看与欣赏的形式进行消费。发展到现在,体育竞赛表演产品已成为现阶段体育产品的重要组成部分,它对于刺激和发展人们的体育需求具有重要的作用。

3. 体育技术培训产品

伴随着体育运动赛事的发展而产生的一种对运动员或体育人才进行培训,以使其竞技能力得到提高的一种服务,就是所谓的体育技术培训产品。体育技术培训是由体育教师或教练员等通过一定的训练手段和方法培养运动人才的过程。体育技术培训的产品就是指其中的训练方法、手段等,这种产品的生产与消费对整个体育产品的质量有着非常重要的作用。在竞技体育快速发展的今天,现代运动竞赛的高度发展使得体育技术培训产品越来越多,科学化程度也越来越高。

(三)体育产品的特征

体育产品除了具备一般产品的特征外,其自身还具有较为显著的特征,具体来说,主要从以下几个方面得到体现。

1. 非实物性

在体育产业中,体育产品的基本生产活动就是体育运动,而体育运动本身是不会产生任何实物产品的。因此,体育产业概念中提到的体育健身产品、体育竞赛产品、体育训练产品、体育信息产品乃至体育无形资产等都属于非实物形态。这种非实物形态主要是由体育产品的非实物性特征所决定的。

2. 生产和消费的不可分割性

在体育产业中,体育产品具有生产和消费的不可分割性的特征,具体来说,这种不可分割的特征主要表现在时间、空间以及对体育活动的亲身参与三个方面上,具体如下。

(1)从时间上来说,其不可分割性主要表现在生产过程与消费过程的同时开始与结束。由于体育产品是以体育服务的形式出现的,因此,一旦体育比赛或者体育锻炼活动结束,人们的观赛活动或锻炼活动也随之结束。在体育赛事欣赏中,人们在观赛后,能够保留的也就只有手里的门票、身上的汗水和脑海里的回忆,这一过程是不能重复和储存的。所以说在时间上,体育产品的生产与消费是同步进行的。

(2)从空间上来说,其不可分割性主要是指体育生产活动和消费活动往往是在同一空间中实现的,如健身房和比赛现场。

(3)对体育活动的亲身参与是无法替代的。人们要想获得比赛的感受必须要靠自己亲身的体验,一个人是不可能通过别人来实现健身的目的的,也不可能让别人代替自己获得观赏比赛的愉悦感。因此,体育消费者必须要亲临现场,亲身参与其中,才能真正完成对体育产品的消费过程,在消费过程中达到自己的目的。因此说,消费者对体育产品消费的亲身参与性也对体育产品的生产和消费的不可分割性产生了重要的决定性作用。

3. 需求层次的高端性

一般来说,人的需求可以划分为生存需求、享受需求和发展需求三个层次,这三个层次是人们不同发展阶段的不同追求。人们对于体育产品的需求属于高层次性需求,这主要表现在以下三个方面。

(1)满足基本的生存需求并不是人们对体育产品的唯一需求

衣食住行是人们生活中的必需品,而体育需求并不是人们生存所必需的,也就是说如果人们离开了体育运动,并不会对其生存构成威胁,充其量只是影响到了人们的生活质量而已。因此,在经济学中,生活必需品被描述为替代性很低,甚至是替代弹性几乎为零的产品,而体育产品的替代性则较高。

(2)人们对体育产品的需求能够使享受性需求得到一定的满足

在现实生活中,人的需要是不断发展和变化的。当人们基本的生存需要得到满足后,就会追求更高层次的享受。这种高层次的享受就包括人们对生活质量和自身健康状况的关注。而体育产品对于提高人们的生活质量具有重要的作用。当人们的可支配收入达到一定水平后,参与体育运动和体育赛事欣赏就成为满足人们享受性需求的重要形式。

(3)人们对体育产品的需求能够在一定程度上满足人们的发展性需求

这一特征主要表现在两个方面。一方面,人们在基本的生存需求得到满足后,会产生更高的欲望,对生活质量的要求会更高,如强身健体、进行体育娱乐发展身心等,而体育产品则能在很大程度上满足人们的这种需求。另一方面,人们对体育的需求可以看作是一种重要的人力资本投资。人力资本一般被理解为通过人力投资形成的、附着于劳动者身上并能够为其带来持久性收入来源的生产能力。人们通过体育产品的消费,能使体力有所增强,使劳动力的再生产得以实现;通过体育产品的消费,能够使疾病减少,进而使缺勤的情况减少,使劳动生产率得以提高;通过体育产品的消费,能够使健康状况得以改善,延长工作的年限;通过体育产品的消费,能够使压力有所缓解,社会适应性有所提升。

4.消费结果的不可预测性

在体育产业中,体育产品具有的消费结果的不可预测性特征主要从以下几个方面得到体现。

第一,在体育产业中,体育产品是以活劳动的形式提供的,而活劳动具有不可完全重复性的特点。因为每一次劳动过程,劳动者都会受主客观等因素的影响,因此其劳动过程很难保证完全一致。

第二,体育产品要作用于人,而每个人的情况又存在着较大的差异,如同样是"瘦身运动",由于每个人的体质都是不同的,锻炼后最终的结果也难以预测。

第三,在体育运动中,高水平的竞技体育比赛最难预测。当消费者购买到一场比赛的入场券时,比赛的激烈程度、比赛的走向、比赛结果等都难以在比赛前预测出来。

5.质量评判的差异性

体育产品具有质量评判的差异性特征主要从以下两个方面得到体现。

一方面,在同一项体育赛事中,由于消费者主观感受具有一定的差异性,观众在观赏体育赛事时,会根据自己的好恶或者知识、经验的不同,对场上球员的表现及比赛的结果做出截然不同的评价。

另一方面,在娱乐健身活动中,要想满足绝大多数消费者的需求是非常困难的一件事情,如有的消费者会对健身器材有意见,有的会对服务态度有意见。这也恰恰是服务类产品的特点之一。

6."最终产品"特性

供最终消费和使用的产品,就是所谓的"最终产品"。在体育产业中,体育产品就属于服务业提供的产品,因而就具有最终产品的特性。体育产品"最终产品"的特性主要表现为中间投入率小和中间需求率小。中间投入率是指各产业的中间投入与总投入之比,其能够将各产业为生产单位产值而需要从其他产业购进中间产品所占的比重反映出来。中间需求率是指各产业的中间需求与总需求之比,能够将在各产业的产出中有多少是作为中间产品为其他产业所需求反映出来。体育产品这一种特殊的产品形态,其价值主要是由活劳动消耗构成的。而原材料消耗的比重较小,因而中间投入率小。除体育无形资产一般是作为其他产业的投入品被购买的,它的消费者主要是企业而不是个人,不具备最终产品消费的特征。大多数体育产品被作为其他产业投入品的比例很小,所以体育产品又具有中间需求小的特点。因而体育产品具有最终产品的特性,能够使人们的基本需求得到较好的满足。

二、体育市场

（一）体育市场的概念

整个社会市场体系中执行其特殊职能的一个子系统，就是所谓的体育市场，其改变具有广义和狭义之分，具体如下。

从广义上来说，所谓的体育市场，就是指全社会体育产品交换活动的总和。这不仅包括体育劳务和服务产品的交换活动，也包括和体育有关的产品，如运动服装、运动饮料、运动器材等的交换活动，同时还包括一些体育要素，如体育资金、体育人才等的交换活动。

从狭义上来说，体育市场则是指直接买卖体育服务产品、参与或观赏体育活动的场所。比较具有代表性的有对外开放的体育场馆、游泳池、健美健身中心、各种收费的体育培训班等。

（二）体育市场的要素

体育市场的基本要素主要有三个方面，即体育消费者、体育消费欲望和体育消费水平。

1. 体育消费者

购买体育消费品的人，就是所谓的体育消费者。其中，较为具有代表性的有：观看体育比赛和表演；购买运动器材和运动服装；参加健身活动消费的人都属于体育消费者。

2. 体育消费欲望

对体育消费品存在一定的消费欲望和消费需求，就是所谓的体育消费欲望。一般来说，经济发达和体育意识较高的国家和地区，其体育消费的欲望比较强烈。

3. 体育消费水平

按人口平均的体育消费资料的消费数量，就是所谓的体育消费水平。一般而言，体育消费水平的高低能够将一个国家或地区的经济发展水平反映出来。

总之，体育市场的这三个要素之间是相辅相成、相互依赖、相互制约的关系，三者缺一不可。

（三）体育市场的特点

体育市场具有较为显著的特点,具体来说,主要从体育实物消费品市场、体育服务消费品市场以及体育要素市场三个方面得到体现。

1. 体育实物消费品市场的特点

以实物形态向体育消费者提供体育实物消费品的市场,就是所谓的体育实物消费品市场。一般而言,体育实物消费品市场的特点主要有以下几个方面。

（1）市场需求要求有所差别

体育实物消费资料有专业和业余之分,专业的体育实物消费需求要求较高,业余的要求则相对较低。因此,生产厂家要以不同的市场需求为主要依据来开发不同的体育实物消费品,从而使不同的市场需要都得到较好的满足。

（2）市场需求具有周期性的特点

某一运动可能会在一定时期内风靡某一地区,这时该地区的这一运动项目器材的需求量相应增加,但当流行期过后,对该运动项目器材的市场需求会相应减少。因此,体育实物消费品的经营管理者要善于掌握并抓住市场需求信息,从而能够使自己的产品做到适销对路。

（3）消费者人数较多

人们参加体育活动,进行体育锻炼都需要一些运动装备,如运动服装、运动器材等,而这些运动装备都属于体育实物消费资料,因此体育消费者越多,对体育实物消费品的市场需求也就越大。

2. 体育服务消费品市场的特点

不提供实物产品,而以活劳动形式向体育消费者提供体育消费品的市场,就是所谓的体育服务消费品市场。具体来说,体育服务消费品市场的特点主要表现在以下几个方面。

（1）市场需求具有一定的波动性

由于受到外界因素和主观因素的影响,世界各国各地区的体育服务产品的市场需求存在着较大的波动性。这种波动性和一个国家或地区民族的兴趣爱好及社会文化有一定的联系。体育产业经营管理者只有理解和掌握了这一特点,才能达到事半功倍的效果。

（2）市场需求具有一定的不平衡性

体育服务产品的社会需求,在很大程度上受到社会生产力发展水平及经济发展状况的影响。一般地说,经济较发达的国家或地区,人们对体育服务产品的市场需求较大,经济比较落后的地区,对体育服务产品的市场需求相对较弱。因此,体育产业经营管理者,要以这一不平衡性为主要依据来有针对性地开展体育经营管理活动。

（3）时间和空间具有一定的一致性

体育服务产品在时间上和空间上是统一的,究其原因,主要是由于体育工作者生产体育服务产品的这一劳动过程,又是体育消费者对体育服务产品的消费过程,买卖双方、生产者和消费者的行为被融合在一个过程之中。所以,体育产业经营管理者,要对两个方面进行充分的考虑:一方面,是体育消费者体育消费需求的数量和质量;另一方面,是体育消费者在交通和时间上的方便。

（4）时间和季节存在着一定的差异性

由于体育消费者参加体育活动,观赏体育比赛均在余暇时间里进行,因此体育劳务或服务产品的市场需求在时间上的差异性较大。一般来说,晚上大于白天,节假日大于平时。再则,由于某些体育劳务或服务产品的消费需求和季节变化、天气变化有着一定的联系。如夏天对游泳池、水上乐园等消暑型的体育劳务或服务产品需求较大,冬天则几乎没有。天气晴好,气候宜人,对体育劳务或服务产品的社会需求会相应增加;刮风下雨,风云突变,会造成原有的体育消费需求因气候原因而被迫取消。如观看球赛,原来打算到现场观看的,届时正好下雨,也许就不去现场改为观看电视转播。因此,这就要求体育经营管理者要对这一差异性有一定的了解和认识,从而取得较好的体育经营效益。

3. 体育要素市场的特点

以体育资金、体育人才、体育技术等体育事业发展的各种要素形态存在的特殊消费品市场,就是所谓的体育要素市场。体育要素市场主要包括体育资金市场、体育人才市场、体育技术市场等几个方面,每个方面都有其各自的特点,由此也将体育要素市场的特点充分体现了出来。

（1）体育资金市场的特点

体育资金市场主要由体育广告、体育彩票、体育股票、体育债券、电视转播权的出让及体育无形资产的开发等部门的经营活动所组成。其特点主要表现为:利用当代体育运动的巨大魅力、感召力和吸引力,以体育的经济功能和社会功能为依托,来激发社会上企业财团以及消费者对体育进行投资。

（2）体育人才市场的特点

体育人才市场主要是指运动员和教练员的有偿流动市场,一般实行明码标价。体育人才市场的供需双方通常不直接见面,而由体育人才市场的经纪人或经纪人组织从中牵线搭桥。

（3）体育技术市场的特点

体育技术商品的交换市场，就是所谓的体育技术市场。当前，已初步形成的体育科技市场的基本内容有承担科研项目、进行科研咨询、出售科研成果、转让科研专利、开展技术咨询、技术服务、技术培训、技术入股和体育科技用品的研制与开发等。体育技术产品本身的特殊性决定了体育技术产品市场也有不同于一般体育商品市场的特点，具体来说，主要表现在以下几个方面：第一，体育技术市场通常是卖方垄断市场，往往供给者只有一个，而需求者则较多；第二，在体育技术市场上成交的体育技术产品，往往都是一次性的；第三，体育技术产品的价格大都是通过供需双方的协商确定。

三、体育消费

（一）体育消费的概念

体育消费是在社会经济和媒体产业高度发展的基础上建立起来的，如果没有一定的经济基础或者现代媒体业的产生，体育消费是不可能得到发展的。因此说，体育消费是经济水平和媒体业共同发展的产物。经过一段时期的发展，体育消费成为推动各行业发展的重要动力，同时也作为重要因素对经济、文化发展产生重要的影响。

在现代生活中，体育消费是人们生活消费的重要组成部分。体育消费就是人们根据自己的需要和条件，在寻求和购买各种体育产品（服务）的行为过程中对体育消费资料的使用和消耗。

一般来说，体育消费主要包括两个部分，一个是体育机关及运动队等在日常训练、科研活动中对体育物质资料的消耗的体育行政管理部门的消费，一个是为满足居民个人生活和健身需要而对各种体育物质资料的消耗的居民个人体育消费。

体育消费并不是一时一日而成的，它是社会生产力发展到一定阶段的产物，是人们的物质生活在得到基本满足的条件下而产生的一种选择，是人们对体育功能新认识的一种新型消费类型，是人们在闲暇时间里自由选择的一种个人消费行为。随着现代社会的不断发展，以及闲暇时间的不断增多，人们的生活方式开始发生逐步的转变，开始由健身化向休闲化转变，这就在一定程度上对人们的体育消费水平的不断提高起到积极的促进作用。

（二）体育消费的类型

一般来说，以消费者所获得的不同功能的体育消费品为依据，可以将体育消费大致分为以下几种类型。

1. 观赏型体育消费

观赏型体育消费是指人们用货币购买各种入场券及门票，以观看体育比赛来达到愉悦身心目的的各种消费行为。较为具有代表性的有观看足球世界杯、中超比赛、田径世锦赛等。

2. 实物型体育消费

实物型体育消费是指人们用货币购买各种与体育活动有关的体育物质消费资料的行为。较为具有代表性的有：购买运动服装、运动护具、运动器材、运动纪念品、体育彩票等都属于实物型体育消费。

3. 参与型体育消费

参与型体育消费是指人们用货币购买参加体育活动权力、享受相应服务的消费行为。这种消费类型是体育消费的核心内容，最能代表体育消费的特点。

总的来说，在现实生活中，不同类型的体育消费并没有明显的界限，各种体育消费类型互相交叉在一起，在人们的体育消费中，既有参与型消费、实物型消费，又有观赏型消费，人们通过这一消费活动在使自己的精神文化生活得到较大丰富的同时，也在一定程度上推动了体育产业的发展。

（三）体育消费的结构

体育消费结构能够在一定程度上将人们体育消费的内容、消费水平以及消费质量反映出来，同时，也能够将人们进行对体育消费的满足状况反映出来。可以说，体育消费结构是人们在总体体育消费过程中所消费的各种不同类型的体育产品（包括体育劳务）的比例关系。

1. 以全社会或家庭为单位体来看

以全社会或家庭为单位体来看，目前我国最基本的体育消费结构是人们购买体育用品、体育服装、体育赛事门票以及体育健身等之间的比例关系。总体来看，居民的体育实物消费比重要远远大于非实物体育消费。由于各地区的经济水平有所差别，这也就决定了东部、南部地区的体育消费水平要高于西部、北部地区的情况。

2.以消费群体的角度来看

以消费群体的角度来看,体育消费结构主要是大众消费者和商务消费者之间的比例关系。大众体育消费者是体育产品的最终用户,在消费过程中所产生的各种支出构成了体育市场交换价值的一部分。而商务性消费则主要包括政府机关、赞助商和媒体等单位。商务消费者往往不直接参与消费体育产品的过程,而是通过购买、流通和转换体育消费产品,从而构成了体育市场的另一个收入来源。

（四）体育消费的特征

通常情况下,体育消费的特征主要表现为体育特征、经济学特征、理性消费特征和文化特征等几个方面。下面就对这几个特征进行分析和阐述。

1.体育特征

体育消费所具有的体育特征是指消费者以体育运动为中心,采取各种方式进行的体育消费,重点在于体育运动。人们参与体育消费,主要有主动体育消费和被动体育消费两种。主动体育消费是一种积极的社会体育行为,是体育运动发展和社会发展水平的一个重要标志。

2.经济学特征

人们在参与体育消费的过程中,主要是通过货币交换的形式进行消费的。体育消费者只有支付一定的现金,才能获得相应的体育产品或服务,因此我们就可以从经济学角度去考察人们的体育消费行为,由此可以得出,体育消费具有经济学特征。

3.理性消费特征

人们参与体育消费是一种有意识的行为,这种行为是具有理智性的并且是可重复的消费行为。

4.文化特征

人们的体育消费行为与自身的文化素质之间有着密切的关系,体育消费者的消费观念和方式反映了不同的文化传统,这也是体育消费者所选择的生活方式的重要组成部分。由此可见,体育消费也具有一定的文化特征。

四、体育资本经营

（一）体育资本经营的概念

在体育经济、社会活动中，以体育资本增值为目的的经济活动，就是所谓的体育资本经营，具体来说，主要是指体育货币资本、体育人力资本的经营。从某种意义上来说，体育资本经营作为一个经济学属性的概念，是资本运营的理念模式在体育领域中的推广和运用。

（二）体育资本经营的特点

相较于体育生产经营来说，体育资本经营是以体育资本直接运作方式实现体育资本的增值的，而往往不会通过体育商品这一中介，或者以体育资本的直接运作为先导，通过体育物化资本的优化组合，从而使其运行效率和获利能力得到有效的提高。体育货币资本、体育人力资本等要素资本化的基础上，在体育产权层次上间接支配体育资本各要素，就是所谓的体育资本的直接运作。从实质上来说，体育资本经营就是以证券化了的体育资本，可以按证券化操作的体育物化资本为基础，通过优化配置来使其生产率得到有效提升，从而使体育资本市场价值得到有效提高的经营活动。

鉴于此，体育资本经营具有较为显著的特点，具体来说，主要表现在以下几个方面。

1. 体育资本经营的目的方面

体育资本经营的主要目的在于较高的体育资本收益。为此，体育资本经营要求将有关的体育财产资本化。体育资本经营不仅表现为体育货币资本、体育虚拟资本彩票、产权凭证三种形式，同时也将其自身特点的体育的人力资本经营表现了出来。

2. 体育资本经营的对象方面

体育资本经营的对象是证券化了的体育物化资本，而不是体育产品、器械、场地等体育物化资本，如股票，是可以按证券化了的体育资本操作的体育物化资本；如股权，可以转化为股票、股权的有形资产和无形资产。通常来说，体育资本经营与体育资产的具体使用相关的生产销售等经营活动没有太大的关系。体育资本的收益、市场价值以及相当的财产权利，是体育资本较为注重的方面。

3. 体育资本经营的核心方面

体育资本经营的核心在于运行效率问题。具体来说,就是如何通过优化配置提高体育资产的运行效率、体育货币资本与体育人力资本的运行效率,从而对体育资本的不断增值起到积极的推动作用。在运作方式上,主要有两种形式:一种是表现为以产权市场为依托,实现体育产权交易,卖出收益较低的资产,买进预期收益率较高的资产,使体育资本结构不断优化,确保体育资本的保值、增值的转让权的运作;一种是表现为以获取较高的收益为目的,长期持有某一体育企业,如俱乐部的全部股份或部分股份,并能参与有关的战略决策的收益权和控制权的运作。

(三)体育资本经营的内容

相较于一般意义上的资本来说,体育资本有着较大的差别,具体来说,其所包含的内容主要有两个方面:一方面,是资本市场上的各种货币资本;另一方面,是各种体育市场的虚拟资本、技术和人力资本。从广义上来说,体育资本运营将资本运营仅仅存在于企业的局限打破,以体育赛事为代表的项目运作等各方面也将其充分体现了出来。

近年来,资本风险投资和项目管理的理念被一些体育赛事的承办及经营者运用到体育赛事的运作管理中,通过利益共享、风险分担的方式,将赛事的各项收益进行分割,将银行、保险、风险投资公司、彩票发行商等资本运作主体引入赛事的运作经营中,这就使体育赛事融资渠道得到进一步的拓宽,将体育赛事的经营转化成为集合各种性质资本的投融资项目形式,这就使体育资本经营的效率得到了非常大的提高,盘活了游资。使得体育资本经营展现前所未有的活力,其高风险高回报的投入产出模式,吸引了大量的资本注入,成为拉动产业经济发展的一大动力。

(四)体育资本经营的作用

中国体育需要进行资本经营,其不仅与体育发展的方向有着非常密切的关系,同时,也是体育发展的一个重要动力。从体育资本经营的内涵及其变化发展的过程看,其在很多方面都有着较为重要的作用和意义,具体来说,主要从以下三个方面得到体现。

1. 能够使中国体育企业的发展速度进一步加快

经过不断的发展,我国的体育竞技已经取得了理想的成绩,规模也越来越大。但是,不可忽视的是,我国体育企业也存在着一些问题,比如,有的体育俱乐部营利水平下降,亏损严重,有的与体育联姻的企业在低效、无效甚至负效运营,大量的存量资产难以流动重组,经营机制不活,资本运营率不高,有的濒于破产。从实际意义上来说,这种俱乐部,有关的企业问题是在计划经济体制下积累起来的,有的是在改革过程中形成的。从总体上说,导致这些问题的原因主要是缺乏资本和资本经营观念,不懂得体育货币、体育人力可以转化为资本,鉴于此,可以开展体育资本经营。体育资本经营活动能够对体育货币、体育人力向资本转化起到积极的促进作用。

2. 有助于体育企业改革经济增长方式的进一步优化

包括体育资本在内的体育生产要素的组合和利用方式,就是所谓的体育经济增长方式。长期以来,在体育领域是实行计划经济体制下的粗放型的增长方式,表现为在体育领域中依靠大量增加体育生产要素以求体育经济增长,形成了一定的结构性矛盾,具体表现为:资产存量大,体育企业规模小,素质不高,小而全,重复分散等。对于此,体育资本经营通过促进资产的流动重组来使体育经济增长方式得到改进和优化。由此,可以将体育资本经营的作用大致归纳为两个方面:一方面,是体育产权证券化的作用,具体来说,就是体育资本经营要求在证券化了的资本,或按证券化操作的资本基础上进行,这就使体育企业的资产在体育资本市场和体育产权市场流动,从而也为体育资产的重组奠定了较好的基础;另一方面,是体育资本经营机制的作用,具体来说,体育资本经营的一个核心指标,是体育资本的利税率和体育资本的回报率。为此,体育企业经营者必然会自觉地按体育资本经营的规律操作,这样在体育资本经营机制作用下,长期的粗放经营将会被杜绝掉,大量资产闲置,长期在低效、无效、负效状态中运行。

3. 能够对现代企业管理制度的建设起到积极的促进作用

体育资本经营对于体育领域或体育相关领域的体育现代企业制度的建立和发展会产生有利的影响,通过现代企业制度的建立,来为体育资本经营的实施奠定良好的基础。换句话说,建立体育领域的现代企业制度就是要建立适应市场经济要求、产权清晰、权责明确、政企分开、管理科学的现代企业制度,确定体育企业的法人财产权,明确体育投资主体和建立规范化的体育企业法人治理结构及其约束机制,使体育企业如俱乐部成为真正的体育市场竞争主体,使体育企业以体育资本为核心经营,并将体育资本的保值、增值以及体育资本效率和体育资本收益最大化,是体育企业经营的根本目标所在。① 体育资本经营对完善体育领域的现代企业制度具有积极作用,其对于体育企业的法人财产权的确立,体育企业的投资主体的明确,以及整个社会的资本市场都会产生积极的促进作用,因此可以说,其对资本市场包括体育资本市场的发育也会产生非常积极的影响。

第五节　我国体育产业的发展现状调查与分析

一、体育产业对国民经济的影响调查与分析

（一）体育产业对 GDP 的贡献调查

作为国民经济和社会发展中不可或缺的重要组成部分,体育产业在国际上的竞争力得到了进一步的提升,尤其是近年来,在经济的发展和人民消费水平的提高等因素的推动下,我国的体育产业取得了历史性的突破。2006 年、2007 年、2008 年我国体育产业总产值和增加值也逐年递增,体育产业增加值三年分别为 982.89 亿元、1 265.23 亿元、1 658.62 亿元,其中 2007 年比 2006 年增加 242.34 亿元,2008 年比 2007 年增加 393.39 亿元。② 由此可以看出,这三年体育产业对 GDP 的贡献率依次为 0.47%、0.51%、0.55%,同样也是呈递增趋势。而到了 2014 年全国体育产业总规模超过 1.35 万亿元,实现增加值 4 041 亿元,占当年国内生产总值的 0.64%,2011—2014 年体育产业增加值年均增长率为 12.74%。③ 由此也可以看出,体育产业在国民经济中所占的比重越来越大。

（二）体育产业对 GDP 的贡献分析

相较于发达国家来说,我国体育产业总产值在整个国民经济中的比例仍显得过小,还没有将其对国民经济的拉动作用充分发挥出来。另外,需要强调的是,体育产业所创造的价值与我国的国际地位及我国体育产业的实际潜能不相适应。由此也可以看出,我国体育产业的提升空间还很大,发展潜力巨大,因此,中国体育产业发展道路任重而道远,要对此引起重视。

---

① 杨铁黎 . 体育产业概论 [M].北京:高等教育出版社,2010.
② 魏建建 . 我国体育产业的发展现状研究 [D].武汉体育学院,2013.
③ 《体育产业发展"十三五"规划》.

二、对体育产业结构的调查与分析

（一）对体育产业结构的调查

"十一五"期间，体育服务业、体育用品业、体育建筑业均有明显增加，体育用品业从2006年到2010年增加了910.69亿元，并且体育用品业在"十一五"期间始终占体育产业增加值的76%以上。体育服务业增加值2010年比2006年增加了264.11亿元，体育服务业仍然以较慢的速度在增长。

"十二五"期间，我国建立国家体育产业基地20个、国家体育产业示范基地30个。目前，体育产业各门类协同融合发展，产业组织形态更加丰富，产业结构的合理性也越来越强，体育产品和服务供给充足，层次呈现出多样化的趋势。体育服务业增加值占比超过30%。同时，一批具有国际竞争力、带动性强的龙头企业和大批富有创新活力的中小企业、社会组织也涌现出来，形成一批特色鲜明的产业集群和知名品牌。"十三五"规划的目标为：建设国家体育产业示范基地50个，国家体育产业示范单位100个，国家体育产业示范项目100个。

（二）对体育产业结构的分析

在一个由核心层、外围层、相关层组成的完整体育产业体系中，其内部各分支行业之间都是相互联系、相互促进的。体育服务业中的健身娱乐业、竞赛表演业是体育产业发展的原动力，要想使整个体育产业繁荣和昌盛，就必须使本体产业得到很好的发展。我国体育产业结构方面存在的问题主要表现为：核心产业发展动力不足，体育产业结构的主题仍然是体育用品业，没有将体育服务业的主导作用突出出来，产业内部结构存在着较为突出的矛盾。

从当前形势来看，如何调整这一结构，使我国的体育服务业更好的发展将是急需解决的问题。体育产业结构失衡已经成为制约体育产业健康、持续发展的瓶颈之一。

三、体育产业从业人员情况调查与分析

（一）对体育产业从业人员的调查

近年来，国家非常重视服务业的发展，通过一系列的措施来加快发展

服务业,使服务业在三次产业结构中的比重有所提高,尽快使服务也成为国民经济的主导产业,进而对经济结构调整以及经济增长方式的转变起到积极的推动作用,使能源资源短缺的瓶颈制约得到有效缓解,使资源利用效率得到有效提高。

从相关调查中可以看出,到了"十二五"末期,体育产业增加值超过4 000亿,占国内生产总值的比重超过0.7%,从业人员超过400万,体育产业成为国民经济的重要增长点之一。"十三五"的目标为使从业人员达到600万。

（二）对体育产业从业人员的分析

体育产业从业人员,主要是指体育服务业从业人员。这里主要对体育服务业从业人员的情况进行分析。

在吸纳就业方面,体育服务业具有独特的优势,具体来说,主要表现为:服务业行业多,门类广、劳动密集、技术密集、知识密集行业并存,就业和创业的方式灵活多样,能够吸纳大量不同层次的人员就业,但是由于我国体育服务业发展缓慢增加值和吸纳的就业人数均明显低于体育用品业,且体育服务业所占的比重明显偏低。[①] 从就业结构上可以看出,我国体育产业内部结构的平衡性还较差,体育服务业的发展还处于初期阶段。

四、区域间体育产业发展状况调查与分析

（一）区域间体育产业发展状况调查

我国具有国土面积跨度大,地理环境特殊的显著特点。同时,也存在着沿海东部地区经济较中西部明显发达的现实问题。与此同时,体育产业的发展同样也受到了影响。据调查,2007年东部沿海城省份像江苏、浙江、福建、广东体育产业增加值分别是31.56亿元、22.60亿元、53.20亿元、64.41亿元,中部地区体育产业增加值与东部沿海相比相差很大,湖北、安徽、山西、河南、黑龙江五省市的增加值分别为7.18亿元、5.29亿元、2.47亿元、3.09亿元、2.98亿元,而西部地区能统计到的有四川的体育产业增加值为3.96亿元,重庆、云南、青海、甘肃四省市体育产业统计数据均不全。[②] 由此,可以得出结论:西部的体育产业发展相当落后。

①　魏建建.我国体育产业的发展现状研究 [D].武汉体育学院,2013.
②　同上.

（二）区域间体育产业发展状况的分析

我国社会的二元结构,导致了较为显著的城乡差距、东西部差距。作为各地经济发展的组成部分,体育产业的二元结构也较为显著。在东部,尤其是沿海、沿江的大中城市,体育产业成为社会投资的热点,发展十分迅速;但是在西部,体育产业却尚未形成规模。由此可以看出,区域间体育产业发展呈现出不平衡的特点。

在经济发展水平的制约下,各地区的体育服务业发展规模和水平的差距越来越显著。从整体上来说,我国体育服务业主要集中于华东、中南和华北区域,尤其是北京、上海、广州等大城市以及东南沿海经济发达省份,体育服务业发展势头非常好,并且取得了非常理想的发展成效,东北、西南和西北区域的体育服务业发展则相对落后。除此之外,区域间体育产业发展的不平衡性还体现在我国体育用品制造企业的机构数量和从业人数上。

第二章 体育产业结构及其优化发展研究

我国自改革开放以来,体育产业机构的调整与升级的速度在快速增长,但是相比于发达国家,整体水平还有一定的差距,结构不完善、发展不平衡、核心产业发展滞后等问题突出。总之,结构不合理已成为制约我国体育产业发展的主要瓶颈。因此,要加强对体育产业机构及其优化发展的研究,以推动体育产业机构的健康平衡发展与不断完善,从而促进体育产业整体发展水平的提高。本章主要从体育产业结构的基本理论、演进与变动规律、变动的影响因素、优化路径选择等四方面来对体育产业结构展开具体研究。

第一节 体育产业结构的基本理论

一、体育产业结构的概念及研究

(一)体育产业结构的概念

产业结构是产业经济学的重点研究对象之一,体育产业结构就是这一对象的延伸。具体来说,体育产业内各生产部门之间的技术经济联系和数量比例关系就是所谓的体育产业机构。从这一概念中可以看出,从生产技术方面而言,所有的体育实物产品和服务生产部门之间都存在着相互依赖与制约的联系。此外,各部门中,体育产业总产值的分布情况和包括体育资源在内的所有经济资源的配置情况也能够通过体育产业结构得到一定的体现。

(二)体育产业结构的研究

我国经济产业结构的层次见表2-1。

表 2-1　国民经济产业结构层次 [①]

层次	内容
第一层次	三大产业间的结构比例关系
第二层次	三大产业内部各行业间的结构比例关系
第三层次	某行业内的分支各行业的结构比例

从表 2-1 可知,本章所研究的体育产业结构属于经济产业结构中的第三层次,因为体育产业属于复合产业,由第二产业和第三产业交叉渗透而成,所以研究体育产业结构时,不要仅限制在第三层次范围内。

体育产业结构中,几乎所有的分支行业都存在密切的联系,且各个部门间的联系也很频繁,这在体育产业的各要素之间、结构之间、要素与结构之间的连锁和反馈效应中具有突出的反映。例如,体育健身娱乐业的发展对体育用品业的发展具有带动效果,体育传媒、经纪、博彩、广告等行业的发展离不开体育竞赛表演业发展的影响。体育外围产业发展需要体育本体产业来带动,体育本体产业的发展也离不开体育外围产业的支持。在体育产业的整个产业链中,任何一环都会对整个体育产业的发展造成关键性的影响。所以,为了对体育产业结构的合理性进行整体的把握,需要在研究中全面分析体育产业结构的各构成要素和环节,并将这些要素与环节综合起来进行整体研究。对各要素与环节的研究需要从两个方面来考察,即定性和定量,在研究过程中,还要注意分析不同要素之间、不同结构之间、不同要素与结构之间的相关性。

二、体育产业的基本结构形态

(一)体育产业的投资结构

社会体育产业的总投资一定时期内在各行业的分布就是所谓的体育产业投资结构。体育产业的投资结构具体又包括存量结构和增量投资结构两类结构,存量结构是增量投资结构的凝固状态。在对体育产业结构进行研究的过程中,必然会涉及对投资结构这一关键形态的研究,对投资结构的调整是调整体育产业结构的主要入手点。对投资结构中两种结构类型的调整又会对体育产业的整体结构优化产生不同的影响,具体分析如下。

---

① 吴超林.体育产业经济学 [M].北京:高等教育出版社,2004.

一方面,对存量结构进行调整是优化体育产业结构的基本内容,具体是指将体育产业内部低效率行业的存量降低,并促进低效率行业向高效率行业流动和重组的实现。

另一方面,对增量投资结构进行调整,就会对未来一定时期内体育产业的生产和消费关系、地区分布状况、内部各行业之间此消彼长的关系等情况产生影响甚至是决定性的影响。

不可否认的是,调整增量投资结构是实现存量结构调整的基本手段。

（二）体育产业的产值结构

体育产业产值结构包括两种类型,即内部结构和外部结构。体育产业的发展程度如何,可以通过其外部结构得以体现,而体育产业内部各行业处于怎样的相对地位,则是通过其内部结构反映的。要想对体育产业的效率水平及其内部各行业的效率水平进行判断,就需要结合投资结构来研究。

1. 体育产业产值的外部结构

在国民生产总值中体育产业总产值所占的份额就是体育产业产值的外部结构。体育产业的地位与作用通过其外部结构反映出来。人们对高质量生活及时尚和个性等的高层次需求能够在体育服务中得到满足。人们的需求层次与经济的发展是成正比的,需求层次随经济的发展而逐步提高。体育产业的发展水平越高,其在国民经济中就会占据越发重要的位置。

2. 体育产业产值的内部结构

体育产业总产值在内部各分支行业中的分配比例就是体育产业产值的内部结构。对体育产业内部结构的协调性进行衡量时,体育产业产值的内部结构就是需要重点参考的一个指标。一个国家或地区体育产业的特色能够通过本国或本地区体育产业产值的内部结构反映出来。

体育产业作为一个有机整体,由本体产业、相关产业和外围产业共同组成。整个体育产业的发展是以本体产业的发展为主的。具体来说,只有健身娱乐业发达了,对体育运动服装、器材的需求才会逐渐增加,体育用品业才会得到发展;只有竞技表演业得到了发展,才会逐渐提高体育的竞技水平和激发人们的体育热情,体育人口也因此才会越来越多,体育经纪业、传媒业、广告业、博彩业、赞助业等有关行业的发展也会得到应有的保障。体育活动能够对社会经济产生巨大的影响,这不仅是通过体育本体产业的发展实现的,而且需要体育相关产业、外围产业的发展来扩散这种影响,从而促进更多的经济价值的产生。反过来,体育相关产业、外围产业的发展也会促进体育本体产业的发展,具体就是为本体产业提供广泛的群众基础、充分的物质保障及技术支持。因此,在优化体育产业产值结构的过程中,要协调好不同类型产业的产值份额。

（三）体育产业的需求结构

体育市场中各种不同类型的需求数量构成状况就是体育产业的需求结构。体育市场中的需求有很多种,以不同标准为依据可以作不同类型的划分,如国内需求和国外需求、中间需求和最终需求、政府需求和私人需求等都是按照不同的标准来划分的需求类型,具体阐述如下。

1. 国内需求和国外需求

按照体育市场形成的地域,可以将体育需求划分为国内需求和国外需求。在经济全球化的今天,体育产业的发展也必须突破国界,走向全球,这是一个长期发展的方向与趋势。体育产业的国际化发展趋势从世界杯、NBA、奥运会等大型体育赛事中就可以体现出来。

2. 中间需求和最终需求

（1）中间需求

将体育产品(实物或服务)作为中间投入而形成的投资需求就是所谓的体育中间需求,其也可以称为"生产消费需求"。例如,健身俱乐部购买体育器材就是体育中间需求。

（2）最终需求

体育最终需求是体育产品在消费过程中的最终消耗,其也可以称为"生活消费需求"。例如,健身俱乐部会员缴纳会费参加俱乐部活动就是体育最终需求。

3. 政府需求和私人需求

按照体育需求主体的不同,可以将体育需求分为政府需求和私人需求两类。

（1）政府需求

作为一项社会公益事业,体育活动具有良好的正外部效应。目前,大多数国家中,政府都鼓励对体育设施的兴建,鼓励体育事业的发展。在这种条件下,政府对体育产品的需求逐渐形成。例如,运动会的举办、体育运动队的组建等都是政府需求的表现。

（2）私人需求

如果体育市场的发育已经成熟,那么私人需求是构成体育需求的主要部分。发展体育产业离不开体育市场需求来为其提供牵引力,对体育需求结构的分析是对体育产业发展战略进行制定,对体育产业结构进行调整,促进体育产业快速发展的一个关键条件。

（四）体育产业的就业结构

在各产业间,全体就业者的分布状态就是所谓的产业就业结构。体育产业的就业结构就是产业就业结构概念的延伸。体育产业就业结构包括两类,即外部就业结构和内部就业结构。体育产业吸纳的就业人数在总就业量中所占的比重就是体育产业外部就业结构,体育产业各行业吸纳就业的结构比例就是体育产业内部就业结构。

无论是哪个国家,体育产业的发展都离不开一项最重要的经济资源,即劳动力。哪个产业拥有数量充分且质量较高的劳动力,哪个产业就拥有了发展的基本条件。缺乏劳动力的产业,也就少了重要的支撑条件,发展必然会受到影响。所以说,体育产业结构的发展趋势和内部调整会受到劳动力流向和结构变化的巨大影响。

体育产业的发展受劳动力的影响,反过来,体育产业本身的需求和技术也会对体育产业就业结构造成影响。如果社会对体育产业的需求有所增长,那么体育产业的就业需求也会相应地增加;但如果体育产业的技术发展水平较高,那么所需要的劳动力数量就会减少,而对劳动力的质量就有了较高的要求。

三、体育产业结构的特征

（一）整体性

从系统的层面来看,尽管系统结构是指系统各要素之间的联系,但如果离开了要素,这种联系单独存在是没有可能的,实际上系统结构和系统要素密不可分。我们不能简单地将系统的结构看作是各种要素的简单集合体或各要素的混合物。系统的结构实质上是各要素间诸种关系的总和（如相互联系、相互作用等关系）。系统结构的性质及系统运动也正是在各要素的相互作用中产生的。在系统结构的各要素中,是不可能找到这种系统结构的性质和运动规律的。相反,系统结构整体的性质和运动规律会对各要素的性质与运动产生决定、制约和支配性的影响。

体育产业是一个集合体,组成这个集合体的因素有两部分,一部分是为社会公众提供体育产品和体育服务的活动,另一部分是与这些活动有关的活动。体育产业中的各类活动具有密切的联系,它们是相互依存的产业群体。各个活动之间的关联效应都很强,其耦合关系较为复杂。如果体育产业只是由各个部分简单组合而成的,那么其就不会产生一系列的效应。正是因为体育产业不是各要素简单相加的集合体,所以其集体效应才很强大。我们可以将体育产业的巨大集体效应看作是其结构的内在属性,这一属性的存在离不开产业的结构内涵和结构素质。

只有充分结合体育产业结构的各要素和环节,并对其进行全面分析,才能对体育产业结构有一个整体的把握。在整个体育产业结构中,任何一个要素的生存与发展都离不开对其他要素的依存,一个要素的产出可以是另一个要素的投入,同时,一个要素的投入也可以是另一个要素的产业目标。以整体的视角来分析,不难发现体育经济发展的整体效应是其中任何一个要素都不具备的。而且体育产业的整体效应也不简单是各要素的功能之和,其远远大于各部分的功能总和。因此说,整体性是体育产业结构的一个基本特征。

（二）自发性

产业结构的发展与优化需要对其系统结构的整体性加以维护,同时进行有效的转换生成,这需要产业机构通过自我调节来实现,这就是体育产业机构的自发性特征。

体育产业结构的自我调节性指的是通过体育产业经济系统的内部机制就可以对体育产业结构进行自发建造,并促进体育产业结构升级的实现。体育产业处在不停地运动变化的状态中,这主要体现在其结构本身、内部各要素以及其所处的外部环境等方面。体育产业经济系统中的每个子系统都在不断进行着自我组织与调整,好像有"无形的手"在对这些子系统进行操纵；另外,"无形的手"之所以会产生,主要是因为不同子系统间存在协同与竞争作用。

（三）转换性

实际而言,系统结构的"转换"就是系统结构的生成,系统结构的构成或加工功能也就是系统在其规律的支配下,对新材料不断进行加工与整理,从而将其自身新结构的能力体现出来。从根本上来说,体育产业结构问题就是资源配置问题。我们可以以资源转化器为视角来分析体育产业结构。也就是说,体育产业就是在一定的资源条件下,通过产业结构的有效运转,从外界将物质、能量、信息不断引进,又不断地对各种体育产品进行生产与创造,以此来使不同社会群体的多元化体育需求得到满足。体育产业结构转换也就是重新对体育产业内的资源进行配置,调整资源在各部门间的比例,具体就是通过对体育产业内发展不理想的子产业的劳动力、资金等要素进行转移,来调整该产业结构的有关变量,从而促进该产业发展水平的提高,并促进体育产业结构的整体优化。

（四）层次性

一般来说,无论是何种系统,都能够分解成许多小的子系统,而且,任何系统也都能够与其他系统相组合而成为更大的系统。体育产业系统同样如此,大系统包含小系统,小系统可分解为更小的系统。

从宏观经济角度来看,体育产业属于第三产业的第三层次。同时,体育产业又包括八大子系统,即体育组织管理活动,体育中介活动,体育健身休闲活动,体育场馆管理活动,体育场馆建筑活动,其他体育活动,体育用品、服装、鞋帽及相关体育产品的销售,体育用品、服装、鞋帽及相关体育产品的制造。[①]每个子系统又包含了更低级的系统,更低级的每个系统又包括许多级别更低的子系统,体育产业结构的层级体系由此而形成。

不同层级的结构在整个系统中拥有不同的地位和作用,但不同层级的结构并不是孤立的,彼此之间存在着非常密切的联系。在多种因素的共同作用下才形成了体育产业结构,而且很多因素都会对体育产业结构的形成造成制约。所以,在体育产业的不同发展阶段会出现不同层次的产业结构。通过分析体育产业结构的层次,可以对体育产业结构系统的特征进行不同角度的揭示,这对于我们对体育产业结构的发展现状和方向趋势进行深入的研究与理解具有非常重要的意义。体育产业结构的层次性能够将体育产业结构的优化状况反映出来,这主要从对体育产业结构的属性和素质的分析来实现的。

四、不同国家体育产业结构的差异

（一）不同国家体育产业结构的差异概况

英国是体育产业的起源地,后来欧洲大陆和北美相继开始出现体育产业。第二次世界大战后,体育产业在欧洲与北美的发展速度逐渐加快。现阶段,世界各国体育产业的发展存在着巨大的差异,不管是在发展程度

---

① 刘远祥.体育产业结构优化研究[M].济南：山东大学出版社,2015.

上,还是在发展特色上,均有不同。具体来说,体育产业发展的国别性差异主要通过以下两个方面体现出来。

1. 不同经济发展阶段下体育产业结构的国别性差异

一些国家在经济方面处于不同的发展阶段,其在体育产业结构上也存在差异,具体表现在产业结构的完整程度、产业发展水平方面。在发达国家(法国、美国、德国、英国、意大利等)和新兴工业国家(韩国、新加坡等),体育产业结构较为完整,发展水平也比较高,这些国家体育产业的产值在本国 GDP 中占 1% ~ 3%。在非洲、亚洲和拉丁美洲的许多发展中国家中,体育产业结构的完整性较低,发展水平也不高。最不发达国家的体育产业的产值在本国的 GDP 中几乎为 0。

2. 同一经济发展水平中体育产业结构的国别性差异

有些国家虽然在经济发展上处于同一阶段,但在体育产业结构方面的差异较大,各有特色。美国全面发展体育产业,各子产业的发展水平都比较高,而且较为均衡,健身娱乐业和体育用品业的发展水平更是居于世界领先水平。美国的竞赛表演业以四项球类运动为主体,即冰球、橄榄球、篮球、棒球,有关这四项运动的总产值在整个竞赛表演业产值中所占的比例已超过 70%。日本体育产业结构中以体育用品业为主,瑞士主打体育旅游业。健身娱乐业在韩国和法国的体育产业结构中占据主导,竞赛表演业是英国和意大利体育产业中的主导产业,其中最具特色的产业当属足球产业。

(二)导致体育产业结构出现国别性差异的主要因素

体育产业结构之所以存在国别性差异,主要影响因素有以下几个方面。

1. 经济、技术水平因素的影响

一个国家中,人们的生活水平由本国的经济技术发展水平决定,而对体育服务的需求又取决于人们的生活水平。因此,体育产业的发展程度会受本国经济与技术发展的影响。通常来说,一个国家的经济发展程度越高,技术越发达,体育产业的发展也就越好,体育产业结构也就越完整。经济技术的发展会刺激一个国家大众体育服务消费的增加,从而会促进本国体育用品生产等行业的迅速发展。哪方面的体育需求越多,哪类体育产业的发展也就越迅猛,而且此类产业也很可能成为该国体育产业中的主导产业。

2. 政府干预因素的影响

在体育产业的发展过程中，政府参与模式逐渐形成，并主要存在于后发市场经济国家中。政府先制定本国体育产业的发展目标，然后通过对多种方法的运用来对体育市场主体的组建和运作进行引导、调控和规范。源发市场经济国家和后发市场经济国家的体育产业发展存在一些差异，这主要从体育消费规模、体育企业的规范化运作程度、体育市场体系的完善性等方面体现出来。

在体育产业发展过程中，后发市场经济国家不强调"大而全"，而是以本国体育市场的发展状况及体育消费现实为依据来对发展重点进行确立，为发展本国体育产业而实施有计划、有步骤的方案。例如，法国和韩国重视发展健身娱乐业，在政府的支持与推动下，健身娱乐业快速发展，并成为本国的主导产业。日本体育用品业的发展要优于其他体育产业的发展。现阶段，日本的体育用品市场规模在世界上排名第二，仅次于美国。

3. 文化因素的影响

在世界各国的发展历史中，民族文化、民族体育在各国逐步形成，而且不同国家都各具特色。各国经过长期发展而形成的民族文化习俗、体育传统会深刻地影响本国体育市场的形成和体育产业的发展，而且对竞技体育表演业的影响更明显。例如，美国的橄榄球、棒球、篮球和冰球拥有广泛的群众基础和良好的发展前景，因此带动了本国相关体育产业的发展。英国、意大利形成了优秀的足球传统和足球文化，这两个国家中几乎每个国民都是球迷，这就引爆了球市的火热，这两个国家的竞技体育表演业中，足球占据重要的地位。我国最具特色的传统体育运动项目就当属武术运动了，传统武术的发展带动了我国相关体育产业的发展。

4. 资源条件因素的影响

每个国家都有属于本国的自然资源条件，如山川、河流、气候、人口等，各国在进行产业规划时，都会将自身的优势资源充分利用起来，在此基础上促进优势产业和特色产业的发展。体育产业的发展同样也是如此。例如，瑞士的体育产业中，体育旅游业居主导地位，这主要就是因为瑞士的旅游资源丰富，在对优势资源加以充分利用的基础上促进了高山滑雪、徒步旅行等体育旅游项目的发展。当前，在瑞士从事体育旅游业的人员占到本国所有从业人员的1/10，高达25万人。

第二节　体育产业结构的演进与变动规律

一、体育产业结构的演进

（一）体育产业结构演进的机制

体育产业结构演进的机制可以分为自组织机制和他组织机制两种形式，具体分析如下所述。

1. 自组织机制

体育产业结构的演进是一个动态过程，即在技术进步和制度创新等的影响下，体育产业结构由低级转向高级、内部各组成要素协调性和适应性不断增强的动态过程，这个过程庞大且复杂。下面从四个方面来探讨体育产业结构演进的自组织机制。

（1）前提条件：开放性

作为宏观经济的一个重要组成部分，体育产业是一个大型的复杂的系统，其结构由八类多层级组成，各组成部分相互影响、相互依赖、相互促进、相互制约，形成了一定的关联效应。其中任何一个部门的发展都会受到其他部门的影响，而且其自身的发展也会对其他部门产生影响。体育产业内部各组成部门之间的技术经济联系是经常性的，产业结构间的关联正是在经济联系的基础上形成的，实质上各部门之间的关联就是体育产业结构的自组织。

将各类体育产品和服务提供到产品市场上，促进不同群体多元化体育需求的满足，这就是体育生产的最终目的。体育生产的实现离不开对各种生产要素的依赖，而这些生产要素一定要在生产要素市场上购买。同时，体育生产过程中，还需要从外界环境中获取信息，从而使生产的盲目性得到有效避免，并促进体育生产的持续进行。从事体育生产活动，必须具备一定的物质资源与信息，这是体育产业结构实现自组织演进的基本条件，而这些资源与信息主要是由体育产业系统从环境中获取。

（2）直接诱因：远离平衡态

体育产业系统具有不平衡性，这主要从体育产业内部各要素间的差别中突出反映出来。体育产业各内部构成要素之间存在着各种各样的差别，主要表现在各要素的收益率、增长速度、需求扩张和地位作用等方面。

体育产业系统中的子产业的发展也存在不平衡性,相对于体育用品业的发展而言,体育产业的核心产业发展较为滞后,体育竞赛表演业、体育健身娱乐业的发展速度较慢,而整体上健身娱乐业的发展要优于体育竞赛表演业的发展。科学技术的进步使得大量的先进生产工具被创造出来,落后的生产工具逐步被先进的生产工具代替,技术进步也促进了新兴体育产品的大量涌现,原有产业或部门因此被新兴产业或部门所代替,新的产业结构在此基础上逐步形成。总的来说,体育产业各要素间是非平衡的,有差异的,这也是体育产业发展的一个常态。

（3）内在依据：非线性作用

对一个体系是否是非线性进行判断,就要看这个体系的组成部分是否在数量上、性质上相互独立,且存在一定的区别。另外,从数量上而言,体系的组成要素中,独立要素不能小于三个。

体育产业是一个多层级的大型体系,这个体系中各组成要素间的相互作用机制是非线性的,各要素间外在的商品交换关系是其非线性的主要表现,而各要素间的技术联系是其存在非线性作用的内在原因。具体来说,技术因素通过发挥以下功能来促进体育产业形成非线性作用。

第一,技术发展带来了高水平的生产力,因而对社会分工的发展具有积极的推动作用,进而促使新的产业分工得以形成。

第二,技术发展促进了劳动生产力的提高,劳动生产力的提高直接影响了劳动力的转移,产业结构也就因此而出现了相应的变动。

第三,技术的发展对需求的增长具有一定的刺激作用,因而影响了需求结构的变化,产业结构受需求结构变化的影响,必然会发生相应变动。

第四,技术的发展促进了夕阳产业的淘汰、原有产业的改造和新兴产业的产生,因而使生产结构得到了优化。

第五,技术的发展与进步促进了国家国际竞争力的增强,因而推动了对外贸易的发展,影响了产业结构的变化。

在体育产业结构不断演进的过程中,其之所以能够形成有序结构,产生复杂性,主要的内在原因就是非线性作用。体育产业内部各要素之间的相互作用即非线性作用是产业结构自组织演化的终极动力。

（4）触发器：涨落

体育产业结构在一段时间里具有相对的稳定性,其内部各要素之间的关系也相对较为稳定。但是,从局部视角来分析,体育产业内部的波动是经常性的。例如,在体育产业内部各部门间,劳动力、资金等要素不断流动,因而使体育产业的产值不断出现波动。如果体育产业产值的涨落只是产业内部的一种起伏变化,且不会对体育产业结构的稳定构成影响时,我们将这种涨落称为体育产业结构演变过程的微涨落。

综观体育产业结构的演变过程可知,微涨落不会将原有的产业结构打破。但是,有些涨落在一定条件下也会使原有的产业结构发生改变,我们将对产业结构造成影响的涨落称为体育产业结构演化过程中的巨涨落。微涨落在系统失稳的临界点上被放大就会形成巨涨落,体育产业系统高度不稳定主要就是受这种涨落的影响。当出现巨涨落时,之前的产业结构模式必然会产生变化,新的结构就会相应出现。我们可以用图2-1来表示体育产业结构演变的涨落机制。

只有体育产业结构原有的稳定性消失,并建立了新的有序结构,才算是实现了一次体育产业结构的演进。涨落在体育产业结构演进的临界点上发挥着重要的触发作用,新的体育产业结构的形成离不开涨落的触发作用。

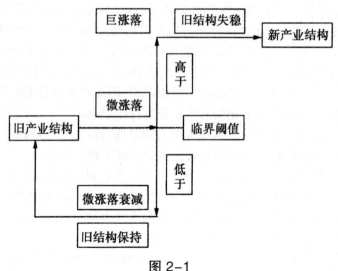

图 2-1

2. 他组织机制

体育产业结构的演进是一个控制的过程,不管是从自组织的角度分析,还是从他组织的角度来分析,都是如此。他组织角度下的控制过程,具体是指国家为实现国民经济发展的整体目标,对体育产业结构进行及时、有效的协调,并以科学力的措施来对产业结构进行积极调整,从而实现结构和组织优化的增长控制。在体育产业结构的演进过程中,其既受内部因素的干扰,又受外界的干预,而政府的宏观调控就是外界干预的主要体现。只有通过政府的宏观调控,才能在实践中实现体育产业结构演进的他组织机制。

体育产业结构在政府宏观调控下的他组织演进指的是,在体育产业结构的演进过程中,作为宏观经济主体的政府发挥主导作用,以国家经济发展的现状为依据,通过对宏观经济手段、产业政策等的运用来对体育产业各内部之间资源的有效配置进行干预和引导,从而对体育产业结构进行及时的调整与优化。

体育产业结构的演进过程中,政府发挥宏观调控的功能主要表现在以下几方面。

首先,政府为促进国家经济和体育产业的发展,对体育产业发展的目标、重点、规模等进行科学制定,对体育产业结构演进的趋势进行总体把握。

其次,政府通过对经济手段(税收、财政、补贴等)和产业政策的运用,对重点产业进行扶植与保护,对产业间的发展差距进行抑制,同时政府为了保证政策的有效实施,还对强制手段如行政命令、法律法规等进行了采用,从而对体育产业的发展进行正确的引导,使其以国家总体经济目标为出发点来优化与升级体育产业结构。

再次,政府通过对产业政策的推行和运用,促进了现代竞争的微观基础的逐步形成,这一微观基础与我国市场经济体制相符,可以对市场供需关系产生良好的协调作用,为发展体育产业营造优良的市场氛围,从而使体育产业结构以市场为导向逐步优化。

最后,在公共建设及公共组织方面,政府发挥其功能,为发展体育产业创造健康的社会环境,从而促进体育产业结构的优化升级与体育产业发展目标的顺利实现。

（二）体育产业结构演进的趋势

体育产业结构的演进趋势主要表现在以下几方面。

1. 软化

体育产业结构随着经济的不断发展逐渐表现出软化的发展方向。在体育产业发展的早期,其提供的体育产品以实物为主,很少提供服务类产品,体育服务产品与体育实物产品之比较低。随着经济的飞速发展和收入的增加,人们有了越来越多的闲暇时间,因此开始对高质量的生活展开了追求,体现出了更高层次的需求,在这一条件下,体育产业的发展势头良好。西方发达国家从20世纪六七十年代开始,体育产业的发展水平就有了很大的提高。在这一阶段,体育健身娱乐业、竞赛表演业等本体产业的发展速度较快,大量的体育相关产业由此得到衍生并取得了一定程度的发展成果。此时,整个体育产业中,体育服务业的地位开始提升,体育用品业的地位相应受到了打击。表 2-2 中的数据表明,近年来在体育产业的发展过程中,体育服务业的增加值占据了越来越大的比重。

表2-2 2006—2012年我国体育服务业、用品业、建筑业增加值所占比重(%)[①]

项目 ＼ 年份	2006	2007	2008	2009	2010	2011	2012
体育服务业	17.11	16.73	17.70	19.50	19.47	20.57	21.01
体育用品业	79.52	79.74	79.11	76.29	76.23	74.82	74.83
体育建筑业	3.40	3.53	3.19	4.22	4.30	4.61	4.16

2. 高度化

体育产业结构演进的另一个明显趋势就是高度化。引领体育产业结构走向高度化的一个重要力量就是高新技术产业。21世纪,知识经济与知识产业蓬勃发展,知识密集型产业、技术密集型产业的发展速度迅速加快,相比而言,劳动密集型产业的发展受到了重创。批量生产逐步被柔性生产取代,体育产业结构的优化与升级离不开科技的进步,核心技术的创新为体育产业结构的高度化发展提供了动力。

3. 合理化

近年来,体育产业机构在演进中逐渐呈现出了合理化的趋势。在资源既定的条件下,资源在体育产业内部构成之间的配置逐渐平衡且不断优化,促进了各内部的协调发展,从而使体育产业在整体上取得了良好的结构效益和经济效益。体育产业结构演进的合理化具体从以下三方面表现出来。

首先,从动态看,体育产业各内部可以以需求结构变动为依据来对资源配置进行合理调整。

其次,从静态看,体育产业各内部之间实现了资源的合理配置,而且各内部所占的资源在比例上相对合理。

最后,从效果看,各类体育产品的总供给与总需求之间处于动态平衡的状态。

4. 高效化

体育产业结构的高效化,不仅要求体育产业整体上具有良好的经济效益,还要求产业各内部拥有较高的经济效益。各区域、体育产业各内部都可以对各种资源进行有效利用,尽可能地促进成本最小化、利润和社会效益最大化目标的实现,这样才能实现体育产业结构的高效化。体育产

---

① 刘远祥.体育产业结构优化研究 [M].济南:山东大学出版社,2015.

业作为一个有机的整体,其良好的经济效益能够促进结构效益的提高,但体育产业的整体经济效益并不是这个有机整体内部各构成部分的经济效益的简单相加。

5.区域结构协调化

如果不同地区的体育产业结构都可以达到高效化、高度化及合理化的效果,那么区域体育产业结构将更加趋于协调化。现阶段,我国不同地区都对本地的资源禀赋进行了有效的整合,努力促进本区资源优势的充分发挥,并在此基础上兼顾全国体育产业结构优化对地区产业结构的要求,从而促进体育产业结构空间布局科学化、合理化的逐步实现。

二、体育产业结构的变动规律

（一）体育产业外部结构的变动规律

产业的消长过程一定程度上可以通过产业结构的变动体现出来。随着各产业间经济资源的不断流动,各产业的生产总值也在相应发生变化。农业、工业及服务业三大产业的变动具有一定的规律性,即资源配置和产出结构随着经济的不断发展相继在农业、工业、服务业中集中。体育产业之所以存在,主要是为了使人们的体育消费需求得到满足,虽然其开始主要以提供实物产品为主,但体育本体产业是以提供服务产品为主的。从这一方面来看,体育产业属于"提高科学文化水平和居民素质服务"的部门,也就是属于第三产业的第三层次。

从国民经济各部门地位的变化情况及趋势中,可以对体育产业外部结构变动的规律做如下一个基本推断,即在国民经济与第三产业中,体育产业的地位与作用将随着经济的不断发展和人们生活水平的逐步提高而日益突出。

经济基础、人民收入、社会需求结构等因素都会影响体育产业的发展。因此我们可以这样总结体育产业外部结构的变动规律:经济发展速度的加快、人民收入水平的提高及社会需求结构的变动能够促进体育产业的发展。从这一规律中我们可以得出,随着我国经济社会的转变和居民消费水平的不断提高,体育产业将会实现更大的发展,从而更好地满足人们的精神消费需要和享受需要。

（二）体育产业内部结构的变动规律

体育产业结构的演化规律除了包括外部结构的变动规律外,还包括内部结构的演化变动规律,即在体育产业的发展过程中,产业内部各分支行业的涨落规律。

作为一种典型的社会文化活动,体育源于日常生活,最初只是一种娱乐和游戏的方式,主要出现在宗教或节日仪式上,是人们在闲暇时间参与的娱乐活动。随着社会的不断进步,在近代工业文明产生之后,社会上开始推崇法律规范、自由竞争,竞技体育在此背景下得到了快速的发展,这同时也促进了现代体育的发展。人们在规则允许的范围内自由平等地进行竞争,这是竞技体育推崇的理念,同时也反映了一定的时代精神。在这一理念与精神不断强化与升华的条件下,体育活动开始向商业化的趋势发展,现代体育产业由此出现。早期的体育产业以提供体育用品为主,对体育服务产品的提供很少。而在经济日益发展和人民生活水平不断提高后,体育服务产品在市场上大量出现,其主要用来满足人们对更高生活质量的追求,满足人们更高层次的消费需求。

通过上述的分析,我们可以这样总结体育产业内部结构的变动规律,即在体育产业的发展历史中,产业领域的范围越来越广,产业内部的结构经过不断地调整而日趋合理,整个体育产业中体育用品业的地位在日益下降,体育服务业的地位相对上升。

第三节　影响体育产业结构变动的因素分析

很多因素都会对一个国家产业结构的变动产生影响或者决定作用。在一个国家的总体国民经济中,体育产业的地位如何,体育产业拥有怎样的内部结构,同样受较为复杂的因素的影响。产业经济学中,一般从四个角度来对产业结构的演化进行分析,即需求结构、供给结构、贸易结构和社会结构。分析影响体育产业结构变动的因素同样可从这四个方面着手进行。

一、需求结构因素

社会对体育用品和体育服务的需求就是体育需求,体育产业对其他产业产出的需求并不属于体育需求的范畴。在需求结构的引导下,体育产业中的各个生产部门进行最大限度的产出,促进社会体育消费需求的充分满足,从而使体育产业各部门的合理分布逐步实现,即形成合理完善的体育产业结构,这是最为理想的状态。总之,生产部门的生产活动受需求结构的引导,产业结构必然会随着需求结构的变动而变动。

在马克思的需求理论中,人的需求被分为三类,即生存需求、享受需求和发展需求。其中,生存需求是最低层次的需求,即满足生理需要;而享受需求和发展需求是高层次需求,即满足人作为社会人实现自我价值的需要。客观上而言,人的需求结构具有自身的变化趋势与规律,即由低级转向高级。在社会经济还不发达的时候,人们渴望能够解决温饱问题,主要的需求就是对物质消费品的低级需求。随着社会的进步与经济发展水平的提高,人们对物质消费品的需求逐渐下降,对服务消费品的需求逐渐增加,特别是能够提高人的健康水平和生活质量的服务消费品。体育运动不但可以满足人们的健康需求,还可以满足人们娱乐休闲及改善生活方式、提高生活质量的需求。所以,顺应消费需求结构变化规律,体育用品及体育服务自然成为吸引人们的重要消费领域,体育产业结构因此也会产生一定的变动。

二、供给结构因素

体育供给结构指的是社会对体育产业需求的满足程度。体育产业结构的变动与发展是以供给结构为基础与前提的,供给结构因素在很大程度上影响着体育产业结构的变化。发展体育产业离不开自然、物质、技术及人力等资源条件,这些资源都需要由社会提供,体育产业的供给结构由此而形成。

（一）体育产业的发展需要物质资本积累

体育产业发展的重要物质基础主要体现在运动设施、体育场馆等物质设施上,但对运动设施与体育场馆的兴建需要一定的物质资本积累,只有物质资本足够,才能开展兴建工作。同时,只有物质财富的积累达到一定的程度,人们才能将更多的精力与时间投在休闲娱乐中,投在运动健身中,投在自己感兴趣的事物中,从而对发展体育产业的良好外部环境进行有效的营造。

（二）体育产业的发展需要人力资本积累

体育产业的发展离不开一定水平的体育运动,竞技体育水平越高,观赏性越突出,就越能对人们的参与热情进行有效地激发,为体育产业的发展营造良好的氛围。而竞技体育的高水平发展离不开高素质的运动员、教练员等相关人力资源。要利用体育运动来创造产业价值,就要对高水平的人力资源进行有效的培养。

（三）体育产业的发展离不开技术

现代社会中,体育运动器材、健身器材越来越便利化、智能化了,这对于促进健身娱乐业的发展具有积极的作用,而这主要得益于高科技的产生。将新的科学技术运用于体育场馆、运动设施中,对于促进竞技体育水平的提高,促进体育观赏性的增强,促进竞赛表演业的发展都具有积极的意义。在体育竞赛表演中采用现代通信技术、信息技术直接带动了体育分支行业(体育广告业、体育传媒业等)的发展,促进了体育产业内容的不断丰富和体育运动社会影响的不断扩大。

三、贸易结构因素

国际体育用品和体育服务的进出口结构就是所谓的体育贸易结构,也就是体育产业的国际贸易结构。在经济全球化的今天,体育的发展也逐渐突破了国界,走向了国际,成为世界人民可以共同享有的文化资源与产品。而且,利用这一中介物,各国之间的沟通也逐渐加强了。国家之间的空间距离因为体育信息的全球化而日益缩短,人们在家就可以对精彩激烈的 NBA 篮球比赛进行观赏;一些体育用品的品牌因为体育资源的全球化而在世界上享有盛誉(如耐克、锐步、阿迪达斯等),而且,教练员、运动员、裁判员等相关体育人员的跨国流动也离不开体育资源的全球化影响。

体育产业机构的变动离不开体育用品和体育服务在世界范围内不断流动的影响。在进出口结构中,体育产业的供给结构能够从体育用品及服务的进口中体现出来,国际市场对体育产业的需求结构能够通过体育用品及体育服务的出口情况得以反映。因此,体育用品及体育服务的进出口结构会随着国家之间体育用品和服务生产的相对优势的变化而变动,而体育产业供需结构又会随体育用品和体育服务的变动而变动,在此基础上,体育产业结构也会因此而发生一定的变动。体育产业国际贸易的发展极大地推动了体育产业的发展,如美国 NBA 赛事、意大利足球产业、日本和中国的体育用品业之所以有今天的成就,主要就是得益于此。

四、社会结构因素

社会经济结构会受到社会其他结构的影响,作为社会经济结构的一个重要组成部分,体育产业结构的变动同样也会受到影响。社会结构中的人口结构、文化结构、阶层结构以及城乡结构等都会对社会供需结构产生直接或间接的影响,从而对体育产业结构的变动产生影响,具体分析如下。

（一）人口结构

社会劳动力结构是以人口结构为基础而形成的,而人力资源供给结构的形成又离不开社会劳动力结构这一基本条件。因此说,人口结构一定会对产业结构的变动造成影响。另外,人口年龄结构、文化结构等都属于人口结构的范畴,不同年龄段、不同文化层次的人其消费需求也各有差异,所以,人口结构也会对社会需求结构造成影响,进而对产业结构产生影响。在年轻型的社会中,人们对体育的竞技需求不断增加,竞技体育的发展能够促进竞赛表演业的发展；在老年型的社会中,老年人对体育的健身需求日益增长,健身体育的发展对健身娱乐业、体育用品业的发展具有积极的促进作用。

（二）文化结构

民族文化特征、文化教育水平、科学发展水平等都属于文化结构的范畴。文化结构会对产业结构的变动产生影响,具体是通过影响就业结构、技术结构等来实现的。"提高科学文化水平和居民素质服务"是体育本体产业为社会提供的体育服务,社会文化结构不同,人们的文化素质和对文化的需求自然就会有差异,从而对体育产品和体育服务也会有不同层次的需求,进而引起体育产业结构的变动。

（三）阶层结构和城乡结构

社会的收入分配格局基本上可以在社会阶层结构和城乡结构得到体现,社会阶层结构和城乡结构会影响社会需求结构,因而也会对体育产业结构的变动造成影响。

一般来说,城市中社会阶层相对较高的人群比较重视体育消费,因此体育消费人群就主要集中在城市中和较高的社会阶层中。社会阶层结构和城乡结构发生变化,必然会对收入分配状况造成影响,进而社会需求结构也会产生相应的变动,体育产业结构因此受到影响而产生变动。

第四节　体育产业结构优化的路径选择

一、体育产业结构优化的可选路径

（一）市场行为

市场经济条件下,社会经济的运行要以市场为基础调解者,资源的配置要依靠价格机制来实现,市场主体可自由竞争。市场供求和价格机制是促进体育产业结构优化的两个关键。在体育生产要素市场与体育产品市场中,通过对供求与竞争关系的协调来对体育资源进行配置,促进具有竞争力的体育产业快速发展,可以使人们的经济意志和体育需求得到更好的实现与满足,可促进交易成本的降低和体育经济运作效率的提高。在体育产业结构的这一优化过程中,结构变动是以市场价格为信号的,经济主体以决策机制为依据来制定分散决策,以动力机制为主来避免损失,增加利润,以实现机制为核心来实现利益的横向转移。

具体来看,市场行为具有如下几方面优势。

（1）市场对专业化生产持肯定态度,其以市价信息为基础发挥自身的作用,这一点要比政府的分配作用更占优势。

（2）以市价为基础而决出优胜者,这是对产出加以鼓励的最有效制度。

（3）市价没有租值耗散的浪费的竞争准则。

（二）政府行为

作为促进社会经济顺利运行的宏观调控者,政府通过国家计划来发挥作用,从而促使体育产品和体育资源的供给与需求达到平衡状态。政府干预经济活动、促进资源优化配置、推动体育产业发展的主要手段是经济杠杆、产业政策。在体育产业结构的优化过程中,政府以现有产业结构状况为依据来预测产业结构的变动,以经济发展的总目标为出发点,通过纵向等级层次将计划指令发给经济主体,以对部门间的供求格局进行调整。政府一般以整个国家为背景来对体育产业发展的方向、速度、规模及重点等进行确定,为国家体育产业的总体发展勾画大致的轮廓。

政府宏观调控的优势主要体现在以下两方面。

（1）政府这一组织是针对全体成员的。

（2）政府拥有的强制力是其他经济组织所不具备的,有效的市场配置离开政府的干预就不可能实现。

二、推动我国体育产业结构优化的对策

从当前我国体育经济的发展情况出发,为了促进体育产业结构优化升级速度的加快,应有效整合体育产业核心资源,促进产业带动效应和后发优势的充分发挥,实施跨越式发展方案。通过采取多方面的措施来促进体育产业结构优化的全面实现。具体来说,我国体育产业结构的优化可以采取如下对策。

(一)明晰体育事业与体育产业的关系

《国民经济和社会发展第十二个五年规划纲要》第十篇第四十四章首次以"繁荣发展文化事业和文化产业"为题,提出:"坚持一手抓公益性文化事业、一手抓经营性文化产业,始终把社会效益放在首位,实现经济效益和社会效益有机统一。"[①] 这对文化事业、文化产业的内涵及外延进行了明确,对促进文化事业的繁荣和推动文化产业的协调发展指明了科学的路径与方向。

当前,理论界的一些学者没有明确体育事业与体育产业的概念及区别,将二者混为一谈,一些体育部门的领导更是如此。针对这一情况,要优化升级体育产业结构,首先必须对体育产业及体育事业的概念与关系进行明确,并了解二者在生产目的、资本来源、服务对象、运营机制、调控方法等方面的不同之处,既不能因为发展体育事业而使体育产业的市场化发展受到制约,也不能因为发展体育产业而使体育事业的发展走向庸俗。从体育产业的发展实践中可以发现,体育的发展不但能够为国家带来荣誉,为人民提供服务,还可以给国家带来经济价值与利益。所以,应该对体育事业和体育产业的关系及区别加以明确,并对体育产业发展带来的效益进行充分的认识,如刺激消费、促进经济结构的优化、推动国民经济的发展等。

(二)对体育产业主导产业审慎选择

在对体育产业政策进行制定时,充分发挥政府的选择引导作用,并通过市场运作、科学规划来对体育主导产业进行谨慎选择。一般将体育主导产业定位为健身娱乐业、竞赛表演业、体育培训业,政府要重点对这些产业的发展予以政策扶持,促进其快速发展。优化这些体育产业结构,可

---

① 刘远祥.体育产业结构优化研究[M].济南:山东大学出版社,2015.

以使各个产业之间的发展产生密切的联系,使其互为基础、相互依托。通过发展这些主导产业,可以起到如下几方面的效果。

首先,发展主导产业,能够拉动其他相关体育产业的发展,如体育用品制造业、销售业等,进而使体育主导产业的回顾效应得到充分的发挥。

其次,发展主导产业,能够推动体育场馆经营、体育组织、体育传媒、体育彩票、体育中介的发展,进而促进体育主导产业前瞻效应的充分发挥。

最后,发展主导产业,能够促进周边餐饮、会展、旅游、通信、房产等行业的发展,进而促进体育主导产业旁侧效应的充分发挥。

作为体育产业的主导产业,体育竞赛表演、体育健身娱乐、体育技能培训不但扩散效应较强,而且结构转换效应也较为突出,能够相互依托、相互促进。随着生活水平的提高,人们的健身意识与观念逐渐增强,对体育的需求也日益多元,并通过参与体育技能培训来对体育活动技能进行掌握,这就能够对体育健身娱乐业的发展起到一定的推动作用。人们在参与体育运动的过程中,也会关注一些自己喜欢项目的赛事,这又能够推动体育竞赛表演业的快速发展。同样的道理,人们关注自己喜欢项目的赛事后,对该项目的兴趣也更加提高了,而且产生了学习该项目技能的强烈要求,并通过参与技能培训来获得技能,这对体育技能培训业、体育健身娱乐业的发展同样具有积极的促进作用(图 2-2)。

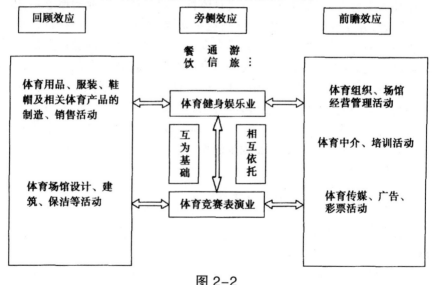

图 2-2

体育技能培训业、健身娱乐业、竞赛表演业作为体育产业的核心产业,能够发挥关联链式效应,对体育产业行业的整体发展产生一定的拉动效能。这些产业的发展对中间需求的扩张又会产生强有力的刺激作用，如推动大型体育赛事的举办，促进城市体育设施建设，城市基础设施建设对于城市整体功能的扩展也有积极的影响。此外，体育核心产业的发展也能够促进人们体育价值意识与观念的强化，意识与观念的发展能够有效地促进实践的发展，体育经济增长与体育产业结构的优化也有了很大的希望。

（三）大力促进体育主导产业的发展

1. 增加社会先行资本和投资率

为了使体育主导产业能够充分发挥自身的扩散效应，需要大幅地进行社会先行改变，即为体育产业结构的升级积累一定的社会先行资本。要促进生产性投资率的提高，促进积累在国民收入中比例的提高，最好可以超过10%。体育主导产业之所以能够形成，其先导和基础就是投资，投资在体育产业结构优化中发挥着一定的导向功能。

发展体育产业，要依托体育公共产品和服务，因此政府要加大力度来建设体育产品与体育服务，通过对多元体育产品的提供，来促进有效供给的不断丰富，从而对有效需求进行激活，使大众消费需求得以满足。此外，还应以消费者的需求差别为依据来细分体育产品市场，并在此基础上对目标市场加以选择，进而对与体育目标顾客相适应的体育项目进行选择，对与目标顾客相适应的价格水平进行制定，以目标顾客的体育需求特征为依据来展开促销，从而优化体育产品结构。国家要对扩张性政策积极加以实行，并从总量上着手，对各类企业研发新产品进行鼓励，使其通过这一措施来促进体育需求的增加。在体育基础设施方面，政府要先进行科学论证，然后加大投资力度，同时对社会力量进行积极组织，以市场机制为依据来促进闲置场馆的运营，最大化地提高公共支出的效应，从而为推动体育产业的发展创造良好的基础条件。

2. 确保市场需求的充足性

体育主导产业的形成与发展还需要依赖充足的市场需求。所以，要从增加体育消费着手来优化体育产业结构，在发展体育经济的过程中，要将扩大体育消费作为一个重要的拉动力量。应对体育发展战略进行大力调整，将群众体育与竞技体育的关系协调好，从政策与资金上大力扶持群众体育的发展，对健康的体育生活方式加以积极引导；促进与群众消费能力相适应的准经营性体育项目的大力发展，将公共场地和学校、企事业单位的体育设施有偿地向社会开放，对低成本的体育指导中心、健身俱乐部等进行建立。扩大市场需求具体从以下几方面着手。

（1）对各类体育市场积极开发

要以对潜在消费需要的识别为基础，重点通过培育、引导等方法来对表 2-3 中的体育健身娱乐市场进行开发。

表 2-3　需要开发的体育市场 [1]

体育市场	目标对象	开发项目及产品
青春美容健身娱乐市场	男女青壮年	以健美、减肥、形体训练为主的参与型体育健身娱乐产品
银发健身市场	中老年	康复咨询、气功养身、运动处方等康复型、保健型的体育健身娱乐产品
多功能高档体育健身娱乐市场	高收入阶层	为健身、休闲、娱乐、公关及商务活动等提供服务，开发高尔夫、网球、保龄球俱乐部等项目及产品
娱乐性体育健身娱乐市场	现代都市居民	满足回归大自然、欢度闲暇的需求，开发休闲型、趣味性较强的自然体育项目
竞赛表演市场	竞技体育爱好者	发展球迷经济、赛事经济，扩大需求，如足球竞赛、篮球竞赛等
体育培训市场	青少年	游泳、羽毛球、跆拳道、轮滑等项目

（2）适应各类体育市场

业界内人士以消费者的需求差别为依据细分总体市场，进而对适宜的目标市场、体育项目进行选择，对价格水平进行合理制定，积极开展促销活动。

（3）转变居民消费观念

对人们的经济预期进行正确引导，促进边际消费倾向的增加，通过深化改革使未来的不确定性降低，对风险加以规避，这有利于促进即期消费是进一步扩大。体育消费不是说要投入多少资金来进行消费，关键是要对居民的体育消费观念与意识进行引导，使居民建立"花钱买健康"的思想，在此基础上对"体育，让生活更美好"这一新主题进行确立，对"健身就是素质、品位、发展机会、生活质量"等新观念进行树立。在对居民体育消费观念进行引导的过程中，要加强对居民体育消费动机的激发。通过促进最终消费需求的增长来对中间需求进行拉动，从而有力地发展体育主导产业。

---

[1]　刘远祥.体育产业结构优化研究 [M].济南：山东大学出版社，2015.

3.进行配套制度改革

我国经济体制从很大程度上影响了体育产业结构的形成。在此基础上,要真正转变经济增长方式,优化产业结构,关键是要对可以有效对这种转变加以支持的制度基础进行建立。可以说,产业结构的优化升级能否实现,关键取决于相应制度基础的建立,发展中国家是否能够实现后发优势也要看能否建立合理的制度基础。这就要求我们要转变政府职能,促进社会主义市场经济体制的不断完善,对有限和有效政府加以建立。政府方面的工作是否顺利落实直接决定了产业结构的优化情况。政府的工作具体从以下几方面开展。

首先,从宏观来看,体育资源配置离不开市场主导作用的发挥,在此基础上,政府要转变管理体育产业的方式,对宏观调控手段加以改进,体育行政部门避免直接干预体育产业开发和体育市场经营活动,而且政府不可限制和垄断体育市场资源。

其次,政府要促进体育产业发展战略规划的进一步强化,对能够对体育产业发展起到引导和鼓励效用的政策法规进行制定,促进体育产业的优化发展。在将成本意识、激励机制、竞争机制引入体育产业的过程中,政府要充分发挥引导作用。对于体育核心产业(健身休闲服务业、竞赛表演业等),政府要进行重点培育,促进主导产业拉动及延伸效应的积极发挥,从而使相关产业也能够受益。

再次,为了促进体育关联产业(如体育中介、培训、用品、建筑等产业)的发展,对以市场为龙头、需求为导向、效益为核心的体育产业分布结构进行建立,促进门类齐全、布局合理的体育产业发展格局的形成,政府要对市场支撑体系加以积极的建立,既要对与市场经济要求相符的交易与管理规则进行制定,又要对体育产业体制改革试点加以推动,从而促进体育产业化发展进程的不断加快,促进体育产业结构的逐步完善。

最后,我国市场经济体制还不完善,世界市场竞争非常激烈,在此背景下,作为朝阳产业的体育产业很难顺利发展。发展体育产业,优化体育产业结构,离不开政府的支持与保护,但如果政府强行进行行政干预,必然也会影响体育产业的发展。政府要从政策与资金上大力扶持体育产业主导产业的发展,先通过税收优惠政策来扶持重点发展或优先发展的领域;在科技方面增加投入,促进科技成果在体育产业中适应性的提高。我国成功举办北京奥运会后,"科技奥运"理念的科学性便得到了证实,在此基础上,政府要促进技术创新体系的不断完善,鼓励对自主品牌和自主核心技术的创造,从而促进体育产业自主发展力的增强。此外,政府要大力规范与引导体育资产及体育产品的发展,以科学合理地调整体育产业结构。

4. 制定创新策略

制定创新策略主要从以下几方面来着手进行。

首先,要想尽快实现体育产业结构的优化,就必须对新的科技加以运用,通过自主创新能力的提高来调整产业结构。在优化体育产业结构的过程中,技术进步是主要推动力和有力的技术保障,利用新科技,可以使产业结构性矛盾问题得到有效的解决,可以促进体育产业结构的高度与合理发展。现阶段,我国在创造新科技时,需要促进投入总量的增加,对研发支出结构进行合理调整,促进科技研发资金使用率的提高。因此,我们要对扶持政策加以明确制定,大力实施品牌战略。对于大型体育企业,要鼓励其增加投入来研发新技术,从技术、产品及营销手段等方面实现全面的创新,促进我国体育用品业的自主创新能力的提高。

其次,将价值链尽量拉长,开展创新性的服务,具体从产品设计、品牌销售、供应链管理、售后服务等方面着手,以促进产品附加价值的提高和盈利的增加。

再次,大力建设体育用品标准体系,对体育产品质量监管和认证工作进行积极推行,促进我国体育产品在国际市场中竞争力的提高,对体育用品世界品牌进行全面打造。

最后,积极培养人才。我国体育产业的发展水平一定程度上取决于体育产业人力资源的数量与质量,因此,我们需要将对体育产业相关人才的培养重视起来,对与我国体育产业化发展需要相适应的高水平专业人才进行科学培养。

(四)对区域产业结构进行统筹优化

非均衡协调发展理论中提出了一种新的区域发展观,即在市场竞争、发展机会、享有发展成果方面实现全面的公平。这种新的区域发展观也是一种创新性的区域经济发展理论,其能够为我国区域体育经济发展策略的科学制定提供一定的理论指导。从这一新型理论出发,在对我国区域体育产业结构进行调整与优化时,需要重点从以下几方面着手。

1. 充分发挥市场与政府的作用

市场与政府是影响市场经济发展的"两只手",市场经济的发展离不开市场调节机制,也不能缺少政府的宏观调控。体育市场上各行为主体独立的、博弈的行为是优化体育产业结构的基础。优化区域产业结构同样需要"两只手"同时发挥作用,即有机结合市场调节和政府调控。发展区域体育产业,推动区域体育产业结构的优化升级,需要对市场价值规律加以遵循,加强对相应产业政策和措施的制定与实施,促进我国各区域体育产业结构的协调发展与优化升级。

2. 发挥区域间互补的整体优势和综合比较优势

我国是发展中国家,地域广袤,不同地区除了自然条件有很大的差异外,经济基础和体育发展也处于不同的水平。这就要求我们要以实际为依据,对区域体育产业结构进行合理的调整与规划,既要将不同区域的比较优势充分发挥出来,又要对各区域的竞争优势加以创造。具体从以下几方面着手。

首先,对各区域的优势资源进行充分的挖掘与利用,将地区优势资源与民族体育特点结合起来开发优势民族传统体育项目,对优先发展的产业部门进行合理的选择,通过优先发展优势产业来对其他体育产业的发展产生积极的影响,对体育产业的特有品牌进行打造,促进优势互补、各具特色的区域体育经济的形成,促进各区域体育产业市场竞争实力的增强。

其次,在西部重点发展体育旅游业,充分利用体育旅游资源,推动体育旅游这一核心产业的发展,进而发挥主导产业的辐射效应。

最后,对中西部体育产业基地建设予以扶持,将中西部地区的体育资源充分利用起来,对体育产业布局进行合理规划,促进竞争合力的形成和体育产业的快速发展,使不同区域间体育产业发展水平的差异逐步减小,实现协调发展的目标。

3. 加强对统一开放、竞争有序的区域市场体系的建立

我国城乡之间、区域之间在经济方面存在着很大的差距,对统一市场进行分割的体制障碍、对市场要素自由流动进行制约的体制障碍等是造成这些差距产生的主要原因。所以,我们要继续加大体制改革力度,对科学有效的区域发展政策进行制定,将区域间的分割状态逐步打破,将地区壁垒彻底消除,促进大市场调节机制的不断完善。在对效率最大化原则加以遵循的基础上,使各种生产要素在市场信号的指导下自由流动于不同区域,实现资源的合理配置。只有如此,各地区体育产业的发展才能趋于协调。

第三章　体育产业组织的发展与探讨

体育产业组织是体育产业研究的重要内容,体育产业组织的科学化对于体育产业的可持续发展具有重要的指导意义。本章主要就体育产业组织的基本理论进行系统研究,在明确体育产业组织研究对象的基础上,对体育产业组织的理论基础进行了详细解析,并以体育产业组织理论"结构—行为—绩效"的传统范式为指导对体育产业组织系统构成以及当前我国体育产业组织的发展现状进行了科学研究,并针对我国体育产业组织中出现的一些问题进行了深入分析与探讨,指出了相应的改革策略与建议,旨在揭示体育产业与市场运行之间的逻辑关系,促进我国体育产业的科学化组织与发展。

第一节　体育产业组织的基本理论

一、体育产业组织的研究对象

产业组织(Industrial organization,简称 IO)理论,是在市场经济条件下,运用微观经济理论,对体育企业、体育市场及其之间的相互关系进行研究的一门学科。

产业组织理论的研究对象,具体是指体育产业内部不同组织主体(厂商、企业)之间的关系,并围绕这一关系展开以下研究。

（1）研究体育产业的组织主体之间的形式组织,即组织构成。

（2）研究体育产业的组织主体为什么会以这种形式组织,即组织原因。

（3）研究体育产业的组织主体的行为和产业竞争(垄断),即组织行为。

（4）研究体育产业的组织主体的外部市场结构,即组织市场环境。

（5）研究体育产业的组织主体之间的组织形式和结构是如何影响市场的运行和绩效的,即组织影响。

产业组织理论的研究,其目的在于理清不同体育产业组织主体之间的关系,并就相关的行为、环境、条件、影响等进行深入分析与描述,以便于为政府的产业管制的公共政策和竞争政策提供理论依据。[①]

从经济学的角度来看,产业组织理论的研究内容属于微观经济学范畴,而且是微观经济学的核心内容之一,因此,有些专家和学者认为,产业组织理论与价格理论或微观经济学是等同的,但事实并非如此,这只是一种经济学研究内容认识上的偏差。从本质来看,产业组织理论与微观经济学二者之间有着明显区别,具体分析如下。

(1)产业组织理论研究的重点在于不完全竞争情况下的市场结构、企业行为、经济绩效问题,微观经济学研究的重点在于简单的完全竞争和完全垄断情况下的市场结构、企业行为、经济绩效,产业组织理论研究内容与主流微观经济学在解释垄断或不完全竞争问题上的失败有着密切的关系。

(2)产业组织理论的政策指向性强,在一定程度上直接服务于政府的相关政策,此类政策多为政府制定的反垄断政策、直接管制政策等。

二、体育产业组织的理论基础

(一)马克思、列宁产业组织理论

1. 分工

分工,也称劳动分工,是指把一个生产过程或工作分解成若干部分,每个部分由专人去实现,与分工紧密相联系的是专业化和协作。

社会分工有广义与狭义之分,这里所说的社会分工,主要是指狭义的分工。社会生产分工的出现,得益于生产力的发展,19世纪以来,经济和生产力的发展促进了工厂制度的建立,机器的出现并广泛应用解放了一部分劳动生产力,劳动分工和生产方式开始出现,并不断向各个行业和产业扩展(图3-1)。

关于社会分工,马克思对其类型(一般分工、特殊分工、个别分工)进行了分析与描述,马克思指出:"单就劳动本身来说,可以把社会生产分为农业、工业等大类,叫作一般的分工;把这些生产大类分为种和亚种,叫作特殊的分工;把工场内部的分工,叫作个别的分工。"

[①]　吴超林.体育产业经济学[M].北京:高等教育出版社,2004.

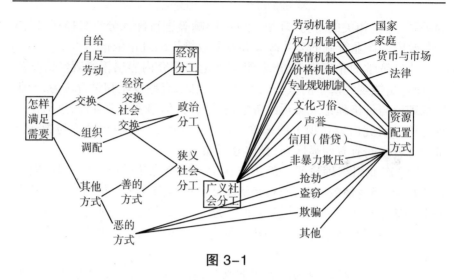

图 3-1

2. 协作

所谓协作(专指经济领域的协作),马克思是如此解释和理解的,协作是指"许多人在同一生产过程中,或在不同的但互相联系的生产过程中,有计划地一起协同劳动的劳动形式"。

关于协作的功能,其在不同的社会背景下表现不同,马克思指出:在大机器工业时期,协作与社会分工功能相同,可产生新的生产力,属于复杂协作,这种协作有效发展了个人生产力,产生集体生产力,能生产更多的使用价值、缩短必要劳动时间。产生出新的生产力是协作的最重要的结果。

对于体育产业中的各类厂商、企业、公司、个体经济体而言,在商品经济环境下,协作是一种市场行为,协作者之间的关系是一种契约关系,为了共同的利益构成一定的"经济同盟",彼此之间的契约关系受社会法律规定、经济规律和规则的制约(表 3-1)。

表 3-1　市场经济主体在不同社会环境下彼此之间的协作关系及其社会约束

	传统社会	现代社会
社会结构	金字塔型	网络型
社会功能	泛化	分化
社会单元	家族、庄园、行会	个人
社会分工	一定程度	无限深化
社会关系	血缘、亲缘、身份	契约、规则
社会治理	传统型、魅力型	法理型

3. 垄断与竞争

马克思认为：垄断与竞争，均起源于资本主义生产过程中，两者的产生都是剩余价值规律和价值规律共同作用的结果。

马克思指出，随着市场经济的发展，垄断与竞争的方式发生变化，并随着市场的成熟而加剧，他认为，市场经济的发展引起了资本的集中和市场结构的变化，进而产生垄断。在激烈的市场竞争中，市场主体为了获得超额利润，开始重视技术创新，通过技术改革不断提高生产力，实现组织部门之间的合理分配和资源的优化配置。

列宁所处的时代，市场经济发展到了一个新的阶段，垄断取代竞争。列宁认为，垄断是由"生产集中"引起的，垄断是"资本主义发展到新阶段的一般的和基本的规律"。垄断给社会经济及人们的生产生活所带来的影响是巨大的，主要表现如下。

（1）垄断促进了资本主义矛盾，加剧了无产阶级和资产阶级两个社会阶级之间的矛盾。

（2）垄断导致了资本主义经济危机的产生和加重，并进一步加强了生产的集中和垄断。

（3）为了获取更多的生产资料，垄断组织在瓜分国内市场之后，会将目标放到国际市场，最终导致国际性垄断同盟的产生。

4. 集中与企业规模

市场经济条件下，企业规模扩大具有优越性，马克思在《资本论》中对这种优越性进行了阐述，即"对于更广泛地组织许多人的总体劳动，对于更广泛地发展这种劳动的物质动力，到处都成为起点"。著名经济学家萨缪尔森指出："规模收益递增非常重要"，人们购买的许多物品"都是由大公司制造的"。

生产资料的集中和企业规模的扩大对于提高生产率、降低生产成本、提高产品质量具有一定的优势，是市场经济对市场主体参与生产、竞争的一种组织和生产优化。

（二）马歇尔产业组织理论

阿尔弗雷德·马歇尔（Alfred Marshall，1842—1924）是近代英国最著名的经济学家，在西方竞技学说史上，最先将"组织"作为生产要素提出来，马歇尔指出，"组织"是生产的"第四要素"，同时提出"工业组织"的概念，分析了分工和机械生产对产业组织的影响。

马歇尔认为，不存在完全的竞争市场。企业总是有大有小、有新进入市场的和后进入市场的、有处于上升期的和处于下降期的,因此,对于一些大型的、早进入市场的企业来说可能在某些产业领域产生对市场的垄断,而不会有小的企业与之形成竞争。

对于垄断形成的组织联合,马歇尔指出,企业同盟和组织联合更多的是关注收入的最大化,会在一定程度上排除组织联合内部各企业之间的竞争,有权制定所有销售产品的数量与产品的价格,规模经济与垄断的矛盾始终存在,这就是著名的"马歇尔冲突"。

马歇尔的产业组织理论设计产业内部组织之间的关系和企业内部关系,虽然没有形成系统的理论体系,但对后人对市场主体的组织结构构成及其相互关系研究具有重要的启发意义。

(三)张伯伦产业组织理论

作为美国产业组织先驱者——张伯伦认为,"完全竞争"和"纯粹垄断"是两个相互对立的市场,在这两个对立的市场之间,存在一个"中间地带",即垄断竞争市场。

垄断竞争条件下,企业都在争取获得最大利益,同时,新的企业也比较容易进入市场,某一行业间的生产者数量的增加会加剧该行业间的企业竞争,不同企业之间的产品具有一定的差异性,产品差异所增加的社会福利大于因社会生产能力闲置而损失的经济福利,因此,垄断竞争市场的经济效率获得提高。[①]

三、体育产业组织的系统构成

"结构(Structure)—行为(Conduct)—绩效(Performance)"框架(简称 SCP 框架)是产业组织理论的传统范式。这一范式由贝恩(J.Bain)等人提出。

在结构—行为—绩效框架中,假定结构、行为和绩效的关系是单向的,即厂商行为由市场结构决定,市场绩效由厂商行为决定,则在早期的产业组织理论中,市场结构占据重要的地位。

当前,产业组织理论更多地强调不同构成要素之间的双向关系与动态变化。一些经济学家认为,结构、行为、绩效之间是相关影响的。特定的市场环境决定市场结构,市场结构决定企业的市场行为,企业的市场行为又决定了市场的绩效,同时,后者又会反作用于前者(图 3-2)。

---

① 曹可强.体育产业概论[M].上海:复旦大学出版社,2004.

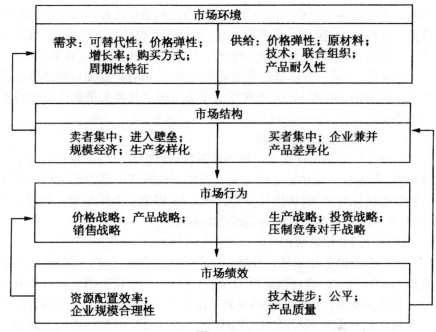

图 3-2

结合体育产业组织理论,现对 SCP 框架的三个要素具体分析如下。

（一）体育市场结构

所谓体育市场结构,具体是指体育产业内部企业市场关系的特征和形式。体育市场中,各个市场主体在市场交易中的地位、作用、比例关系以及它们在市场上所交易的商品的特点,共同形成了体育产业的市场结构。

1.体育市场结构类型

西方学者认为,体育市场结构可以分为完全竞争、完全垄断、寡头垄断、垄断竞争四种基本类型。完全竞争也被称作是纯粹竞争。在完全竞争市场结构中,产业集中程度低,市场中买者和卖者所交易的商品数量只占市场商品交易总量的很小的一部分,其交易行为并不足以影响市场价格,并且在完全竞争市场上也不存在任何进入和退出壁垒的问题,资源的流动性程度很高,其信息也具有高度的完备性。因此,一般认为,完全竞争市场仅仅是一种理想的市场类型,现实社会中只有农产品等极少数市场接近这种市场类型。

随着社会经济的发展,市场竞争就由自由竞争发展为垄断性的竞争。这是与企业追求利益最大化的本质分不开的,体育用品生产企业也同样如此。所有的体育企业都试图通过提高自己的所供产品的差别性程度来维持一定时间、一定程度的垄断地位,通过扩大企业投资规模,采用先进的生产设备和技术,创新的经营理念等来尽可能地阻止其他竞争的进入。

现阶段,从国内外体育产业发展情况来看,体育产业的市场结构主要有垄断竞争的市场结构、完全垄断的市场结构以及寡头垄断的市场结构三种类型。

(1)垄断竞争型市场结构

垄断竞争型市场结构是一种垄断程度较低但竞争性比较充分的市场结构,它在体育产业中是比较普遍存在的。垄断竞争型市场结构中包括各种类型的体育组织,大体可以分为两大类,即商业俱乐部和会员制体育组织,其企业主体是大量的规模较小的企业。

①体育商业俱乐部

体育商业俱乐部是私人投资和建设的体育企业,包括保龄球馆、跆拳道馆、马术俱乐部、攀岩俱乐部等,其经营的目的是通过消费者对体育活动参与性消费来获得最大化的利润。体育商业俱乐部所提供的体育消费产品有差别和无差别产品,为了争取更大的体育消费群体而展开激烈的竞争。

在市场竞争中,体育商业俱乐部的竞争活动形式是多元化的,例如,体育商业俱乐部通过组织各种专家讲座、业余比赛等各种方式,运用标准化和优质化的服务不断培养出广大的体育消费者群体,这有利于扩大自己的体育消费市场,赢取企业利润。另外,体育商业俱乐部还可以运用各种手段通过国家部门的干预来获得某些特许权或者进行广告投入来营建自己的销售贸易壁垒,争取最大的体育消费市场。

通过对体育商业俱乐部的性质进行分析,作为体育企业组织,体育商业俱乐部性质是私人性质或混合性质的企业组织,其经营要受到严格的市场经济体制的约束,所提供的体育产品必须根据市场需求来进行组织,因此它要比政府组织更有效率。从某种程度来看,体育商业俱乐部承担了政府应该承担但又无力承担的职能。一般来说,一个国家或地区经济发展水越高、国民身体健康指数越高,其体育商业俱乐部的发展就越发达,体育商业俱乐部的市场人群也越多,民众的参与程度也越高。但是,由于这类企业规模较小、产品的技术含量不高,再加上企业本身的实力也有限,因此,这类市场的进入和退出壁垒不仅程度低,而且维持时间会十分短暂。因此,在这样的市场经济背景下,一些新的体育企业很容易进入市场参与竞争。

②会员制社区体育组织

会员制社区体育组织是一个非营利性的社会组织,它是由具有共同爱好和兴趣的人自愿结合在一起以缴纳会费和接受赞助的方式而组建起来的。

一般来说,会员制社区体育组织的管理者是职业管理者或者志愿者,并且他们的会员数量有着严格的控制。从某种程度上来看,社区体育组织也具有垄断竞争的特征,它通过组织高质量的体育活动来吸纳高水平会员的加入和资金的支持,这关系到会员制社区体育组织的发展前景。会员制社区体育组织并不是市场经济条件下体育产业组织的主导形态,而是商业体育俱乐部主导形态的体育市场中的一种有益的补充。

（2）完全垄断型市场结构

完全垄断型市场结构是一种非常现实的市场结构,具体表现是在现代体育产业发展过程中,在某个特定范围内,其体育消费资源的生产和销售情况由一家体育组织完全支配。

在体育领域,从垄断的角度来看,体育赛事垄断是一个重要的垄断产品。例如,国际奥委会就垄断着奥运会的举办权,其他国际单项体育组织,如国际足球联合会、国际排球联合会、国际田径联合会等,对各自的单项国际体育赛事的举办权也是垄断状态。

完全垄断市场最典型的特征是体育垄断组织通过各种形式和手段构建自己的市场贸易壁垒,排除一切可能的竞争者,保证高额的垄断利润。比如,国际奥委会就能够利用奥运赛事的举办而获得从事商业经营的权利,这为国际奥委会带来了巨大的利润。1985年,国际奥委会启动了TOP计划——赞助奥林匹克运动,TOP计划试图集中国际奥委会、奥运会组委会以及各个国家的权力,由国际奥委会统一行使,同时,从世界范围内对各个著名企业进行挑选,将出资超过4 000万美元的企业作为国际奥委会的全球赞助商,其企业在生产和经营活动中要使用五环标志,通过五环标志的销售,国际奥委会获得收入。

在完全垄断的体育市场中,其体育组织是唯一的垄断体育组织,对体育产品和服务进行垄断性的管理和运营,其他任何组织和个人都不能介入有关事务,否则就会受到惩处和制裁。

除了体育赛事举办,由于体育产业及其与其他产业关系的复杂性,在当前复杂的体育产业领域,完全垄断市场非常稀少。

（3）寡头垄断型市场结构

从经营主体的主营业务来分,体育产业可以分为竞技体育经营业、体育广告业、体育娱乐业、体育建筑业和竞技体育经营业,上述这些产业的寡头垄断的特征均比较明显。

从提供体育服务来看,竞技体育寡头垄断的特征明显,具体分析如下。

①单个体育项目的赛事市场受单个体育组织的完全垄断和控制,但是,必须认识到,同类项目以及不同项目在同一地区的举办,市场竞争仍旧存在并且竞争非常激烈。在某个区域,不同垄断组织为了获得最大化的经济利益,必将以各种手段来获取更多的现场观众、电视观众、最佳的电视转播时段和最多的电视转播场次、更多的有实力的赛事赞助商、更多的赛场广告收入。有时为了避免竞争激烈过头,不同体育产业组织主体之间会采取各种策略就比赛时间、转播时段、赛场广告等进行谈判,达成相关协议。

②垄断权在某种意义上讲具有相对性,具体来说,每一个垄断组织都对自己所掌控的体育赛事有着高度的垄断权。例如,处于垄断地位的垄断组织可以制定比赛的规则、规定参赛队伍的数量、确定赞助者的条件及赞助费等,此外,垄断组织还可以设立专门的仲裁机构——负责对比赛过程中发生的一切争议和争端进行仲裁和判定。总之,对于这些垄断组织来说,它们已经建立起一个非常完善的运行机制,在某一领域具有高度决定权。

③寡头垄断市场一旦形成,就具有很高程度的进入和退出壁垒。寡头垄断市场格局基本形成后,处于垄断之外的任何组织和个人试图进入和退出都非常困难。当然,新的竞争者总是会出现,其能否在已经形成的垄断市场占有一席之地,就在于其组织力量是否足够强大,实力十分足够强大。

2. 决定体育市场结构的因素

研究表明,决定体育市场结构的因素主要有三个:市场集中度、产品差别化和进入与退出壁垒。

（1）市场集中度

所谓市场集中度,是一个指标,该指标用于表示在特定产业或市场中买者或卖者的数量及其相对的规模结构。

市场集中度可以分为卖方集中度和买方集中度。卖方集中度反映产业内生产的集中情况,买方集中度反映特定市场购买的集中情况。

①市场集中度的决定因素

市场集中度的高低受多种因素影响,如企业规模和市场容量大小(关键因素)、行业进入壁垒的高度、横向兼并的自由度等。

首先,如果产业市场容量不变,少数企业规模越大,市场集中度就越高。这主要是因为,一方面,当前市场竞争环境下,公众往往将企业规模的扩大作为衡量一个企业好坏的重要标准。因此,任何一个企业都有不断将规模扩大的冲动,企业规模扩大也成为企业家的主动追求。另一方面,企业规模扩大受政府的政策和法律影响较大。要提高本国企业的国际竞争力,政府必须放宽企业兼并和联合限制,打造大型跨国公司。

其次,市场容量变化会反过来影响市场集中度。经济发展速度、居民收入水平、居民消费结构是影响市场容量变化的重要因素。在市场容量缩小或不变的情况下,大企业多是通过兼并来争取更大范围的垄断市场,追求更大化的利润。反之,市场容量扩大,会导致市场集中度降低,不利于企业在所属的产业领域实现自己垄断市场扩张的目的。

②体育市场集中度的特点

体育市场集中度的特点主要有两个,具体分析如下。

首先,在体育市场中竞技体育经营业、体育用品业、体育广告业市场集中程度要高于大多数其他产业部门的市场集中度。竞技体育经营业、体育用品业、体育广告业形成了完全垄断的市场结构和寡头垄断的市场结构,有利于形成巨大的垄断市场。

其次,体育休闲健身市场集中度低。消费者需求的多样性、复杂性是体育休闲健身市场的特点,少数企业很难满足数量巨大、需求偏好各异的体育消费者的需求。因此,企业只能进行市场细分并结合体育人口的空间分布,确定企业经营方向、规模、区位,以在竞争中寻求发展。

③市场集中度的衡量指标

市场集中度的衡量指标主要有两个,具体分析如下。

第一,绝对集中度指标——市场集中度最基本的衡量指标,具体是指产业内规模最大的企业的生产、销售、资产、职工累计数,在整个产业中所占比重。用公式表示如下:

$$CR_n = \frac{\sum_{i=1}^{n} X_i}{\sum_{i=1}^{N} X_i}$$

上述公式中, CR_n 为 X 产业内规模最大的前 n 位企业的集中度,置为 X 产业内第 i 位企业的生产额或销售额或资产额或职工人数, N 为 X 产业的全部企业数。

第二,相对集中度指标——反映产业内部企业规模分布的市场集中度指标,常用洛伦茨曲线和基尼系数表示,这里重点介绍洛伦茨曲线。洛伦茨曲线反映产业内全部企业的市场规模的分布情况,是对市场占有率与市场中由小到大企业的累计百分比关系的描述(图3-3)。

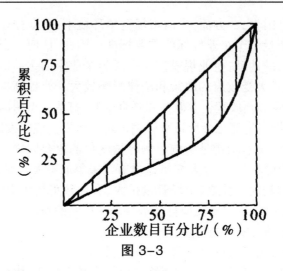

图 3-3

（2）产品差别化

所谓产品差别化，具体是指企业在向消费者提供产品时，通过各种方法引起消费者对产品的认同和共鸣，使消费者能够将其同其他竞争性企业提供的同类产品有效的区分开来，以达到在激烈的市场竞争中占据有利地位的目的。

产品差别化是影响体育市场结构的一个重要因素，如果产品差别程度显著，即使市场集中度很高，也会存在着激烈的市场竞争。具体来说，产品差异化对市场结构的直接影响表现如下。

①企业通过扩大产品差异化程度，保持或提高企业的市场占有率和市场集中度。

②现有企业产品差异化战略，使消费者对该企业的产品形成偏好和一定的忠诚度，提高其他小规模、新入市企业的入市壁垒。

从竞技体育经营来说，不同赛事组织者所提供的体育服务产品具有一定的差别。如奥运会和世界杯、欧洲杯等就存在着内容和形式上的极大的差别。这种产品的差别性使得赛事的组织部门采取多种多样的产品（如引进超一流体育明星加盟、营造气氛热烈、建设特色体育赛场、为消费者提供附加消费等）差异化策略，使产品别具新颖，提高产品的差别度和市场的集中度，进而刺激消费，获取高额的垄断利润。

（3）进入和退出壁垒

①进入壁垒

进入壁垒是新企业要进入某个市场，在与已有企业竞争过程中，遇到的不利因素，从而阻止新企业的进入，这些因素就是进入壁垒。进入壁垒主要由五个因素构成，具体分析如下。

绝对成本优势——特定的产量水平上,现有企业能够比新企业以更低的成本生产出同样的产品。

规模经济壁垒——新企业进入某一产业初期,很难成规模经济,相对于原有企业生产成本要高得多,从而在竞争中处于劣势的地位。

销售成本——在市场竞争中,企业长期努力后形成自己产品较高的美誉度和知名度,产品差异性体现明显,新企业要想突破壁垒参与市场竞争,必须付出很高的销售成本。

庇护性政策——政府对原有企业给予的进出口许可证,差别性的税收壁垒和专利制度等也会成为新企业进入的壁垒。

产品价格——在寡头垄断行业中,寡头们所实施的利润率控制措施、针对新企业制定的歧视性价格等策略和行为,也会阻止新企业的进入。

②退出壁垒

退出壁垒是指企业要主动或被动退出某一产业部门时,却难以退出的情况。退出壁垒的构成要素主要有专用性和沉没成本、解雇费用和政府政策法规限制等。通常资产的专用性越强,沉没成本越大,企业就越难以退出。

此外,政府也会对一些公用事业部门给予一定的政策限制,对其制定一定的特殊政策法规,以阻止其退出。

在体育市场中,体育赛事市场是进入和退出壁垒都很高的市场,而体育休闲市场则完全相反,其进入和退出壁垒往往很低。

3. 体育市场结构的测量

（1）企业垄断势力的测量

企业垄断势力的大小主要是通过勒纳指数和贝恩指数来测量。

勒纳指数是由美国学者阿贝·勒纳提出的,勒纳指数计算是一种有效评价标准,其计算公式为:

$$I_l = (P - MC)/P$$

勒纳指数测量的是价格对边际成本的偏离程度。一般来说,勒纳指数越大,说明价格对边际成本的偏离程度越大,单个企业的垄断势力也就越强。但是勒纳指数存在一定不足,如准确做出边际成本的测量非常困难;对企业实际行为的度量没有考虑到潜在垄断行为;测量的基础是静态的价格理论之上的,而价格和边际成本之间是存在差额的。

贝恩指数是现代产业组织理论的先驱之一贝恩提出的,是一种通过考察利润来测量市场结构的指标,其计算公式为:

$$I_B = (P - AC)/P$$

贝恩指数的计算使用的是平均成本,比勒纳指数所使用的边际成本容易计算。一般来说,超额利润越大,贝恩指数越高,说明垄断势力越强。但是垄断并不是产生高额利润的唯一原因,因此,贝恩指数也具有局限性。

（2）产业垄断和竞争程度的测量

产业垄断和竞争程度测量的常用测量指标如下。

①产业集中度:测量产业竞争性和垄断性的最常用、最简单易行的指标。产业集中度的计算公式为:

$$CR_H = \sum_{i=1}^{n} X_i / \sum_{i=1}^{N} X_i$$

②洛伦茨曲线和基尼系数:从整体上反映产业的集中状况,从而弥补产业集中度指标的不足。

③赫芬达尔指数:用某一产业市场上所有企业的市场份额的平方和来测定产业集中度,其计算公式为:

$$I_H = \sum_{i=1}^{n} \left(\frac{X_i}{T} \right)$$

其中公式中 X_i、T 是指该产业部门中第 i 家企业的规模占整个产业规模的比重。

④熵指数:借用信息理中熵概念,有平均信息量的含义。熵指数是一个反映市场中所有企业竞争和垄断情况的综合指数,其计算公式为:

$$I_H = \sum_{i=1}^{n} S_i \cdot \log \frac{1}{S_i}$$

上述公式中,S_i 为第 i 个企业的市场份额。

（二）体育市场行为

1.体育市场竞争行为

体育市场中的竞争行为可以分为定价行为、广告行为和兼并行为。

（1）定价行为

各体育组织或企业的目标不同,其所采取的定价行为也会有所不同。常见定价策略和模式主要有以下几种。

①成本加利润定价法

在平均成本的基础上加上一个预期的利润水平的定价方法,其定价公式表示如下:

$$P = \pi + KC + V$$

式中 P 是价格,π 是单位产品的利润,C 是固定成本,K 是固定成本的分摊系数,V 是单位产品的可变成本。成本加利润定价法是一种单边的主观定价行为,成本加利润定价的基本原则是保证收回成本并获得一定利润,但在激烈的市场竞争中,有可能会失效。[①]

②价格领先制定价

价格领先制定价模式是寡头垄断的市场主要的定价方式。其具体的定价模式有主导企业定价模式、串谋领导定价模式、晴雨表型定价模式等几种类型,不同定价模式类型具有不同的特点(表3-2)。

表3-2 体育企业价格领先制定价模式类型

定价模式	定价方法
主导企业定价模式	由规模最大、市场份额最高或社会影响力最高的企业首先确定价格,其他企业自愿跟随或者被迫跟随确定自己的价格
串谋领导定价模式	由几家规模很大、实力和社会影响力相当的企业通过串谋共同确定价格,其他企业共同跟随确定价格
晴雨表型定价模式	对市场变化中具有敏感性和预测能力的领导企业对价格进行调整,其他企业在此基础上调整产品的价格

③竞争性定价

竞争性定价旨在追求更高市场占有率,采用该方法进行定价的体育组织和企业根据其具体目的不同又可分为掠夺性定价和限制性定价。掠夺性定价是某一企业为了把对手挤出市场或逼退潜在竞争对手所采取的降低价格的策略,限制性定价是企业把价格定在足以获取经济利润但又不会引起新企业进入的水平的定价策略。二者都是一种长期定价的策略行为,但在定价策略实行的短期内,利润有所不同。

(2)广告行为

广告行为是一种企业普遍采取的向消费者提供产品信息、介绍产品性能、诱导消费者购买的非价格竞争行为。体育企业的广告行为在体育用品业的表现尤为明显,在我国体育用品业,企业的广告行为是使用最为频繁的市场竞争行为之一,这是因为企业的广告行为能直接提高产业市场集中度,当所有竞争性企业都从事广告活动时,企业之间的市场份额会随着广告活动的成效发生变化。[②]广告行为可以突出企业的体育产品和服务的差异,形成品牌的认知度,增强其他企业的市场进入壁垒。

(3)兼并行为

企业兼并行为是指两个以上的企业在自愿基础上依据法律规定通过

---

① 吴超林.体育产业经济学[M].北京:高等教育出版社,2004.
② 李骁天,王莉.我国体育用品产业市场垄断与竞争分析——以市场行为为切入点[J].北京体育大学学报,2008,12(31).

订立契约而结合成为一个新的企业的组织调整行为。企业兼并主要包括三种：横向兼并(水平兼并)、纵向兼并(垂直兼并)和混合兼并(复合兼并)(表3-3)。

表3-3　体育企业兼并行为

兼并行为	兼并表现	示例
横向兼并	进行兼并的企业多是属于同一产业、生产同一产品或处于同一加工工艺阶段，在体育产业内部多发，竞技体育经营业较少	上海申花俱乐部和联城俱乐部的合并
纵向兼并	竞技体育经营业中比较普遍	体育器材和设施企业对体育俱乐部的兼并；较大俱乐部对体育用品零售业的兼并
混合兼并	不同产业、生产工艺上没有关联关系、产品完全不同的企业之间的兼并	俄罗斯财团、阿联酋财团等对欧洲足球俱乐部的兼并

现阶段,体育市场发展成熟,体育企业的兼并行为类型复杂化,很难真正区分属于哪种兼并行为。

2.体育市场协调行为

竞争和合作是体育市场最为基本的两种关系,二者的表现就是体育市场的协调,具体来说,体育市场的协调行为主要有两种,即价格协调和非价格协调,详细分析如下。

(1)价格协调

体育组织之间或体育企业之间就其所提供的产品的价格决定问题相互协商并采取共同行动,包括卡特尔和价格领先制两种形式。以卡特尔为例,它是以利益最大化为目的的体育组织或企业的价格共谋。例如,国际奥委会与其他国际体育组织之间就电视转播权、赛事标志使用权等无形资产的价格磋商。

(2)非价格协调

通过共谋或串谋的形式实现,只是共谋或串谋的内容不是产品的价格而是产品供给的时间、地点、规则等。例如,国际奥委会同其他体育组织就体育赛事举行的时间、地点等进行的磋商。

(三)体育市场绩效

体育市场绩效是反映体育市场运行的效率和资源配置优劣的重要指标。目前,主要从三个方面对体育市场绩效进行评价:资源配置效率、产业规模结构效率、技术发展程度。

1. 体育市场资源配置效率

经济学原理指出,资源配置效率是社会总效用或社会总剩余最大化的集中体现,可简单理解为社会福利的最大化。体育组织和企业的经营目标是追求经济利润的最大化,因此,衡量体育市场资源配置效率,也应以社会福利的最大化为根本尺度,从以下四个方面进行评判。

（1）考察体育产业利润率：判断体育市场对完全竞争市场的偏离程度,明确体育消费者所获得福利与最大福利间的差距。

（2）考察市场集中度和进入壁垒的程度,判断市场竞争是否充分。

（3）考察政府对市场的干预程度。判断市场是否失灵,市场机制是否存在被扭曲的现象。

（4）考察消费者对体育产品的需求情况,判断出体育产业给体育消费者创造的社会福利与效用。

2. 体育产业规模结构效率

产业规模结构效率,又称产业组织的技术效率。体育产业内的体育资源的分配状况的不同,体育资源的利用效率也不同。具体来说,应从以下三个方面来考察体育资源的利用状况。

（1）经济规模的实现程度

对经济规模的实现程度的判断,一般用达到或接近经济规模的产量占总产量的比例来表示。但是,在现实经济生活中,完全符合规模经济要求的企业是不存在的,如一些非规模经济的企业长期亏损但又不退出市场;一些大企业经营成本高、经济规模过度集中;体育健身业企业规模小,往往运营成本过高;体育场馆往往经营能力过剩。

（2）经济的结合及实现程度

在体育产业中,经济规模的纵向实现程度,可以用实现垂直结合的企业的产量占各流程阶段产量的比例反映。即体育产业内部结构的合理化,应同时表现为这些产业部门之间比例应恰当。

（3）企业规模能力的利用程度

当前,体育企业规模能力利用程度主要包括两种情况,第一种情况是许多较大的已经达到一定规模经济水平的体育产业公司,但设施利用不足,产能过剩;第二种情况是诸如体育场馆经营业或者体育休闲健身产业中的一些企业,由于市场集中度低,不能实现规模经济,存在设施闲置的现象,资源的浪费导致体育企业利润率较低。

3. 技术发展程度

产业技术进步有广义和狭义之分，具体来说，广义的产业技术，是指包括除资本投入和劳动投入以外的所有促进经济增长的因素。狭义的产业技术，是指产业内的发明、革新和技术转移。

从生产的角度来看，技术进步是反映动态的经济效率的重要指标，它是衡量市场绩效的重要标准，因此，在市场经济中，技术进步最终通过经济增长的市场效果而表现出来。这种表现在产业组织的生产结构、生产行为等多个方面均有不同程度的呈现。

企业为技术创新而投入的资源应该达到使其预期的边际收益等于边际成本是衡量技术进步和创新活动的基本标准。体育产业的技术进步和创新，必然需要一定的资金投入，而且这种投入带有一定的风险性，即企业在技术革新方面的资金投入并不一定能实现或者在短期之内实现创收，技术创新不一定能成功给企业带来收益，技术进步和创新具有不确定性，人们事前无法预测技术进步和创新活动的后果。

第二节　我国体育产业组织的发展现状分析

计划经济时代，我国体育产业发展由政府财政全额拨款，产业化程度低，市场经济条件下，我国已经初步形成了比较完善的体育市场，体育产业快速发展，在市场结构方面呈现出以下三个特点：第一，市场竞争激烈，促进了我国体育产业的发展和经济效益的提高；第二，体育产业市场结构的变化体现出渐进性和不平衡性，竞争从民营、市场化程度较高的沿海体育企业开始，逐步向全国各种所有制类型的体育企业扩散；从体育用品业、健身娱乐业等市场规模大、进入壁垒低的行业开始，向竞赛表演业、体育传媒业等进入壁垒较高的行业发展；第三，我国体育产业市场结构优化程度与产权改革、对外开放关系密切。

我国体育产业包括体育健身娱乐业、体育竞赛表演业、体育经纪业、体育用品制造业、体育信息传播业、体育金融保险业等，这里重点结合体育产业的以下三个主要分支行业，对其发展现状简要分析如下。

一、竞赛表演产业组织结构现状

职业竞技体育竞赛表演市场垄断性很高，主要是因为，该类产业的产品（体育竞赛、表演）的提供者为职业竞技体育组织（如协会、联合会）一家,此类市场没有新的进入者。

和国外相比,我国竞赛表演市场起步晚,我国的竞赛表演市场是20世纪90年代随着运动项目管理体制改革的不断深入而逐步形成的,在我国良好的社会经济环境下,我国竞赛表演业发展速度较快。

现阶段,继足球之后,篮球、排球、羽毛球、乒乓球等项目先后走向职业化道路,使商业性比赛不断增多,竞赛表演市场持续活跃。各职业体育运动项目的竞赛表演服务是垄断性经营,由各自运动协会提供。但是,必须认识到,我国竞赛表演业在组织结构及市场竞争中还存在一些不足之处,具体表现如下。

(1)我国还没有建立起来较为完善的各职业联赛自身的有效经营机制,要靠政府或企业大量输血。

(2)我国竞技体育本身发育不成熟、内容不够精彩,整个产业的绩效还很低,像甲A足球这样的国内竞技体育产业的龙头,竞技水平停步不前,而且在竞赛的商业化运作方面,存在经验不足的现状。

二、健身娱乐产业组织结构现状

健身娱乐市场是我国体育产业中的热点市场,目前,我国已初步形成多种产权主体并存、高中低档体育服务产品并存的市场格局,属于典型的垄断竞争市场结构。

在我国大型城市,如北京、上海等地,各类有独立核算的体育健身企业平均每家拥有健身场地近4 000平方米。大部分国有或集体所有的体育场馆对外经营开放,经营性收入占总收入的80%左右。从功能、档次、质量等方面来看,这些企业、场馆提供的健身娱乐体育服务产品存在一定差别,具体可分以下几类。

(1)银发健身市场:面向中老年,提供健身锻炼、休闲养生、康复咨询、运动处方等服务。

(2)健身健美市场:面向青壮年,提供减肥、健美、形体训练等服务。

(3)体育技能培训市场:面向少年儿童,提供体育运动技能训练和指导。

(4)高档健身娱乐市场:面向富人,提供休闲、健身、娱乐、公关和商务活动服务,如高尔夫球俱乐部、赛车俱乐部等。

目前,我国大中城市的体育健身娱乐场所,均有其特定的消费群体,前三类市场的容量大,但进入壁垒较低,竞争激烈;后一类市场的容量小,但进入壁垒相对较高,竞争较弱。

三、体育用品产业组织结构现状

我国体育用品业产业化起步较早,市场容量大,市场发育相对成熟。目前,我国有体育用品生产企业主要包括:运动服装、球类器材设备、运动器械器材、健身器材、娱乐用品、场地设备、体育科研测试器材、运动保健用品、户外运动装备、渔具、运动装备及奖品、裁判员教练员用品共12类。

由于涉及种类齐全,当前,我国国内体育用品市场在总量上已趋于饱和,市场竞争激烈,中低档体育用品市场的竞争更加强烈,相比之下,高档体育用品市场被少数大型体育用品公司垄断。

近年来,我国体育用品市场的激烈竞争也使一批体育用品明星企业成长起来,如李宁、康威、格威特、双星等,这些企业在产品品种、质量、技术水平和生产能力方面发展迅速,但是在市场竞争中与国外知名企业相比存在一定不足,受到了冲击,市场占有率总体不高并呈现出一定的下滑趋势,我国体育用品企业发展进入了一个瓶颈期,想进一步扩大规模、增加市场占有率、实现技术创新等方面均存在一定的竞争不足现象。

整体来看,体育产业社会化、投资主体多元化是近几年体育产业发展最显著的特点。个体、私营、外资和中外合资企业等成为产业扩张的重要力量,与此同时,非国有体育企业也在数量上迅速增加,部分发达省市的体育经营企业的数量更是成倍的增长。我国体育产业的发展进入了快速发展的轨道,但也存在不少问题,还需要进一步地对体育产业组织结构进行不断完善。

第三节　体育产业组织中相关问题的思考与探讨

一、体育产业组织中出现的问题

（一）主体产业竞争力不足

体育产业是生产体育产品和提供体育服务的企业或者经济活动的集合。[①] 目前来看,在国外,体育服务业是发展较为成熟的体育产业,是体

---

① 江和平,张海潮.中国体育产业发展报告(2008—2010)[M].北京:社会科学文献出版社,2010.

育产业的发展主体,其他体育产业如体育竞赛业、体育健身业、体育用品业为支撑,由此构成完整的体育产业。

相比之下,我国的体育产业发展和起步较晚,主体产业以体育用品和体育服务为主,但是在产业比例方面,我国体育用品制造业处于主体地位。对于一个国家来说,其体育产业竞争力主要表现在主体产业中,但是,我国体育用品制造业技术含量相对较低,体育服务业市场标准不高、不良竞争和市场行为时有发生,直接影响了我国整体体育产业的竞争力。

体育用品业以加工制造为主,我国体育用品业存在品牌价值和技术优势缺失的严重问题。虽然目前,我国体育用品在世界上已形成明显优势,成为重要的世界制造中心,运动鞋、羽毛球、羽毛球拍和网球拍市场份额较大,但是体育产业链中其他环节的涉及严重不足。在国际市场上,体育用品出口的产品以中低档为主是我国体育产品行业的主要特点,价格竞争力强,质量竞争力弱,国内企业之间恶性竞争,企业市场营利堪忧。

体育赛事是一个非常重要的体育产品,近年来,我国比较重视体育事业的发展,体育赛事种类繁多,资源丰富,体育赛事级别和形式多种多样,综合性赛事、单项职业联赛赛事、业余赛事众多,但是,应该认识到一个很明显的问题就是,相对于我国赛事的丰富现状,我国在体育竞赛业的国际竞争力上面明显不足,精品赛事稀少。[1]

（二）产业地区发展不平衡

受多种因素的影响,我国经济发展具有不平衡的问题,主要表现在东部沿海和西部内陆地区经济发展不平衡、大城市与乡镇经济发展不平衡,这种不平衡在我国体育产业发展方面也同样表现明显。

当前,我国经济发达地区的体育产业发展水平,与经济欠发达地区相比,明显表现出体育产业发展较高的特点,东部沿海地区体育产业发展明显高于中西部地区。体育产业主要集中于京津沪及东南沿海大城市。

（三）体育场馆投入—产出严重失衡

整体来看,我国体育场馆存在投入—产出失衡的经营管理问题。一些新的体育场馆的建设大多需要投入大量资金,但在体育赛事之后经营管理不善,造成资源浪费。

以我国全运会的举办为例,近年来,为了适应全运会的需要,每年举办一届全运会,都会有一批体育场馆新建落成,但是,随着运动会的闭幕,

---

[1]　郭晶晶.中国体育产业市场研究——基于 SCP 范式 [D].武汉大学,2012.

这些体育场馆也会被弃用,在赛后这些大型体育场馆往往会陷入经营管理的困境,多没有发挥作用,闲置于此,大量的人力、物力和财力资源的投入不但没有得到回报,有些甚至还有继续投入进行维护。

据调查显示,目前,我国的各类体育场馆数量已经超过 60 余万个,人均体育场地面积近 1 平方米。单从这一数据来看,我国体育场馆资源是非常丰富的,无论是总数还是人均,都能满足民众健身需求,但是真实情况并非如此。在我国各类体育场馆中,大约有 67% 的场馆归教育部门管辖,25% 的场馆被体育部门占据,民众可用场馆寥寥无几。[①]

二、体育产业组织良性发展的策略

(一)完善体育产业组织结构

根据体育产业的定义,体育产业可分为产品和服务两个大类,就全球体育发展来看,在体育产业发达的国家,体育服务占据主导地位,体育产品在整个体育产业中的产值比重不断下降。国外的体育产业发达国家,体育产业发达程度越高,体育服务业的所占比重越大,美国、英国等体育发达国家,体育服务业均超过了体育用品业。

我国则相反,体育产业以体育用品产业为主导,体育服务性产业占次要地位。体育用品业比重较大,体育服务业发展严重滞后,体育产业的发展还较为单一。

对此,政府应充分利用周边资源,重视对体育产业的投资与扶持,从体育健身休闲、体育场馆管理等领域入手,推进我国各地体育服务业的发展,以实现我国体育产业结构的不断优化。[②]

(二)完善体育产业人才结构

在体育产业中,体育组织是不可或缺的和普遍存在的组成部分,一旦离开"组织",就不能真正了解体育产业。在体育组织内部,人发挥着十分重要的作用,完善体育产业人才结构,是发展体育产业的重点。

当前,随着我国对体育产业发展的重视,体育产业获得了良好的发展,并且已经发展成为我国国民经济的一个新的、重要的经济增长点。从本质上来看,体育产业的发展离不开人才发挥的作用,体育产业的水平、速度和规模等,都受体育产业人才的数量和质量的重要影响,体育产业

① 陈鹏 . 中国体育:亚运会后何去何从 [J]. 瞭望(新闻周刊),2010(48).
② 杨丽丽 . 我国体育产业结构现状与优化对策研究 [D]. 上海体育学院,2013.

人才管理的科学化和现代化水平直接决定体育产业的发展科学化和现代化。

　　目前来看，我国在体育人才发展和结构建设方面，存在着重视体育技术人才、忽视体育经营管理人才的问题，体育产业的国际运营人才更加稀少。而在当前国际体育市场竞争激烈的大背景下，重视体育产业各类管理人才、专业人才的培养并合理分配不同人才优化组织结构迫在眉睫根据人力资源管理内涵，结合体育产业人力资源的特点，必须结合市场规律建立科学、合理的体育产业人力资源管理结构（图 3-4）。以在高质量的人才队伍带领下不断提高体育企业的市场竞争力。

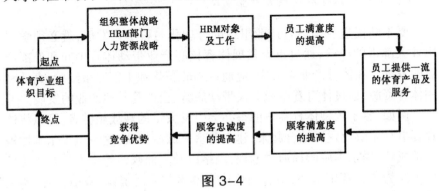

图 3-4

（三）重视体育产业技术创新

　　体育产业的产品创新阶段既包括实物产品的创新（如新型体育器材的生产），同时，也包括服务产品的创新（比如新体育娱乐项目的开发）。竞争企业一旦创新成功便获得了垄断优势，垄断利润的增加又有可能增强企业产品研发设计的基础，最终巩固其垄断地位。在垄断利润的刺激下，处于非垄断地位的体育企业将模仿垄断企业的新产品，这种行为导致产品创新技术的迅速扩散，其结果是大大削弱了创新者的垄断地位；为了重新挖掘垄断利润，创新者将创新的重点从产品设计创新转为企业生产流程的再造，和产品创新相比，企业生产流程的创新更具隐蔽性，很难在短时间内被模仿和超越。

　　不管是产品技术创新还是产品生产流程创新，企业创新的根本目的都在于扩大市场份额，获得利益最大化，因此，创新是企业不断发展，在体育市场竞争中立足的根本。

　　在当前体育市场竞争不断加剧的背景下，我国体育企业也必须不断重视技术创新，以不断提高我国体育企业的整体竞争力，具体来说，体育产业技术创新应重视以下几个方面。

（1）节约劳动力的技术创新，将劳动力从生产中解放出来，如利用网络订票要比现场售票节约很大一部分劳动力。

（2）节约资本的技术创新，重视资本的整合运用，例如，建设多功能体育场馆设计技术的出现，能使得原先需要两个功能独立的场馆才能完成的比赛，如今一个场馆就可以胜任。

（3）提高效率或质量的技术创新，这种创新既不偏重节约劳动力，也不偏重节约资本，而只注重提高效率或质量这一结果。

（四）重视体育产业相关产业互动

要不断促进我国体育产业组织的合理化与科学化发展，就必须学习国外大都市的经验，通过重点发展体育核心产业带动体育中间和外围产业的发展。在体育产业发展中，应通过不断积累和丰富赛事经验，高效利用体育资源，通过体育赛事或会议带动旅游、会展等其他产业的发展。

例如，鉴于大型体育赛事的举办会引发大量的观战旅游者，可以将体育赛事与旅游业发展结合起来，建立赛事—旅游模式，这一点墨尔本做得非常成功，墨尔本旅游局通过电视、网络以及平面媒体等全方位立体化推广手段为体育赛事造势，整合当地体育赛事与旅游资源，吸引游客，实现增收。[1]

此外，通过发展体育中间和外围产业，可有效促进体育核心产业的快速发展。例如，文化创意产业中的传媒产业的发展，可以进一步完善体育产业链，通过发挥媒体对体育的有效推动作用来发展体育产业。

---

[1] 马海涛，谢文海.国际大都市体育产业组织路径的经验与启示[J].世界地理研究，2012，2（21）.

第四章 体育产业政策的发展与探讨

体育产业政策为体育产业的发展提供了保障和诸多便利条件,并且在体育产业发展过程中发挥着积极作用。本章主要就体育产业政策的发展进行研究,内容包括体育产业政策的基本理论、体育产业政策的变迁及影响,以及促进我国体育产业发展的政策策略。通过以上内容的分析与探讨,认识体育产业政策的作用及影响,有利于选择和制定正确的体育产业政策促进我国体育产业的发展。

第一节 体育产业政策的基本理论

一、产业政策及其体系

(一)产业政策的概念

20 世纪 70 年代以来,产业政策才开始逐渐引起各国高度重视并被采用。作为一种相对较新的经济调控手段,产业政策仅仅只有 30 多年的历史,经济学对其产业政策理论和实践基础的研究都仍然处于探索的阶段。因此,对于产业政策的理解和解释,每个国家的经济学界都有着各自不同的理解和解释,尤其是在英语中目前也没有一个与之完全相对应的词汇。在英语词汇中,"Industry"的意思是指工业,其他与此相关的词汇还有结构政策(Structural policy)、产业战略(Industrial strategy)、积极调整政策(Positive adjustment policy)等。由此可见,对于产业政策的概念尚未达成一致。

就目前来看,关于产业政策较为典型的概念主要有以下几种。

(1)从政府与市场关系角度考虑,认为产业政策是弥补市场缺陷的政策。即当市场调节发生障碍时,由政府采取的一系列补救的政策措施。如产业政策是政府为改变产业间的资源分配和各种产业内部私营企业的某种经营活动而采取的政策。

（2）从供给管理政策角度考虑，认为产业政策是使供给结构能够有效地适应需求结构要求的政策措施。如产业政策是国家在社会供给方面促进或调整经济发展的对策和手段的总称。

（3）从宏观经济政策角度考虑，认为产业政策是政府有关产业的一切政策的总和。如产业政策是与产业有关的一切国家的法令和政策。产业政策是为了实现某种经济和社会目标而制定的有特定产业指向政策的总和。

（4）从计划的角度考虑，有人认为产业政策就是计划，是政府对未来产业结构变动方向的干预。如产业政策是国家干预或参与经济的一种较高级形，它是从整个国家产业发展的全局着眼而系统设计地较完整的政策体系，而不仅仅只是关于某一两个产业的局部性政策。

（5）从产业赶超政策角度考虑，认为产业政策就是工业后发国为赶超工业先进国而采取的政策总和。如产业政策就是"当一国产业处于比其他国家产业落后状态，或者可能落后于其他国家时，为加强本国产业所采取的各种政策"。

（6）从国际竞争力政策角度考虑，即政府为提高本国产业国际竞争力而采取发展或限制某些产业及其有关活动的政策总和。如产业政策是政府为了取得在全球的竞争能力而计划在国内发展或限制各种产业的有关活动的总的概括。作为一个政策体系，产业政策是经济政策三角形的第三条边，它是对货币政策和财政政策的补充。

上述各国学者的定义，应该说都具有其存在的客观性，体现了产业政策的动态性，体现了各国经济发展不同阶段的要求，并与各国经济运行机制相适应。综合起来，有以下几个共同的概念要素。即提高本国产业的竞争力、弥补市场失败、政府对资源配置和产业结构调整的积极作用、扩大经济或产业的国内供给能力、产业发展与生产率提高动态性。

综合以上要素和各种定义，可以考虑给产业政策下这样一个定义，即产业政策是一国政府根据本国经济发展要求和一定时期内本国产业的现状和发展趋势，通过资源的有效配置和产业结构的有效调整扩大产业供给能力，为达到促进生产率提高和产业发展、弥补市场失败、提高本国产业竞争力和确保动态比较优势所采取的一系列战略政策体系。

（二）产业政策的基本体系

从内容方面来看，一个完整的产业政策体系主要包括产业关系政策、产业运行政策和产业发展政策。其中，产业关系政策主要是由产业布局政策和产业结构政策共同组成；产业关系政策则是由产业组织政策和产业技术政策组成；产业发展政策则是由产业全球化政策和产业投融资政策组成。

1. 产业关系政策

所谓产业关系政策是指对不同地区或同一地区各个产业相互之间的关系进行调整的政策，其主要由产业布局政策和产业结构政策所组成。一般来说，产业结构政策是指根据各个时期产业结构的发展规律以及一定时期内各个产业的变化趋势，政府通过对产业的构成比例、产业发展序列和相互关系进行确定，来实现产业结构的高度化和协调化，以促进社会经济快速增长的政策。产业结构政策的核心内容是所谓产业发展的优先次序选择问题，其政策关键在于确立结构政策目标和主导产业的选择、支柱产业的振兴、对特定产业的保护、支援和扶持等，从而为规划产业发展的基本格局和实现产业结构合理化及高度化奠定坚实的结构基础。无论是重点发展产业还是发展顺序的选择，一般是随着经济增长和结构变动而呈现出特定的时限性。对此，每一个政策时期都会有不同的选择。产业布局政策，一般是指政府根据产业区位理论以及不同时期国民经济与区域经济发展的要求，制定和实施的有关产业空间分布、区际经济协调发展，旨在实现产业分布全球化的政策。其内容主要包括地区发展重点的选择和产业集中发展战略的制定。产业布局政策包括国家产业布局和地区产业布局两个层次，产业布局政策即是产业政策体系中不可缺的重要内容，同时又是区域政策体系中的重要组成部分。

2. 产业运行政策

各个产业内部得以有效运行是促使产业关系高度化和协调化的坚实基础。产业运行政策包括产业技术政策和产业组织政策。

一般来说，产业技术政策是指依据和遵循各个时期经济发展形势和预期，政府对促进产业技术发展而实施的有关指导、选择、促进和控制的各个相关规则的总和。产业技术政策是保障产业技术有效和适度发展的重要手段，其直接的政策对象是产业技术。

产业组织政策是指依据各个时期某种特定目标，为了使产业内部资源的配置得到合理优化，处理好产业内容企业之间的关系，政府所制定并采用的对市场结构和市场行为进行调整和规范的政策。对竞争与规模经济之间的矛盾进行协调，使市场秩序维持政策，形成有效竞争态势是产业组织政策的实质。作为产业组织政策的实施主体，政府要对产业内容关系结构及企业之间的联系进行调节，这主要包括限制不正当竞争和不公平交易、遏制垄断、中小企业政策和企业兼并政策等。

3. 产业发展政策

所谓产业发展政策是指以产业发展为中心，采取一系列的旨在实现产业现代化和产业全球化发展目标的具体政策的总和。对于产业发展来说，产业投融资政策是其基础。所谓产业全球化是指在全球范围内产业的扩张和活动，以及在全球范围内产业结构的演变和升级。对产业全球化来说，经济全球化是其核心，如果想在全球化浪潮中寻求到更多的实惠，世界各国就必须在这一大背景下对各种产业政策做出及时调整，以促使本国产业的发展更加与时代需要和世界需要相符合。产业全球化政策是指在经济全球化背景之下，为了能够促使产业结构优化升级的顺利实现，并实现产业国际竞争力，国家制定并采用的一系列相关政策的总和。

总之，作为一个综合性很强的政策体系，产业政策既包括各个不同层次的产业政策，同时也包括诸多方面的内容。随着产业的不断发展，产业政策的含义也不断得以发展和完善。

二、产业政策的主要理论依据

就目前有关产业政策的相关研究来看，产业政策得以形成的主要理论依据包括规模经济理论、结构转换理论、技术开发理论、后发优势理论、政府失灵理论、市场失灵理论、国际产业转移理论，等等。

（一）规模经济理论

规模经济理论在西方经济学中的基本内容是，由于生产成本中的固定成本和可变成本的构成及市场开辟的过程性等因素的影响，产业发展客观上存在着生产成本最低的最优经济规模；在未达到最优规模以前单位生产成本处于递减过程，继续扩大规模是有利的。日本的经济学者，充分利用并进一步发展了这一理论，提出了新的见解：一是提出产业内部客观上存在着工厂规模和企业规模的区别，前者决定生产成本，后者决定竞争秩序；在经济赶超阶段，当两者发生矛盾时，国家应该利用产业政策首先保证工厂规模达到最优，宁愿暂时容忍发生寡头垄断和牺牲竞争活力也在所不惜，这样才能保证产业迅速成长和获得国际竞争力，使社会获得最大发展。二是当某一产业的国际或国内市场已被外国企业垄断，即存在着"先行者利益"时，本国企业需要一段发展过程，达到一定规模，才能"打破加入壁垒"，为了本国的长远利益与外国企业抗衡，政府应当通过产业扶持政策负担起这些产业的振兴费用。三是在通信、运输等最优规模很高的产业,由于达到最优规模前的社会效益率远高于企业获益率,政府在一段时期内直接投资或直接组织国有企业是必要的。

（二）结构转换理论

结构转换理论又称"产业结构高级化理论"。其基本思想是,一个国家的产业结构必须不断实现从低级向高级的适时（甚至超时）转换,才能真正实现赶超和保持领先地位。产业结构未能实现及时转换是历史上一些老牌发达国家相对趋于衰落的基本原因之一。英国的克拉克、德国的霍夫曼和美国的库兹涅茨等人都曾对经济增长过程中的产业结构变化规律进行过深入研究,并提出了"配第—克拉克定理""霍夫曼比率""库兹涅茨增长理论"等学说。配第—克拉克定理表明,随着经济的发展,第一次产业的就业比重将不断减小,而第二次、第三次产业的比重将不断增加;霍夫曼定理指出,在工业化的过程中,消费资料下降的净产值与资本资料下降的净产值之比（称之为霍夫曼比率）是不断下降的;库茨涅兹对于三次产业在 GDP 中比重的演变趋势的研究表明,在一国经济的发展过程中产业结构是不断变化的,而一国的产业结构必须不断实行从低级向高级的不断适时转换,才能实现赶超并保持领先地位。日本的经济学者,在研究了欧美经济学家关于经济结构转换的理论的基础上,从以下三方面提出了国家实施产业政策的依据:一是提出结构转换是一个重要的利益再分配过程,需要政府的产业政策干预,才能适时、顺利地完成;二是结构的转换不应是一个被动的结果,而是需要在产量政策的指导下主动地完成;三是转换过程中协调与非经济目标的关系。

（三）技术开发理论

技术开发理论是产业政策的一个重要依据。其基本内容是,技术是一种难以按一般市场原则进行交易的知识财富。这种知识财富具有三个特点:一是技术本身常常具有公共物品的特征;二是技术开发伴随着技术与市场的双重风险;三是技术的开发与应用具有学习过程和规模经济的特征。所以,技术的开发过程或开发结果经常存在着社会收益率大于企业收益率的可能性,而这种可能性会削弱企业技术投资的积极性。因此,在技术开发过程中,政府的产业政策干预是保证技术不断进步的必要条件。

（四）后发优势理论

李嘉图的比较优势论指出,各国在不同产业的生产费用存在着差别,各国都应优先发展优势最大的产业,在多项产业都处于劣势时优先发展劣势最小的产业,即所谓"两利相权取其重,两弊相衡取其轻";而德国经济学家李斯特认为,工业起步较晚的国家,有可能经过国家产业政策的保护与培育,发展起新的优势产业,后起国只有以这种优势产业参与国际分工,才能打破旧的国际分工格局,以先进的生产结构占据于有利的国际分工地位,这就是"培育优势说"。日本的经济学者在"比较优势论"和"培育优势说"的基础上,提出后起国由于可以直接引进和吸收先进国家的技术,技术成本要比最初开发的国家低得多,在同样的资金、资源、技术成本的条件下,还具有劳动力成本便宜的优势,只要在国家的保护与扶持下达到规模经济阶段,就可能发展起新的优势产业,与先进的国家在其传统的资本技术密集的分工领域一争高低,这就是"后发优势论"。

(五)政府失灵理论

从各国经济发展的实践过程来看,政府调节机制也存在内在的缺陷,这被称为"政府失灵"。一般认为政府失灵主要是由公共决策的局限性、官僚主义、控制(私人)市场反应的局限性、信息有限等方面的原因造成的。因此,市场经济的支持者们认为,政府在提高经济效率方面的作用是十分有限的;政府如果能起积极作用的话,也主要是在社会财富再分配领域。应该承认,虽然政府在产业发展中发挥了积极作用,特别是在弥补市场缺陷、加快后起国家的经济发展和产业结构高度化、扶持幼小产业的发展等方面取得令人瞩目的成绩。但是,同时也应该看到,产业政策作为一种政府主导的经济政策也存在政府失灵的理论问题。这里需要认清的问题是,市场经济体制下,在资源配置中起基础作用的是市场而不是政府的产业政策。那种把产业政策寄予过高期望,或把产业政策凌驾于各项经济政策之上,或把产业政策外延无限制扩大等做法都有可能产生不良的副作用。

(六)市场失灵理论

所谓市场失灵就是指市场机制不能实现资源要素的最优或有效配置。归纳各国学者对这一问题的研究成果,认为市场失灵和政府干预的主要理由是市场的不完全竞争、规模经济的形成、公共物品的提供、外部效应的存在、信息不对称等。这些因素的存在使帕累托最优状态无法实现,即无法有效配置资源。市场失灵基本上为现代产业政策的产生提供了一个相对合理的经济依据。但是对于大多数发展中国家来说,市场很不完善,因此不是市场失灵或不足所能完全涉及的问题。所以,针对发展中国家,经济学者们又从不同的角度补充了产业政策产生的理论依据。

（七）国际产业转移理论

国际产业转移理论的基本思想是发达国家逐步将本国的劳动密集型产业、处于衰落阶段的夕阳产业及其他一些低附加值的产业,逐步转移到落后的国家,而本国则将资源重点投向技术密集型等高附加值的产业,这就形成了当今世界发展中国家生产并出口劳动密集型产品和低附加值的初级产品,发达国家则生产并出口技术密集型等高附加值产品这样一种国际分工格局。在这一国际分工格局下,发展中国家的贸易条件持续恶化,发达国家与发展中国家之间的产业级差进一步加深(如所谓的"数学鸿沟"),发展中国家的处境更恶劣。为了在一些具有战略地位的产业占领制高点,发展中国家一方面利用产业政策来培育和扶植一些高新技术产业;另一方面通过优惠的产业政策吸引国外的技术密集型企业来本国投资,以改善本国的产业结构。

三、体育产业政策的概念与作用

（一）体育产业政策的概念

所谓体育产业政策是指为了能够顺利实现国民经济以及社会发展目标,政府和体育主管部门根据体育产业发展的自身特点及客观要求,通过运用一系列的政策工具和经济手段,对体育产业的形成和发展进行规划、干预和引导的一种经济政策。

（二）体育产业政策对体育产业发展的作用

体育产业政策对体育产业发展的作用主要体现在以下几个方面。

（1）促进体育产业结构合理化与高度化。体育产业政策对体育产业结构变动起着重要作用。因为体育产业各部门间科学的联结方式、合理的比例关系,以及随着需求结构的变化,产业结构与需求结构的动态适应,这都涉及资源在全社会范围内有计划的调配。政府能站在全局宏观经济的高度,根据不断变化的市场供求趋势,制定和实施科学的体育产业政策,通过经济的、行政的和法律的手段,调节资源在体育产业各部门间的合理分配,调节体育产业各部门间的关联方式和量的比例关系。

（2）弥补市场失灵的缺陷,有效配置体育产业资源。历史经验表明,各国产业政策的最普遍作用,就是弥补市场失灵的缺陷。市场机制不是万能的,对于提供公共物品的企业和部门,以及存在不完全竞争、垄断和外部经济性的条件下,价格机制并不能对相应的资源实现有效配置,这就是市场机制的局限性。产业政策能有效地解决市场的失灵问题,全面提高经济运行的质量。制定科学合理的体育产业政策,把体育产业政策和市场机制结合起来,就能把市场失灵和缺陷所带来的产业效率损失减少至最低程度,诱导体育产业朝既定的高度化目标发展。

(3)实现体育产业超常规发展,缩短赶超时间。经济后进国家要想在较短的时间内形成具有竞争能力的体育产业规模和技术体系,如果仅仅依靠市场的自由调节,需要长时期的资金积累过程,无法在短期内达到产业快速发展所要求的条件。体育产业政策是政府在市场机制基础上更有效地实施"赶超战略"的需要。

(4)增强本国体育产业的国际竞争力。在经济全球化背景下,体育产业全球化已成为不可逆转的趋势。政府或体育行政部门可以通过制定体育产业全球化政策为促进本国体育产业在全球化进程中获取竞争优势。

四、体育产业政策的内容

(一)体育产业结构政策

1.体育产业结构政策的概念

体育产业结构就是指体育产业各部门之间的关联与关联方式,不同经济发展水平和体育产业发展阶段应该有其相对应的体育产业结构。随着人均收入水平的提高和人们闲暇时间的增多,人们对体育产品的需求会日益增多,体育产业会迅速发展,体育产业结构也会不断调整。体育产业结构政策是指政府制定的有关干预体育产业内资源配置过程以促进体育产业结构向高度化和合理化方向发展的政策。

2.体育产业结构政策的内容

体育产业结构政策通常包括体育主导行业选择政策、体育战略行业扶植政策和体育幼稚行业部门保护政策等内容。

(1)体育主导行业选择政策

体育主导行业的选择可以依据主导产业选择标准,综合考虑国家体育产业发展的具体情况,选择产业关联度高、能在体育产业内起到承接作用、能带动整个体育产业增长的行业作为体育主导行业。在体育产业中,竞赛表演业和健身娱乐业往往被作为体育主导行业来发展。

竞赛表演业的需求关联程度和投入关联程度都很大,它既需要体育产业中其他行业的产品作为本行业的投入品,进而带动其他行业的发展,同时也能够为体育产业中相关行业的发展提供产品。比如,竞赛表演业的生产活动需要体育用品业提供体育服装、鞋帽和各种新技术、新器材,需要体育培训业提供竞赛表演人才,需要体育中介业的运作安排,等等。而竞赛表演业的产品必然成为体育培训业、体育信息传播业等行业的投入品。可以说,竞赛表演业是体育产业的龙头,它在体育产业内能起到承接作用,能带动整个体育产业增长。

健身娱乐业是体育产业的基础性行业,它的发展有利于拓展体育消费领域、提高体育消费水平、满足群众健身需求。同时全民健身热潮的出现,也带动了体育用品业乃至所有与健康相关产业的发展。健身娱乐业是美国体育产业中最重要的组成部分,1996 年美国运动健身场所大约有48 000 个,商业性俱乐部 13 300 个,每年参加体育健身活动超过 100 天的人数达到 4 390 万,他们逐渐成为各项体育消费的主力军。

(2)体育战略行业扶植政策

体育战略行业是指能够在未来成为体育主导行业或支柱行业的新兴行业。要成为战略行业必须具备三个条件:一是能够迅速有效地吸收创新成果,并获得与新技术、新市场相适应的运行方式;二是具有巨大的市场潜力,有望获得持续的高速增长;三是同体育产业内其他行业的关联系数较大,能够带动整个体育产业的发展。体育战略行业的扶植政策是着眼于未来的产业发展优势,直接服务于产业结构的高度化。

体育培训业是由体育竞赛表演业和体育健身娱乐业催生而出的产业,它同体育产业内其他行业的关联系数比较大。现阶段我国体育培训业还仅仅以各种体育运动学校、运动项目训练基地的形式存在,还没有形成完善的市场体系。随着我国竞技体育和群众体育的发展,居民参与体育健身和业余体育训练的意识必然不断提高,体育培训业具有巨大的市场潜力,有望获得持续的高速增长并在未来成为体育主导行业,因此它应该被作为体育战略行业来给予扶植。

(3)体育幼稚行业部门保护政策

体育幼稚行业部门是指相对于发达国家或地区已发展成熟的相同行业,在本国本地区仍处于"幼小稚嫩"阶段,并尚未形成竞争所必需的市场关系的行业,但从长期来看这个行业符合收入弹性大、技术进步快、劳动生产率提高快的特点,只是在目前没有比较优势,需要通过政府的扶植尽快使比较劣势转为比较优势。对体育幼稚行业的扶植反映了体育产业政策的先行性特征。

体育中介业是竞赛表演业和其他体育产业部门发展的润滑剂和纽带。我国产业结构的调整和居民消费水平的提高,极大地刺激了健身娱乐市场和竞赛表演市场、体育人才市场以及其他相关市场强劲的发展,越来越多的体育企业组织正寻求与专业化的中介机构建立合作关系,委托中介机构承担越来越多的经营代理业务。加入 WTO 之后,我国体育市场将更加活跃。与此同时,国外体育中介组织将会在更多的领域内进入我国体育中介市场,并以资本、信息和管理上的优势加大对我国体育中介市场的垄断经营之势。与国外中介组织相比,我国体育中介组织的发展历史不长,不仅数量少而且整体实力不强,在短时间内难以与国外体育中介组织全面竞争。因此,我们应该将体育中介业作为体育幼稚行业加以保护。

(二)体育产业组织政策

1.体育产业组织政策的含义

产业组织政策又被称为"公共政策",它是指为了获得理想的市场绩效,由政府制定的干预市场结构和市场行为,调节企业间关系的公共政策。产业组织政策的实质是协调竞争与规模经济之间的矛盾,以维持正常的市场秩序,促进有效竞争态势的形成。体育产业组织政策也就是政府为优化体育产业内资源的合理配置,处理体育产业内企业间的关系,实现体育资源的有效利用,从而推进体育产业发展所采取的政策总和。

2.体育产业组织政策的目标

体育产业组织政策的总目标是试图通过控制体育市场结构和规范体育企业的市场行为,实现体育产业组织的有效竞争,以此获得较好的市场绩效。具体目标包括四个方面。

(1)优化资源配置。通过体育产业组织政策有效控制体育市场竞争,促使资源由生产过剩、资源使用效率较低的经济环节向生产不足、资源使用较高的经济环节流动,由资源使用效率较低的生产者向资源使用效率较高的生产者流动。

(2)实现规模经济。通过体育产业组织政策,鼓励体育产业内部企业间的横向和纵向联合,扩大企业规模,提高规模经济水平和产业的区域、国际竞争力。

(3)促进技术进步。通过体育产业组织政策优化体育产业组织形态和结构,增强产业组织结构的技术创新能力和企业的技术创新动力。

（4）维护市场秩序。通过体育产业组织政策规范体育企业行为,防止企业滥用垄断势力和不正当竞争,维护市场秩序。

3.体育产业组织政策的内容

（1）体育产业市场行为政策

①反垄断与"反垄断豁免"政策。反垄断政策是产业政策中典型的政府直接干预政策,通常采取立法的形式,所依据的法律主要有反托拉斯法等。许多市场经济国家都设有专门的反垄断机关并规定具体反垄断政策的执行程度。根据各国制定的反垄断政策的实践经验来看,反垄断政策主要包括:预防形成垄断性市场结构的政策,如保护中小企业生存和发展的政策以及对企业兼并、合并的审查制度等;禁止和限制市场中竞争企业的联合定价、规定产量、划分产业等共谋行为;规制巨型企业滥用市场支配地位的行为。在体育产业中,运用反垄断政策的行业主要有体育用品业和健身娱乐业等,但对于职业体育而言,情况却极为特殊。

以美国为例,在美国职业体育领域出现了许多"垄断"与"反垄断"问题。为了保证美国职业体育联盟的权威,加强职业的宏观管理以及保证职业体育的整体利益,美国政府给予了许多运动项目职业联盟"反垄断豁免"的特权。其中最具有代表性的就是美国职业棒球联盟长期拥有"反垄断豁免"的特权。棒球运动在美国经济中占有独特的地位,与所有其他产业不同的是,长期以来它享有一个对所有联邦反托拉斯法的绝对豁免,没有时间限制,没有政府监督,没有对其定价政策的管制。更为奇怪的是,尽管法院和立法机构一直都知道对棒球运动的豁免违反了《谢尔曼法》,然而自 1922 年美国最高法院裁定棒球不适用于反托拉斯法案以来,美国棒球运动一直拥有这项特权。

美国的职业体育中实际存在着两种形式的反垄断豁免,虽然表面上看各职业体育联盟都有权决定职业运动员的转会权,确定职业运动队的分布和数量以及享有电视转播权的反垄断豁免等,但是给予这种权力的反垄断豁免制度却是不一样的。棒球的反垄断豁免来自判例法,对棒球的各个方面都可施行反垄断豁免是无条件的;而其他三个职业体育项目（冰球、橄榄球和篮球）中的电视转播权的反垄断豁免和劳动豁免源于相关法律的规定,是有条件、有范围的。这种反垄断豁免其实是一种有限豁免。分清这两种形式的"反垄断豁免"有利于正确认识美国体育产业领域特殊的反垄断政策,有利于我国更好地借鉴,以促进我国体育产业组织政策的制定。

②反不正当竞争政策。对不正当竞争行为的界定,各国有关法律在表述方式和侧重上并不完全一致,但其实质是基本一致的,即都是与诚实

信用和其他公认的商业道德相悖的行为。比如,1909 年德国《反不正当竞争法》第 1 条规定:不正当竞争是"在营业中为竞争目的采取违反善良风俗的行为"。我国对不正当竞争行为概念的界定,体现于 1993 年通过的《中华人民共和国反不正当竞争法》中,即指"经营者违反《中华人民共和国反不正当竞争法》的规定,损害其他经营者的合法权益,扰乱社会经济秩序的行为"。在体育产业领域,反不正当竞争政策也时有出现。1970 年,加拿大联邦政府针对当时美国职业冰球联盟逐渐控制加拿大青少年冰球选手的问题,制定了《联合调查法》,要求各种职业体育组织在该法律框架内开展活动,防止不公平的商业行为。

（2）体育产业市场结构政策

①兼并与合并政策。一般来说,兼并与合并有利于推动资产存量的流动,使生产要素向优势企业集中,优化组合,产生规模效益和专业化效益,从而提高产业组织化程度:有利于促进衰退产业的收缩和新兴产业的壮大,从而达到优化产业结构的目的。在体育产业领域,也发生了许多强强联手、"大吃小"甚至"小吃大"的案例,究其原因都是为了优化组合,产生规模效益和专业化效益,从而提高企业在行业内的竞争能力（表 4-1）。在这些兼并重组的案例中,各国政府或多或少都表现出支持或默许的态度,或者说是放松了对兼并的控制。

表 4-1　体育用品业兼并重组案例

时间	交易方	交易事项
2003 年 7 月	耐克、匡威	耐克（Nike）公司以 3.5 亿美元收购运动鞋生产商匡威公司（Converse），并承担匡威的所有债务
2004 年	上海红双喜冠都体育用品公司、上海轻工控股集团	上海轻工控股集团以 3.33 亿元转让上海红双喜（集团）有限公司 89.37% 股权的同时,将红双喜商标无形资产产权以 3 139.69 万元的价格转让给上海红双喜冠都体育用品有限公司
2005 年 4 月	李宁公司、施华洛世奇公司	2005 年 4 月施华洛世奇公司与李宁公司宣布他们在运动品的水晶饰件设计开发的战略合作伙伴关系
2005 年 8 月	阿迪达斯、锐步	阿迪达斯以 40 亿美元代价并购世界第三大体育品牌锐步,从而由原来的"三足鼎立"改为"两强对抗",这迅速改变的世界格局引起了业内强烈反响

②中小企业政策。中小企业的概念,在不同的国家有不同的解释。一般来讲,中小企业是指相对大企业而言,资产规模、人员规模和经营规模都较小的企业。中小企业具有经营方式灵活、组织成本低廉、劳动力容量大等优势,因而更能适应当前瞬息万变的市场和消费者追求个性化、潮流化的要求。世界各国都制定了相应的政策措施来促进中小企业的发展,主要包括以下几个方面:金融协助;综合服务;税收优惠。

在我国,已经出现了中体倍力这样的大型连锁式健身俱乐部,但是健身娱乐市场的主体依旧是数以万计的小型健身娱乐场所。这些小型健身娱乐场所吸收了大量的劳动力,为解决就业问题做出了很大贡献。我国政府已经开始重视对中小型体育企业的扶持,先后出台了一些针对中小型体育企业的优惠政策,其中健身娱乐业成为扶持的重点。按照我国税法规定,文化体育业(台球、高尔夫球、保龄球除外)按 3% 的优惠税率征收营业税,小型体育场(馆)建设免征固定资产投资税。

（3）体育产业政府规制

政府规制,是指具有法律地位的、相对独立的政府规制者(机构),按照一定的法规对被规制者(主要是企业)所采取的一系列行政管理与监督行为。政府规制的经济学依据有多种理论和说法,市场失效是其中最重要的,也是比较有说服力的一种。政府规制通过对市场失灵的治理来维护正当的市场经济秩序,限制市场垄断势力,提高市场资源配置效率,提升社会福利。

政府规制的手段包括经济性规制和社会性规制。经济性规制通常是指政府在价格、产量、进入与退出等方面对企业决策所实施的各种强制性制约。而社会性规制主要是针对外部不经济和内部不经济问题,以保障劳动者和消费者的安全、健康、卫生、环境保护、防止灾害为目的,对产品和服务的质量和伴随着它们而产生的各种活动制定一定标准,并禁止、限制特定行为的管制。

在 20 世纪 70 年代,以美国为主的西方国家发起了一场以放松规制为主要内容的规制改革。放松规制并不意味着所有规制措施的终结,而是保留了价格规制等多种规章制度,并以激励性规制方法对传统规制方法进行改良,将更多的经济自治权赋予行业协会,以维持市场的正常运行。1978 年,美国国会通过了《业余体育法》,规定"鼓励公民更广泛地参加业余体育活动,扩大国家业余体育运动的协调结构——美国奥委会的权利,保护业余运动员的权利,建立管理机构,并且按照这一机制,将领导和组织某一运动项目发展工作的权利赋予那些最有代表性的体育组织、单项协会"。

（三）体育产业布局政策

1.体育产业布局政策的含义

产业布局就是将区域优势转化为经济优势或将现存经济优势进一步优化的过程,优势效应即区域优势牵引生产要素的空间流动及配置是产业布局的基本运行规律。一般来说,区域开发并非在所有地区同时进行,而总是先从某几个开发条件较好的节点开始,随着产业开发的进程,点与点之间的产业联系逐渐构成轴线,轴线经纬交织而成为网络。由此可见,产业布局应该是一个经纬交织、动静结合的复杂系统。从空间层次上分析,它可以分为以下三个部分。

（1）微观布局。这是产业布局的基层环节,其主要任务是:确定产业基地和城镇内部基础设施等的配置;确定土地资源利用方向;具体落实大型企业的选址。

（2）中观布局。这是产业布局的中间环节,其主要任务是:制定区域性的经济发展战略;确定地区的产业结构及其升级的规划;确定各产业基地与城镇的布局等。

（3）宏观布局。这是产业布局的战略环节,其主要任务是:确定各经济地带或大经济区和区际分工格局及长远发展规划;确定各产业部门在全国的总体布局与轮廓方向。

体育产业布局政策是指政府或体育行政部门根据体育产业的经济技术特性、各地区的综合条件,对体育产业的空间分布进行科学引导和合理调整的相关措施。从本质上讲,体育产业布局的过程也就是建立合理的地区间体育产业分工关系的过程。

2.体育产业布局政策的目标

（1）形成区域比较优势,促进体育产业快速发展。体育产业布局就是将区域禀赋优势转化为产业优势或将现存产业优势进一步优化的过程。体育产业布局主要体现在产业的集聚效益,为了取得这种聚集效益,促进体育产业的增长,需要政府制定规划和干预体育产业空间分布的政策。体育产业布局政策与区域发展重点的选择存在密切的关系。区域体育产业发展重点的选择主要通过国家产业布局战略,规划战略期内重点支持的区域,以国家直接投资或间接指导的方式,支持当地相关产业的发展;或通过某些差别性的区域经济政策,使重点发展区域的投资环境显示出一定的比较优势,从而引导更多的资源或生产要素投入该区域。

（2）优化体育产业布局,带动整体发展。通过产业布局政策强调的产业布局非均衡性,优先发展某些地区,促进这些地区体育产业的超常规增长,然后带动其他地区以及整个国家体育产业的增长。体育产业布局政策同样要与经济发展程度相关联,在我国体育产业处于不发达阶段,优先发展某些地区的特色和优势体育产业,通过这些地区体育产业的发展带动其他地区体育产业整体发展,通过优势体育产业部门的快速发展带动一般体育产业部门的发展。

3.体育产业布局政策的内容

体育产业布局政策主要是规划性的,同时也包括一定意义上的政府直接干预。在地区产业发展重点的选择上,体育产业布局的内容主要包括以下三个方面。

(1)制定国家体育产业布局战略。规定战略期内国家重点支持发展体育产业的地区,同时设计重点发展地区的体育发展模式和基本思路。

(2)以国家间接资助方式支持重点发展地区的体育公共设施,乃至直接投资介入当地体育产业的发展。

(3)差别性的地区体育产业政策。使重点发展地区的投资环境显示出一定的优越性,进而引导更多的资金和人才投入该地区体育产业的发展。

(四)其他体育产业政策

除了体育产业结构政策、组织政策和布局政策,体育产业政策还包括技术政策、投融资政策和全球化政策等政策手段。

1.体育产业技术政策

(1)体育产业技术政策的含义

产业技术的发展是科学技术得以转化为现实生产力的基本条件,产业技术发展为产业运行提供了动力支持。体育产业技术政策就是政府或体育行政部门为促进体育产业技术进步而制定的引导或影响产业技术开发和转移的产业政策。

(2)我国体育产业技术政策

2007年1月国家标准委《关于推进服务标准化试点工作的意见》,将体育标准化作为其试点的内容之一,提出"要以健身休闲、竞技表演和运动训练等体育活动为主要内容,制订实施体育场所开放条件、体育场馆等级划分和体育活动组织等服务标准,保证体育服务安全,提升体育服务质量水平,创造体育服务市场健康有序的竞争环境,推动群众体育和竞技体育协调发展"。2007年3月《国务院关于加快发展服务业的若干意见》,

提出要"大力发展体育和休闲娱乐等服务业,优化服务消费结构……明确体育等社会事业的公共服务职能和公益性质,对能够实行市场经营的服务,要动员社会力量增加市场供给……加快事业单位改革,将营利性事业单位改制为企业,并尽快建立现代企业制度……加快推进服务业标准化……抓紧制定和修订体育等行业服务标准"。

2. 体育产业投融资政策

(1)体育产业投融资政策的含义

国外发达国家体育产业的发展已经充分证明,对投资渠道进行拓展是促使体育产业得以顺利发展的有效途径。如美国通过对联邦之风资金的利用来大力支持建设体育场馆,并在场馆建设方面,通过各种方式来筹集资金。在意大利,政府对一些具有较大规模的体育计划较为注重,并提供资助,除了提供这些活动所需要的举办费用之外,还对城市的基础设施建设费用进行增加投入,并设立了专门投资体育的公共专业银行——体育信贷所,对体育场馆、设施的建设进行专门资助,并对得到国家认可和承认的"非直接营利的""以娱乐和健身为目的"的体育组织给予相应的支持。体育产业投融资政策就是为了促进体育产业发展,政府制定并采取的拓展和规范体育产业投融资渠道的政策。

(2)我国体育产业投融资政策

国务院在2003年第12次常务会议上通过了《公共文化体育设施条例》,同时提出了对于各级人民政府所举办的建设、维修、管理公共文化体育设施的资金应当纳入本级人民政府基本建设财政预算和投资计划中。对于事业单位、社会团体、企业和个人等社会力量筹办公共文化体育设施,国家应当给予鼓励。

《国务院关于鼓励支持和引导个体私营等非公有制经济发展的若干意见》于2005年2月正式颁发,对非公有制经济市场准入予以放宽,并允许非公有资本进入到体育、文化等社会事业的营利性和非营利性领域。同时,2005年《国务院关于非公有资本进入文化产业的若干决定》也对非公有制的限制进行放宽,并允许非公有资本对体育节目制作领域的国有文化企业进行投资参股。

3. 体育产业全球化政策

(1)体育产业全球化政策的含义

产业全球化在经济全球化背景下的发展已呈现出不可逆转的趋势。为了在这一潮流之中获得先机,世界各个国家都开始相继出台一系列的规定和政策。由于经济实力强大,并且科技相对较为发达,在全球化进程中,先进国家通过对自己的政策取向进行不断调整来保持自身已经建立起来的优势。而对于后起国家,为了能够进一步追赶先进国家,缩小差距,甚至超越,也在通过与自身实际相结合,对自身的产业全球化战略进行不断完善,以积极响应这一时代要求。体育产业全球化政策是为了促进本国体育产业在全球化进程中获得精华智能优势,政府或体育部门制定的产业政策。

（2）我国体育产业全球化政策

国家体育总局于 2000 年发布了《2001—2010 年体育改革与发展纲要》,指出在正式加入到世界贸易组织（WTO）之后,作为我国的新兴产业,体育产业面对不断扩大的市场准入和公开竞争的市场规则,必须要审时度势,抓住机遇,缜密规划,加快发展,向着海外体育市场进行积极开辟。而体育产业发展的主要目标就是要使体育产业的发展初具规模,并使体育产业增加值保持较快的增长速度,以实现 2010 年占到国内生产总值 1.5% 左右,并将我国体育产品与国外的差距进一步缩小,提高竞争力。

第二节　我国体育产业政策的变迁研究

一、我国体育产业政策的发展沿革

研究表明:只有当社会、经济发展到一定阶段,体育自身潜在的产业属性才会渐次显现且日趋成熟,才有可能形成体育服务产业的形态。那么,当今我国社会、经济的迅速发展,必然会引起人们对体育产业的关注,导致对体育产业的政策研究;应该说,我国鼓励和支持体育产业潜在的深层次含义,不仅仅是为了弥补政府办体育的不足,而是把它视为潜在的第三产业的一个组成部分。尽管我国涉及体育产业的政策研究已有二十多年的历史,但受各时期历史条件的限制,人们对体育产业政策的理解和贯彻的角度不一,致使建立和完善体育产业政策的步伐缓慢,成为改革开放初期体育体制改革滞后于社会主义市场经济改革的一个因素。鉴于此,目前我国体育产业政策的研究、制定和颁布大致经历了三个阶段。

（一）第一阶段（1978—1992）

党的十一届三中全会,把重点转移到社会主义现代化建设上,我国经济进入了一个快速发展的时期,从政策上看主要有两个方面:一是鼓励体育系统有条件的事业单位开展多种经营,扩大服务范围,积极增收节支,提出了体育场馆要以"以体为主,多种经营",由事业型向经营型转变。二是吸引社会资金,以赞助和联办的形式,资助体育竞赛活动和创办高水平运动队。在一定程度上缓解了体育事业发展资金的不足。1984 年,党中央在总结新中国成立以来特别是改革开放后我国体育工作基本经验的基础上,发出了《关于进一步发展体育运动的通知》,提出了加快我国体育事业发展的指导思想、主要任务和工作措施。1986 年国家体委发布了《关于体育体制改革的决定》,明确提出了体育场馆等要"实行多种经营,由行政管理型向经营管理型过渡",从此开始了我国体育事业社会化、产业化的征程。这一阶段是我国发展体育产业的政策由点到面,由一个方面向多方面深入的准备阶段和起步阶段。

（二）第二阶段（1992—1997）

1992 年国家体委召开了"中山会议",把体育产业问题作为融化体育改革的重要内容;同年,《中共中央国务院关于加快发展第三产业的决定》将体育列入第三产业中的第三层次,属于提高科学文化水平和居民素质的服务部门。1993 年全国体委主任会议上制定了《关于培育体育市场,加快体育产业化进程的意见》,提出了体育事业要"面向市场、走向市场,以产业化为方向"的基本思路。1993 年国家体委《关于深化体育改革的意见》,提出了体育改革要改变原来在计划经济体制下,单纯依赖国家和主要依靠行政手段办体育的高度集中的体育体制,建立与社会主义市场经济体制相适应,符合现代体育运动规律,国家调控,依托社会,有自我发展活力的体育体制和良性循环的运行机制,形成国家办与社会办相结合、集中与分散相结合的格局。1994 年国家体委发布了《1994—1995年度体育彩票发行管理办法》和《关于加强体育市场管理的通知》,使体育经营活动纳入法制管理的轨道。1995 年颁布了《中华人民共和国体育法》明确规定,县级以上各级人民政府应当将体育事业经费、体育基本建设资金列入本级财政预算和基本建设投资计划,并随着国民经济的发展逐步增加对体育事业的投入。1995 年国家体委颁布了《体育产业发展纲要(1995—2010)》,它明确了体育的产业性质和体育的经济属性,界定了体育产业的边界,提出了我国体育产业发展的指导思想和目标以及政策措施。1996 年全国人民代表大会八届四次会议通过的《国民经济和社会发展"九五"计划和 2010 年远景目标纲要》,进一步明确了"进一步改革体育管理体制,有条件的运动项目要推行协会制和俱乐部制,形成国家与社会共同兴办体育事业的格局,走社会化、产业化的道路",从而确定了体育事业发展的政策性导向。1996 年国家体委发布了《关于进一步加强体育经营活动管理的通知》。国家体委、各省市也先后颁布了一些体育经济的法规,将发展体育产业的重点从经营创收转为推动体育事业向产业化方向发展上来,并争取到国家对体育实行的一些优惠经济政策。有关体育产业政策的相继出台,可以说已经揭示了体育这一特殊行业既具有社会公益的属性,又有为社会服务的产业属性。在适应社会主义市场经济体制的过程中,发展体育产业是体育体制改革面临的一大任务。这一阶段是国家发展体育产业政策的探索和实践阶段,也是体育具有产业属性的政策逐渐明朗的阶段。但是,要真正形成体育这一特殊而又相对独立的产业部门政策,尚需做出进一步的努力。

（三）第三阶段（1997 年至今）

1997 年中国共产党第十五次代表大会召开,大会通过了高举邓小平理论伟大旗帜,提出了建设中国特色社会主义事业全面推向 21 世纪的行动纲领。体育产业则从体育部门走向社会,走向经济建设的主战场,逐渐成为国民经济新的增长点,同时也得到了政府和社会的高度重视。部分经济发达的省市已将体育产业作为本地区社会经济发展的重点行业。

1998 年 9 月 1 日国家体育总局、财政部、中国人民银行发布了《体育彩票公益金管理暂行办法》。2000 年国家体育总局发布了《2001—2010 年体育改革与发展纲要》,提出了“体育产业作为第三产业的重要组成部分,必将在扩大内需、拉动经济增长方面发挥更重要的作用。应尽快着手制定科学的体育产业发展规划和相应的政策法规,加速培育体育市场”。“加入世界贸易组织(WTO)后,体育产业作为我国的新兴产业,面对扩大的市场准入和公开竞争的市场规则,必须审时度势,缜密规划,抓住机遇,加快发展,积极开辟海外体育市场”。体育产业发展的主要目标是“体育产业初具规模,体育产业增加值以较快速度增长;2010 年达到国内生产总值 1.5％左右;缩小我国体育产品与国外的差距,提高竞争力;体育消费稳步增长,占全部消费性支出的比重有较大提高;努力把体育产量培育成国民经济新的增长点”。发展体育产业的基本战略是“在体育产业的开发上,以体为本,全面发展。积极地发行彩票,精心地经营门票,稳妥地试行股票;努力发挥协会、体育博览会、体育基金会的作用;坚持场馆开放、无形资产开发和新运动项目开拓。搞活体育市场,为扩大内需、拉动经济增长和对外开放注入新的动力”。

2002 年国务院颁布了《中共中央国务院关于进一步加强和改进新时期体育工作的意见》,提出“当今世界,体育产业的发展明显加快,已经成为国民经济新的增长点。作为第三产业的组成部分,加快体育产业的发展是建立社会主义市场经济体制的需要,符合我国经济结构战略性调整的要求,对于扩大内需、拉动经济增长,实现现代化建设发展目标,有着明显的推动作用"。2003 年财政部、国家税务总局、海关总署颁布了《关于第 29 届奥运会税收政策问题的通知》,明确制定了对第 29 届奥运会组委会、对国际奥委会和奥运会参与者实行的若干税收优惠政策。 2003 年国务院第 12 次常务会议通过了《公共文化体育设施条例》,并提出了"各级人民政府举办的公共文化体育设施的建设、维修、管理资金,应当列入本级人民政府基本建设投资计划和财政预算。国家鼓励企业、事业单位、社会团体和个人等社会力量举办公共文化体育设施"。

这一阶段,既是国家发展体育产业政策明确、各地进一步探索发展体育产业政策的阶段,也是国家实施发展体育产业初见成效的阶段。这一阶段在国家发展体育产业的政策导向下,进一步勾画了我国体育产业的内涵和外延。但是,从全国范围而言,在如何扎实有效地落实中央关于发展体育产业的问题上,由于行业间的理解差异较大,大部分政策的研究和制定主要局限在体育系统,社会其他系统在相关理念、政策和实践上取得的突破与进展还不够显著。至 2002 年底,全国除台湾省、香港和澳门特别行政区外,各省、市、自治区都通过人大常委会颁布了有关体育市场、体育经营的政策法规。许多大中型城市也通过当地政府颁发了体育产业和体育市场开发与管理的有关规章制度。这些政策和规章制度的出台,为规范体育产业和体育市场管理,营造良好的发展环境提供了有力保证。近年来,体育行政部门在建立体育产业政策方面做了许多努力,并取得了初步成果。

二、我国体育产业政策的现状与不足

经过 30 年的探索与实践,我国涉及发展体育产业的政策,已由点到面、由浅入深地逐步展开。

2002 年国务院颁布的《中共中央国务院关于进一步加强和改进新时期体育工作的意见》,以及党和国家领导的重要讲话,进一步确立了国家在发展体育产业方面的大政方针。由此,各地方政府因地制宜地做出相应的变革,颁布和实施了地方性政策,为国家的大政方针的贯彻落实奠定了基础。目前,有关发展体育产业大政方针具有代表性的法律、法规有:1982 年五届全国人大五次会议通过的《中华人民共和国宪法》,1992 年颁布的《中共中央国务院关于加快发展第三产业的决定》,1995 年颁布的《中华人民共和国体育法》,1995 年国家体委颁布的《体育产业发展纲要(1995—2010)》,2000 年国家体育总局发布了《2001—2010 年体育改革与发展纲要》,2002年国务院颁布的《中共中央国务院关于进一步加强和改进新时期体育工作的意见》,2003年国务院第12次常务会议通过了《公共文化体育设施条例》。这些法律、法规、规章涉及发展体育产业大政方针的主要内容是:

①鼓励和支持集体经济组织、企事业组织和社会力量按国家法律、法规举办体育事业;②确立了体育在国民经济中的产业地位,并纳入了国家产业的范畴;③支持"建立体育改革和发展的服务体系";⑤明确提出了要大力"发展体育产业"。

从我国现有的体育产业政策来看,现有的政策已有了良好基础。如国家鼓励支持社会力量办体育的政策,经过近30年的努力,已经形成了我国多元化办体育的格局,涌现了社会、企业、个人投资体育、发展体育的良好态势,成为看得见、摸得着的体育产业。国家支持和推进体育社会化、产业化改革的政策,使体育系统基本上摆脱了发展体育规模受困于经费、器材设施不足的状况。但是,就当前而言,体育产业仍是一个新兴的服务产业,归属于尚未真正开发的潜力巨大的服务产业。涉及的众多方面直接与社会的经济、科技、金融、文化相关。当前无论是政策的研究者还是制定者,或多或少地仍受制于计划传统理念,致使现有的体育产业政策呈现出下述问题:政策的广度不足(即政策涉及的面不广,有的仍无政策、无制度可依);政策的深度不够(即政策的内涵与外延主要停留在鼓励和支持"体育事业体制改革"、推进体育社会化和产业化等),远不适应发展体育产业的要求,当然,这也与现有绝大多数体育产业的政策滞后于国家确立的大政方针有关。现有政策的不足主要表现在以下几方面。

第一,各级政府没能把体育产业像发展信息、旅游、商贸等产业一样,列入国民经济和社会发展的整体规划。造成事实上的政策导向,与事实上体育产业的政策不相一致,容易造成人们认识上的混乱,操作上的困难。

第二,没能形成体育产业合理和必需的政策框架。体育作为一个重要的社会现象,体育产业的发展必然涉及社会的方方面面。因此,其政策的研究和制定也必须像其他产业、事业一样,有一个由上而下、由表及里的政策体系。考虑体育的特殊性,其政策框架至少应包括国家政策、行业政策和体育机构政策。其政策内容至少应涉及:发展体育主体产业政策,体育为社会、经济服务政策,体育延伸服务政策和社会为体育产业服务政策。

第三,国家支持发展体育产业的政策的有效性、直接性还不够明显。至今尚无针对体育产业发展的纲领性文件,地方政府也很少有直接以体育产业为出发点的相关政策和整体规划,致使体育产业的政策徘徊在"无序"和"多难"的境地。现有的政策也主要归属于体育系统本身的行业规则。总体上,除国家发展体育产业的大政方针外,有关发展体育产业的政策制定和实践,"东部"先于"西部",经济、教育相对发达省市先于相对落后省市,实践先于理论,体育系统先于其他系统。

第四,体育产业的政策存在不完全性,且存在众多盲点。现在涉及的发展体育产业政策主要出自于体育系统自身的需求,这就使形成的政策不可能超越其他系统,这些政策的内涵也尚无充分体现市场化要求。加上体育系统还或多或少地存在与自身眼前利益相关且产业属性较强的领域患得患失的心态,没能大胆地将社会属性较强的领域回归社会,建立必要的"撤出"机制。

第三节 产业政策对我国体育产业发展的影响研究

产业政策作为与体育产业发展相关的一系列规章制度,在我国体育产业的发展过程中产生了良好的积极影响。本节主要从制度因素这一角度来探讨产业政策在我国体育产业发展中所产生的积极影响。

一、制度因素在体育产业产生时期的积极影响

总体来看,制度因素在体育产业产生时期非常关键,因为在原有体育事业发展的框架内,形成现实的体育产业并不容易,一方面需要在一定程度上突破原有计划体制的限制;另一方面在思维认识上需要重新建立新的产业意识形态。在这段时期,制度因素不仅体现在与体育产业直接相关的制度作用上,还包括间接相关的制度作用,主要体现在以下三个方面。

第一,形成了对体育产业的初步认识。体育一直以来被视为事业,全面发展体育事业在体育产业发展初期并未改变,甚至对于体育产业的认识也仅是存在于体育事业改革的一个环节上。但不管怎样,这一时期,通过相关制度安排,特别是1984年《关于进一步发展体育运动的通知》和1986年《关于体育体制改革的决定(草案)》的出台,使人们意识到体育产业的基本形态,即在体育事业一直统领所有体育实物的背景下,揭示了体育新的产业性特征。此外,1985年在国务院颁布的《国民生产总值计算方案》中,体育部门被首次列入第三产业范畴,标志着体育被视为产业

的最早认识。

第二，促使体育与经济初步结合。从体育产业的产生时期看，相应组织安排与政策的出现，使体育场馆的多种经营等形式成为体育产业的早期发展代表，揭示了体育的经济功能。从 1978 年到 1992 年，我国体育产业总收入达到 16 亿元人民币，平均每年增长 493.7 万元。虽然这一时期的体育产业发展还处于萌芽阶段，但以补充体育经费为主要目的的体育创收活动，使体育与经济初步结合。这种结合的形成恰是从制度层面，以国家体育行政部门（国家体委）和各基层行政组织为依托，允许体育资源进行初步市场交易的体现。

第三，为体育产业的进一步发展奠定了基础。体育产业的形成需要有明确的市场主体和经营对象，这一时期，在相关制度的运行下，从国家角度允许有条件的体育事业单位进行多种经营，并向经营型管理转变。这一转变揭示了在原有体育事业中，可以分离出部分体育资源进行市场经营，可以有明确的市场主体，并通过简单的经营方式获取相应经营收益。可见，这是体育产业形成的最基本条件，这一时期制度的作用为体育产业后续发展奠定了基础，特别是为体育资源进行市场经营，打破计划经济的限制提供了有益帮助。

二、产业政策在体育产业初步发展时期的积极影响

从 1992 年开始，体育产业进入了初步发展时期，制度在此时期的作用开始更为突出，不仅对体育产业从产生到初步发展起到了重要的过渡性推动作用，在针对实践发展中的不同问题解决上也形成了一定积极贡献。

第一，对体育产业发展的过渡性推动作用突出。1992 年对于体育产业发展可以说是过渡性的一个重要时期，在这一年有关体育产业的制度性措施相对较多，代表性有三项：《关于加快发展第三产业的决定》、"北京西郊红山口会议"、《关于深化体育改革的决定》。在这些制度中，其主要作用点是针对"体育产业的第三产业属性确定、足球的职业化发展、体育市场培育和体育产业化"而进行的。对于这三项内容，在之前的体育产业发展中并没有明确形成或给予规定。而事实上，这三项内容是关系到体育产业整体发展的重要组成，其中："体育产业的第三产业属性确定"明确了体育产业的服务性质；"足球的职业化发展"对应体育竞赛表演业的初始发展；"体育市场培育和体育产业化"的明确则是体育产业发展的核心构成。可见，这一时期的相关制度影响了体育产业的初期发展，

是体育产业从"产生"到"发展"时期的一种过渡性推动。从相对角度分析，如果这一时期没有这些重要制度的出现，体育产业的发展将很难在实践中前进，即仍然在初期的"产生"阶段徘徊。

第二，对体育产业发展的针对性作用显著。体育产业在初期发展阶段，各项发展内容相对并不明确，发展目标也并不清晰。因此，这一阶段制度的针对性作用目的较突出。例如，这一时期分别出现两个发展"纲要"，并针对体育市场、体育彩票、体育俱乐部等体育产业组成形成了相应的直接性制度。可见，相关制度为体育产业发展在不同层次和组成上提供了针对性的参考与支撑。需要着重指出的是，制度的这种针对性作用突出表现为直接性体育制度的出现，而在这一阶段之前的体育产业发展更多的是依靠国家整体的宏观制度作为支撑。综上所述，初步发展时期制度对体育产业的直接推动作用更为突出，有效地促进了我国体育产业的最初发展。

三、产业政策在体育产业全面发展时期的积极影响

2001 年随着我国申办奥运会的成功，体育产业发展开始了新的阶段。在这一进程中，制度对体育产业发展的作用也有了一定变化，截止至 2014 年年底，制度在体育产业的全面发展中起到加速、地方性支撑和规范其发展的关键性作用，具体如下。

第一，对体育产业整体的加速发展作用显现。体育产业经过初期发展后，各项发展组成相对明确，并取得了一定成效。无论是体育市场的形成，还是体育消费的引导都取得了一定成效。因此，在这一时期制度对体育产业的发展有重点地转移到加速上，如 2010 年《关于加快发展体育产业的指导意见》中指出："加快发展体育产业，对拓展体育发展空间，丰富群众体育生活，培养体育人才，提高全民族身体素质、生活质量和竞技体育水平，促进我国由体育大国向体育强国的转变，促进经济社会协调发展，具有重要意义。"该"指导意见"的颁布是为了巩固前期体育产业发展成果，特别是要在体育产业发展速度上形成提升，这是国务院办公厅首次从体育产业发展角度，直接制定的针对性"意见"。此外，2014 年《关于加快发展体育产业促进体育消费的若干意见》中进一步明确："到 2025 年，基本建立布局合理、功能完善、门类齐全的体育产业体系，体育产品和服务更加丰富，市场机制不断完善，消费需求愈加旺盛，对其他产业的带动作用明显提升，体育产业总规模超过 5 万亿元，成为推动经济社会持续发展的重要力量。"可见，对于我国体育产业发展而言，从国家制度层面，

对其加速的希望已经有了更清晰的目标和更广阔的空间。

第二,对体育市场主体的激励与约束作用明确。从制度经济学角度,制度本身就存在激励与约束作用。在体育产业全面发展时期,相关制度对我国体育产业发展的激励和约束作用也开始显现。例如,2006年的《体育事业"十一五"规划》和2012年的《体育事业"十二五"规划》的明确。虽然在体育产业的初期发展阶段,也形成了制度性的"发展纲要",如1995年的《1995—2010年体育产业发展纲要》和2000年的《2001—2010年体育改革与发展纲要》,但二者并没有像这两个"五年规划"这样更具体和更具可操作性。在这两个"五年规划"中,二者分别都针对体育产业发展进行了设计,并且不同时期的"五年规划"发展重点有所区别。其中两个"五年规划"的共同特点是都体现了国家从宏观角度对体育产业提出的激励机制和约束要求。例如,激励机制表现在二者都着重指出了体育产业发展的政策性扶持,并鼓励"各种经济成分共同参与兴办体育产业";而约束要求则表现在"对体育市场的规范化管理"上。可见,制度的作用在体育产业的全面发展中更加细化,对其本身的激励与约束作用也越发明确。

第三,地方性或区域性体育制度支撑出现。制度对体育产业的发展除了从国家角度在宏观层面起作用外,地方性或区域性的体育制度也存在。在体育产业全面发展时期,特别是从2008年至2010年,这种影响开始出现。此时期大多数省级区域和省会城市都制定了该区域发展的"体育经营活动管理办法"或"体育市场管理办法",还有一些省级区域或直辖市,制定了该区域的"关于促进体育产业(或事业)发展的意见"的相关规定,例如,2010年《中共北京市委北京市人民政府关于促进体育产业发展的若干意见》、2011年《山西省人民政府关于加快体育产业发展的意见》、2011年《中共上海市委、上海市人民政府关于加快上海体育事业发展的决定》等。在这些区域性体育制度中,不但对具体的体育经营管理活动进行相关规定,一些区域或城市体育制度还根据其自身特点,指明了今后体育产业的发展方向和具体发展办法。可见,在我国体育产业的全面发展阶段,各区域对体育产业发展也形成了相应的重视,并通过具体制度性文件进行较直接的发展支撑。

第四节　促进我国体育产业发展的政策策略

一、制定优惠的财政、金融、价格政策，扶持体育产业发展

国家的财政、税收、价格、金融信贷、土地使用、国有资产管理等宏观经济政策，作为促进国民经济健康发展的经济杠杆，对体育产业发展方向有着十分重要的控制和调节作用。从我国体育产业发展的实际看，要提高体育产业的竞争力，不仅要为体育产业发展构建良好的内部环境，更需要税收、信贷和财政货币等相关经济政策的扶持，为体育产业进一步发展创造良好的外部环境。

（一）财政政策

体育产业具有很强的公益性，各级政府责无旁贷地为体育产业发展做出财政上的支持，加大政府投入的比例。我国政府的体育经费与其他国家相比还较少，如西方一些发达国家对公共体育投入比例占到国民支出的 3%～5%，而我国尚不足 1%。政府的财政投入应突出导向性，重点促进公共体育场馆建设和维护、大众体育健身场地器材配备和居民体质监测等。应扩大地方基层财政对体育事业和体育产业投入的比重，特别是实行"两级政府，三级管理"以后，区县要加大对地区内体育产业部门财政支持的力度。

（二）税收政策

税收是管理和调节国民经济活动、实现社会资金合理流动的重要手段，不同的税率对国民经济相关部门发展具有引导和扶持作用。目前，体育产业各部门承受的税种名目繁多，如营业税、城建税、教育附加税、土地使用税、固定资产投资方向调节税、公安税、门前三包费、绿化费、物价管理费等，使体育产品经营部门无利可图，严重阻碍了体育产业的正常发展。要切实推动体育产业发展，必须制定让体育产业各方关系人都享受到利益的税收政策。可对体育产业各部门的经营收入实行减免税政策，如体育场馆经营收入的税收减免，体育俱乐部营业税收的减免，部分体育娱乐活动重复收税的单项税收，体育制造业的税率统一和文化娱乐消费税的减免，体育部门的国有资产占用和有偿使用费的返还等。调整相关税率，即将体育健身娱乐服务按 3% 征收营业税，对高消费体育娱乐项目

实行特种附加税。按国家规定设立的青少年活动场所和青少年俱乐部、非营利性体育活动的门票收入等应免征营业税。为安置体育事业单位富余人员而新办的体育企业,符合劳动服务企业条件的,应享受"三免两减半"的所得税优惠政策。

（三）价格政策

全民健身运动的目的就是要使广大居民能积极参加各种体育健身活动,其中各类公共体育设施是大众开展健身活动、体育运动的最直接的场所。应对各类公共体育场馆服务和其他体育健身娱乐服务限制价格,保证绝大多数群众能够消费得起,并保证体育场馆对社会开放的时间。

（四）金融信贷政策

体育产业作为国民经济的一个部门,必然与金融业有着密切的联系。各级政府及金融部门,应将体育产业纳入贷款范围,通过资金流向和利率杠杆,支持国家鼓励的体育重点项目的建设,如对公共体育场馆的附属设施改造、公益性体育项目及经营活动实行低息或政府贴息贷款等优惠政策。对国家鼓励发展的体育产业部门,政府适当贴息或委托中介进行融资担保,争取体育企业上市融资,将风险资本引入体育产业。同时,扩大体育彩票发行,制定体育彩票的专项管理规定。而对一些高消费的体育娱乐项目,则应由市场来筹集资金。

（五）捐赠政策

为了促进体育投资的社会化和多元化,对企业、团体和个人赞助体育赛事、公益性体育设施建设和体育活动,应纳入公益性捐赠范围,按照赞助额抵免个人所得税,或免征赞助部分公司税和个人税。对公益性青少年体育活动场所的捐赠,在缴纳企业所得税和个人所得税前准予全额扣除。对境外捐赠的实物,可按国家有关规定办理免征进口关税、进口环节增值税。对协助捐赠的中介机构和个人,可给予一定的奖励。

（六）土地使用政策

为保证我国公益事业的发展,国家采用行政划拨方式提供公共用地。新中国成立以来,国家划拨了大量的体育用地,兴建了大量的体育场馆,促进了体育事业的发展。但目前我国公共体育场馆的数量与我国经济发展、人口状况及国际地位尚不相称。在目前的情况下,要大力发展体育事业,特别是满足广大群众的体育健身消费,应继续采取无偿或低偿的方法划拨土地使用权方式兴建公共体育场馆及附属设施。对一些营利性的体育项目则应由市场来确定其土地的价格。

（七）国有资产使用政策

公共体育场馆是公益性服务部门，具有显著的社会属性。国有资产占有费、有偿使用费应由各级国有资产管理部门返回体育部门，用于公共体育场馆的更新改造，形成良性循环。对一些营利性的体育企业使用国有资产要监督和管理，并坚持有偿使用，或通过股权转让或拍卖等手段，收回国有资产。

二、规范体育市场管理政策

体育市场政策法规是在社会主义市场经济条件下，为了对体育市场进行业务管理而制定的行业政策和法律规范。研究和制定体育政策法规的目的是要依据社会主义市场经济基本规律和《体育法》，调整社会体育经营活动（包括体育部门所属单位所从事的体育经营活动）中的经济关系，规范经营行为和市场行为，促进体育产业健康发展。

体育产业的发展是通过市场来实现，体育产品生产单位也必须通过市场来实现产品的社会价值。体育市场的发展程度直接影响着体育产业的发展水平和程度。所以，在发展体育产业的同时，要构建一个有序的体育市场运作体系，切实保护各类市场主体的利益。

为适应经济体制改革和企业发展的需要，1995 年，原国家体委注重宏观调控，加强财务监督，帮助企业建立健全自我约束、激励机制，先后制定并实施了《国家体委直属企业工资管理暂行办法》及《国家体委直属企业厂长（经理）奖励试行办法》，从而加大了调控力度，使企业管理工作上了新台阶。但是，我国的体育市场初步发育，市场规则和政策体系还不完整，市场的功能和机制未能有效发挥作用，体育产业各部门的发展受到很多约束。尽管出台了《体育法》，并规定各级体育行政部门负责辖区内的体育经营活动，但没有具体的管理法规和实施细则。各省、市、自治区和计划单列市，都出台了规范体育市场的各种管理条例，但有些内容并不符合体育产业、体育市场发展的实际，带有明显的行政手段干预、代替市场的特点，有些法规之间甚至还相互矛盾。因此，政府需要建立一个完整的、符合中国特色的、适应市场经济需要的体育市场运作体系，这是保障体育产业健康发展的前提。

现阶段，各级政府和体育行政管理部门最为紧迫的任务是，改变传统的管理体育市场的办法，按产业化、市场化的要求，加快制定功能完备、反应灵敏、公开、公平、公正的体育市场运行规则,保障各种类型、各种所有制企业和各市场主体的有序竞争,以实现社会体育资源能够按市场规律自由流动,即体育人才、资本、设施、场地等资源,能够按照市场需求和大众体育消费需求,合理配置。

（一）规范市场管理

制定体育产业各部门开展经营活动的市场准入办法和市场规则,以共同遵守的市场规则、市场政策和微观机制,规范体育产品生产者和经营者的市场行为。应由体育部门牵头会同工商、公安等部门,成立相应的体育市场管理机构和管理队伍,带证上岗执法管理。

加强对体育用品生产经营的宏观管理,推行体育经营许可证制度,重点扶持一批体育企业单位和经济实体开展体育用品的合法生产和经营;鼓励体育事业单位根据自身的特点和市场需求,兴办投资少、见效快、收益高的经济实体。

（二）加强法规建设

由于体育经营活动涉及人的身体健康和安全、涉及社会生活秩序的稳定和精神文明建设,许多体育活动内容,如健身锻炼的科学性,体育用品、器械的安全质量标准,大型体育竞赛表演活动组织上的严密性等都有着较高的专业技能要求,因此,体育部门从行业管理的角度,需要制定专门的法规、制度和条例等予以规范。

（三）提高人员素质

对体育产品经营者的资格、条件等加以审核、确认。如经营者是否具备必要的技术条件和要求;体育经营场所的器械、设施等是否安全可靠;体育健身指导员的技术是否合格、称职等。还要对体育产业经营人员进行体育方针、政策与法律法规宣传和教育,有步骤地培训体育经营人员和市场管理人员,不断提高从业人员的素质。

三、引导居民体育消费的政策

我国国民经济 20 多年持续高速增长,社会物质财富日益丰富,人们的生活水平显著提高。随着人民温饱问题的解决,居民的消费目标和需求逐渐转移,开始注重精神产品的消费。体育消费作为非必需性生活消费,正迎合了大众精神追求初级层次的消费需求,正如朱镕基同志在九届全国人大二次会议《政府工作报告》中所提出的，"要积极引导居民增加文化、娱乐、体育健身和旅游等消费，拓宽服务性消费领域"，这也为体育产业发展提供了巨大的舞台和机会。

实际上，体育消费属于收入价格弹性较高的消费类型。随着居民收入的增长，其对体育消费的支出也逐步增加。当体育消费产品价格变化时，反映的产品市场需求量也发生明显变化。要使体育消费成为居民新的消费热点，就要充分考虑居民的可支配收入水平和体育产品（尤其是体育服务产品）的价格定位。目前，我国居民的消费结构中，体育消费仅占很小部分，远远落后于发达国家。可以预料，随着全面小康社会的建成，我国居民对体育物质产品和体育服务的需求会加速增长。但是，居民体育消费水平的增长，是随着收入水平的提高而逐步自然地增加，这是一个缓慢的过程。要实现我国体育产业的超常规发展，国家也需要制定鼓励居民体育消费的政策措施，引导大众参加健康的、丰富多彩的体育消费活动，增加体育消费支出。

首先，要积极引导和推动社区体育工作的开展。要把体育健身设施建在居民居住的小区，方便大众开展体育健身活动。以前，许多体育健身设施，都建立在远离居住区的地方，主要是供各类体育运动队和体育比赛使用，企事业单位的体育设施也是建在办公地内部，人们的居住小区很少规划体育设施，在闲暇之余很难找到健身和锻炼的体育设施，大大抑制了人们参加体育健身活动的热情。在城市化的进程中，政府要以人为本，有意识地在建设小区和基础设施过程中规划体育场地设施。也可采取导向性政策，面向社会招标，鼓励社会资金投资和经营公益性体育健身场地设施。

要构建全民健身服务体系，在大中型城市建设市民体育健身中心，在街道、乡镇增建体育指导中心或体育指导站，指导大众科学健身。并利用体育彩票公积金增加公益性体育健身设施建设，为大众健身提供场地服务，让居民参加就在身边举行的各种体育活动，感受体育健身的乐趣和价值，树立健康投资和体育消费意识。

其次是加快社会体育指导员队伍建设。不断完善社会体育指导员技术等级制度，推进社会体育指导员国家职业标准，对社区体育指导员要严格培训、严格审批、严格管理，逐步提高社会体育指导员队伍的数量和质量。正是通过千千万万个社区体育指导员的悉心指导和无私奉献，去影响和改变大众体育健身观念，确立"花钱买健康"的体育消费观。

再次，充分发挥工会、共青团、妇联和社会各界的积极性，鼓励建立多种类型的体育协会，并在人力、物力、财力上给予一定的支持。各种类型的公共体育场馆要为体育组织开展体育活动提供便利,在全社会范围内形成全民健身的热潮,从而带动广大居民体育消费水平的提高。当然,公益性体育服务的价格定位要合理,要符合和贴近大众的需求,使绝大多数体育健身活动参加者能够愉快地享受和轻松地消费。

第五章 我国区域优势体育产业的
培育与发展研究

核心区域的优势体育产业的发展对于体育产业的发展具有重要的引导作用,在其发展的带动下,能够促进体育产业更好的发展和完善。在发展区域优势体育产业时,应以科学的理论为指导,分析其影响因素,探讨其发展方法,并制定相应的发展策略。因此,本章对我国区域优势体育产业的培育与发展进行了研究。

第一节 区域优势体育产业发展的基本理论

一、区域的概念

大至国家,小至一个村落,都能够用区域来描述。从经济学的视角来看,区域是经济上具有完整意义的地域,其由资源特点、文化积累、居民和生产生活能力构成。区域具有完整性特点。在对区域进行界定时,需要对要解决的问题和要达到的目的为依据,在此基础上对区域进行划分。区域是基于描述、分析、管理规划或指定政策的地区统一体。地区内部在某一方面具有同质性特点,具有内聚力。

在对相应的社会问题进行研究时,为了实现研究的目的,区域是地域与空间的动态组合。它可以是省、市、县,也可以是由多个省构成的经济圈。在本书中,区域主要是指省这样的经济区域,我国有 34 个省级特别行政区,省域的经济具有地域范畴,将其作为一个单位进行研究较为合理。

我国社会主义市场经济逐渐确立,体育产业在发展过程中,不仅要受到市场机制的制约,还会受到政府的宏观调控。省作为基本的行政区域,有利于这两者的市场调控机制得到执行,从而促进区域体育产业的快速发展。

体育产业在发展过程中,其作为市场经济的发展产物,政府进行宏观调控是必然的。目前,很多省市将体育产业作为区域规范范畴,各省市之间实现了体育产业的协同发展,对于我国体育产业的发展具有积极的作用。

二、体育产业的概念

我国体育产业经历了多年的发展,从原始的自给自足的发展模式,逐步发展成为完善的产业链条,实现了其体育产品和体育服务的大规模、标准化生产,在实现了其经济效益的同时,也促进了国民体质的增产。另外,体育产业的发展,还促进了我国人民的全面发展和社会精神文明的进步。体育产业的发展规模在一定程度上反映了国家现代体育的水平。

体育产业即为生产和提供各种体育产品和体育服务的各行业的总和,它是我国国民经济的重要组成部分。体育产业有广义和狭义之分。广义的体育产业是指全社会提供体育产品的企业、组织、部门和活动的集合,包括体育服务业和体育相关产业两大领域;狭义的体育产业是指以体育劳务形式为消费者提供体育服务产品生产的企业、组织、部门和活动的集合。

体育产业其主体部分属于第三产业,对于国民经济的促进作用意义非凡。我国体育产业处于起步发展阶段,体育产业发展水平有待进一步提高和完善。发展我国体育产业,其中最为重要的一点就是要实现体育产业结构的优化升级,实现其内部资源的优化配置,协调各部门之间的关系,使其在国民经济中的作用不断得到提升。

体育产业结构的发展变化的基本规律为:体育产业领域不断得到拓展,内部结构实现优化升级,体育服务业所占比重呈逐渐上升的态势,体育相关行业所占比重则逐步下降。

体育产业的内容很多,总体而言,可将其分为体育服务业和体育相关产业两大类(图5-1)。体育服务业有体育健身、休闲、培训和咨询等服务;相关的体育产业则有体育用品制造、体育出版、体育彩票等内容。体育服务业是体育产业的主体,在一定程度上决定了体育产业的发展水平;体育相关产业是辅助产业,正是有辅助产业的存在和发展,才使得体育产业逐步发展和完善。

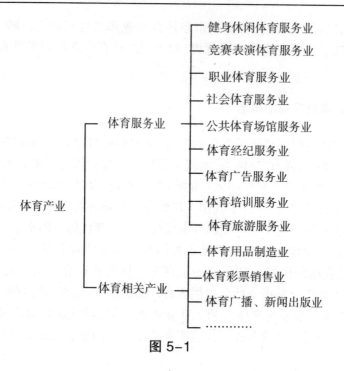

图 5-1

三、优势产业与区域优势产业

（一）优势产业

在经济学中,优势产业一般是指具有费用较低、获利较高的产品所形成的产业。对优势产业进行研究时,研究者对于优势产业有不同的解释,有的学者以优势产业是在本地区具有优越发展条件,并且具有较高的发展水平和良好的发展前景的产业部门,其在一定范围内具有良好的竞争优势。还有一些学者认为,优势体育产业是那些产值在国民经济各部门中处于优势的产业,其或占比重较大,或具有快速上升的趋势。在不同的区域,由于资源、资本、位置和科学技术水平等方面具有较大的差异性,这就使得不同区域的优势产业也不尽相同。

本书认为,优势产业并不一定要以其在产业结构中的比重作为评判标准,而应该从比较优势和竞争优势等角度来对其进行评判。与其他产业相比,优势产业在生产规模、生产效率等方面具有优势,其具有竞争优势和前瞻性特点。因此,优势产业具有一定的区域界定,"区域优势产业"这一词更为贴切。

优势产业是区域的各方面资源和条件组合的结果,区域应具有以下几方面的特点。

其一,区域具有丰富的自然资源优势,生产技术和经营管理水平也相对较高。

其二,产品在同类产品中具有重要优势,如数量、质量、服务和成本等方面的优势。

其三,产业具有良好的发展未来,具有进一步开发的便利条件,在较长时间里在市场中具有竞争力。

（二）区域优势产业

各位学者对于体育优势产业具有不同的认识,具体见表5-1。

表5-1　区域优势产业的概念和特点

区域优势产业的概念	主要特点
资源配置合理,运行状态良好,获取附加值能力强、资本运营效率较高,投入产出比率较高,在经济总量中占有较大份额的产业	产出所占份额高 资本运营效率高 投入产出比率高
某地区某产业在全国同一产业总量中占有较大比重,具有明显区位优势的产业	具有区位优势 产业所占份额高
以地区客观实际为依据,在某一区域具有市场竞争力、经济效益良好的产业	符合区域实际 具有竞争力 经济效益好
以区域现有或潜在比较优势为依托,符合区域功能定位,依赖市场机制与政府引导,产业绩效高、产品市场空间广阔,在产业链条起决定性影响作用的产业或产业群	基于区域功能定位 产业绩效高 市场竞争力强

分析上述的各种观点可知,区域优势体育产业必须依赖于区域内的各种资源,尤其是各种具有比较优势的资源,这是其发展的基础。另外,优势产业在区域内外具有很好的竞争力,与同类产业相比其在一些方面更好。

（三）区域优势体育产业

区域优势体育产业可定义为:在一定区域范围内具有相对竞争优势的体育产业或产业群。其具有以下几方面的特征。

其一,区域优势体育产业具有比较优势。区域优势体育产业依托区域的资源,具有生产要素方面的优势,其在特定的时间内具有相对优势,是动态发展的过程,在另一时期,其优势可能会消失。区域优势体育产业的优势是相对而言的,其在特定时期的特定范围内具有优势。

其二,区域优势体育产业具有竞争优势,其在生产效率、产业绩效等方面具有优势。区域优势产业与同类产业相比具有竞争优势。

其三,区域优势体育产业具有区域性。其优势限定在一定的区域之内,如果范围扩大,则其优势可能变得不明显。

第二节　影响区域优势体育产业发展的因素分析

一、竞赛表演业的产业特征与主要影响因素分析

(一)竞赛表演业的产业特征分析

竞赛表演也即为人们提供体育竞赛表演或运动竞赛,从中获得相应的收益的产业形式。体育竞赛表演业的特点表现在以下几方面。

其一,生产方面。高水平的竞赛是体育竞赛表演业的核心,其主要是对运动能力和运动技能的生产。其生产设备为大型体育场馆,这是竞赛表演业存在的基础。参与竞赛表演的运动员其具有高超的运动技能,在运动过程中充满运动美感,高水平的运动员是重要的人力资源。竞赛表演业需要经纪人、市场运作等方面的人才。另外,在生产过程表现出非持续性特点,赛事定期举办。

其二,产品方面。体育竞赛表演业向大众提供有偿服务,其产品即为相应的精彩体育赛事。体育赛事并没有相应的标准,所以很难预见。体育赛事具有瞬时性和轰动性特点,无法再现同样的场景。随着体育赛事影响力的提高,其商业化水平也在逐渐增强,其影响也逐渐增强。

其三,消费方面。赛事的消费不仅是指消费者观看运动比赛,商业赞助、媒体转播权购买等都是体育竞赛方面的消费。体育赛事具有同步性特点,消费的过程就是生产的过程。在消费过程中,消费者的喜好和消费能力对其具有重要的影响。消费人次多,并且是一种短时性的消费。

其四,市场方面。赛事产品受运动项目所属单位的管理和调控。不同等级的赛事表演,其宣传力度和影响力不同。体育竞赛表演业不同于单纯的体育竞技比赛,其更重要的是为市场提供一种消费服务。在赛事表演开展过程中,消费者获得了赛事观赏的需求,赞助商也得到了营销和传播的需求,赛事主办方和运动员等赢得收入。

（二）竞赛表演业发展的各种影响因素

1. 地理位置是竞赛表演业开展的基本条件

第一，体育竞赛表演业一般具有良好的地理位置，交通条件便利，具有广大的扩展空间，具有完善的基础设施。一些大型体育赛事的举办要求具有便利的交通和各方面的基础设施，方便运动参与者与消费者的抵达。这种交通的通达性有利于产业的联动发展。

第二，好的地理位置能够实现赛事产业价值的最大化。同一种资源，其所处的位置不同，则其发挥的作用也会不同。地理位置因素代表着地区的经济发展水平、交通条件等方面，是发展竞赛表演业的重要外部因素。

第三，地理位置在一定程度上决定了产业发展的未来空间。地理位置与赛事的类型相互适应，地理位置不同，则消费水平和文化偏好方面也会有所不同，如美国的橄榄球比赛在其国内具有广泛的影响力，而在国际上的影响力相对较弱，这与其国内文化具有重要的关系。地理位置优越的区域，其具有开展竞赛的优良环境，能够使得赛事产品的价值最大化，并实现赛事产业的不断发展。

第四，良好的地理位置是竞赛表演业的重要外部影响因素。赛事表演产业具有区域分工聚集现象，在发展相应的赛事表演业时，一般会选择那些经济基础好、交通便利、基础设施完善的区域。良好的区位优势促进区域产业群的形成。

总而言之，地理位置、交通条件、基础设施等方面是体育赛事需要优先考虑的问题，是体育企业保持良好竞争优势的重要基础。

2. 区域城市化水平是竞赛表演业发展的直接推动力

城市化发展水平在一定程度上决定了人们的消费水平。一般城市化水平较高的区域，人们更倾向于获得高品质的生活，从而人们的消费水平较高，具有较强的购买力。城市化水平的提高，促进了人们对于体育赛事产品的需求，从而对体育竞赛表演业产生了积极的拉动作用。具体而言，其表现在以下两方面。

首先，区域城市化能够为体育竞赛表演业的发展提供条件，使得区域具有较高消费能力的人群增多，为体育产业提供了大量的潜在市场。体育产业发达地区的实践表明，区域人口增长和人们收入水平增加是体育产业产生和发展的重要基础。另外，城市化水平较高的地区，居民的受教育程度、体育意识等方面也较高，具有良好的体育参与意识。

其次,城市化水平的高低对于体育竞赛表演业的需求市场具有重要的影响。国外的体育产业发展实践表明,体育市场规模的大小与区域城市化水平具有正相关关系,城市化水平较高,则体育产业发展潜力较大,市场规模也较大,人们的购买欲望相对较为强烈。城市化发展水平较高,则城镇人口比例较高,城镇人口的闲暇时间相对较多,并且闲暇时间较为规律,这些因素是体育消费活动的重要条件。竞赛表演业是提高生活质量的消费,在城市化水平较高的区域具有较大的发展空间,人们在满足基本生活需求的基础上进行消费。另外,人们的受教育程度与其体育消费水平也呈正相关关系,就现阶段,我国城镇居民其受教育程度相对较高,消费意识和消费能力都较强。

3. 居民收入水平是竞赛表演业发展的关键因素

首先,居民收入水平在一定程度上决定了人们的购买力。区域体育产业发展水平较高,则其区域经济发展也会相对较高,人们具有较强的购买力。体育竞赛表演业对于赛事产品的定价通常较高,尤其是一些高水平的赛事,其门票费用高昂,人们的收入水平直接影响了其购买力。另外,在观看比赛时,有时住宿、交通等都是需要解决的问题,这都需要人们具备相应的物质基础。人们不仅需要具有偏好,还要具有购买能力。

其次,居民收入水平直接影响了其消费能力和消费意识。居民的收入水平会对其消费行为形成一定的约束作用,人们的低层次的需求得到满足之后,才会对高层次的需求而努力。在人们体育方面的消费增加时,会带动相应的体育产业的发展。

4. 区域体育场馆资源是竞赛表演业发展的必要条件

首先,体育场馆是体育赛事开展的场所,如我国北京奥运会时的"鸟巢",各项田径赛事都在其中举行。赛事产品的提供离不开体育场馆设备的配置,尤其是一些大型赛事,其对于体育场馆设备的容纳能力要求较高。我国的多数大型体育场馆的建设多为政府投资兴建,民间资本较少,并且赛后场馆的维持和运营也是一大难题。因此,在兴建相应的体育场馆时,应注重场馆的赛后利用,积极鼓励民间资本的进入。

其次,体育场馆设施是体育竞赛的重要组成部分,其负荷能力和容量等决定了竞赛开展的规模,场馆资源的类型和结构也决定了赛事类型和产业结构。

再次,体育场馆设备的功能是赛事产品生产的重要保证,体育场馆设备具有较高的规范性和科学性,则运动员才能够有高水平的发挥,从而才能够为观众呈现高水平的体育赛事。对于篮球场地,对地板具有较高的要求,如果地板较滑,运动员很多动作无法施展,从而大大影响比赛的观赏性。另外,体育场馆的设备也影响着人们的观赛体验,使得观众获得相应的心理感受。

最后,场馆资源应注重赛后利用,这是赛事表演业发展的重要保证。体育场馆的建设投入了大量的资金,为了避免资源的浪费,应积极开展赛事竞赛表演业,使得资源得到有效利用。

5. 基础设施是竞赛表演业发展的外部条件保障

首先,竞赛表演业具有瞬间聚集性特点,对于基础设施具有较高的要求。在开展竞赛时,吸引大量的人流量,交通问题、食宿问题、医疗卫生问题和通信信号问题等都需要解决。

其次,基础设施是影响竞赛表演水平的重要外在因素,良好的基础设施能够使得消费者产生好的心理感受,其与运动员水平、明星效应等方面具有同等重要的影响。

最后,基础设施影响消费者的消费决策,人们在观看赛事时,不仅要考虑门票的价格,还需要考虑往返的时间、交通、住宿等方面,如果赛事举办地交通不畅,基础设施不完善,则其就缺乏吸引力。

以上几方面的因素共同对体育竞赛表演业产生相应的影响。除了以上几方面的影响因素之外,传媒发展水平、政府政策、区域体育人才等方面也会对赛事的运作产生重要的影响。

二、健身娱乐业的产业特征与主要影响因素分析

（一）健身娱乐业的产业特征分析

近年来,体育健身娱乐业快速发展,人们的体育健身娱乐方面的消费也在不断增多。体育健身娱乐业是为了满足人们的健身需求而存在的,其具有如下几方面特征。

其一,生产方面。体育健身娱乐业需要具有相应的物质基础,即为场馆设施,企业向消费者提供相应的体育方面的服务。健身娱乐企业的从业人员需要提供相应的体育运动技术指导,掌握相应的营养、运动和健身方面的知识。健身娱乐业的规模相对有限,属于多次消费。

其二,产品方面。体育健身娱乐业的产品主要用于满足消费者的健身服务,其具有无形性特点,并且是不可储存的。健身娱乐产品往往根据消费者的特点来采取相应的个性化服务,满足消费者的需求,而这些造成了质量标准的不统一性,效果很难预见。健身娱乐业所提供的产品都是

程式化的,其提供的体育服务基本相似。另外,健身娱乐产品具有非持续性特点。

其三,消费方面。健身娱乐业提供服务产品,产品生产与产品的消费同时发生,消费者参与生产和消费的过程,并对其身体素质、运动能力等方面具有较大的影响。不同的娱乐健身消费其能够满足人们相应的健身需求,人们的健身消费方面具有多样化特点。

其四,市场方面。健身娱乐业为具有健身需求的人们提供有偿服务,其各方面的市场活动主要依靠市场的配置,并且体育健身的指导员资格需要进行行业的认定和管制。

（二）健身娱乐业发展的影响因素分析

1.居民收入水平是健身娱乐产业开展的首要条件

（1）居民收入水平影响健身娱乐产品的有效消费需求

体育健身娱乐产业的发展需要大众体育健身需求的支撑。体育健身娱乐产业是改革开放之后在我国逐渐发展起来的,人们物质生活水平的提高是其发挥发展的重要保证。人们购买体育健身娱乐产品的重要原因是为了满足提高身体素质、提升生活品质的需求,是一种较高层次的需求。收入水平的提高会带来人们消费结构的变化,消费结构的变化成为推动体育健身娱乐产业发展的重要影响因素之一。

（2）居民收入水平影响健身娱乐产品的消费预算曲线

体育健身娱乐方面的消费是一种相对较为分散的并且具有持续性的消费活动,消费者具备消费能力和消费意愿两方面。消费者的收入水平会限制其预算,人们会根据自身的收入水平来制定相应的预算,避免入不敷出。人们的收入水平决定了其支付能力,人们的喜好不变时,其收入水平决定了其在某方面的预算。例如,爱好收藏的人,如果年收入几十万,可能会每年投入几万块在收藏方面,而年收入几百万的,则可能每年投入几十万在这方面。人们的收入水平是体育健身娱乐产品的重要物质基础。

（3）人们收入水平间接影响体育健身服务业的市场需求

人们的购买力小,投入体育健身方面的费用也会相对较少,从而使得体育产业的规模较小。如果人们的收入水平较高,投入体育健身娱乐方面的资金也就会较多,从而促进市场的繁荣和发展,吸引更多的资源投入健身服务业,进而促进体育健身娱乐业的不断壮大。

2. 体育场馆资源是健身娱乐业开展的必备条件

（1）场馆资源是健身娱乐业生存的前提和保证

体育场馆设施是现代经济社会发挥水平的重要标志。人在健身娱乐过程中，场馆资源和设施是其重要的生产要素，健身娱乐场所的数量与分布特点对于该产业的发展具有重要的影响。充足的体育场馆能够在一定程度上吸引更多的人投入其中。

（2）场馆设施的便捷性与合理性是健身娱乐业发展的关键因素

体育健身娱乐业的体育场馆相对较小，这与体育竞赛表演行业的体育场馆具有很大的区别。一般体育健身娱乐行业的体育场馆多在生活区附近，能够方便人们进行健身娱乐。场馆布局、场馆数量和服务质量等都是健身娱乐行业发展的基本要求。

3. 城市化水平为健身娱乐业开展提供土壤

（1）城市化水平是健身娱乐业产业布局的重要影响因素

健身娱乐行业多在城市化水平较高的地区，这一区域的人们健身意识较浓厚，以利于体育健身产品的推广。

（2）城市化水平影响健身娱乐消费的市场空间

上文提到，城市化水平较高，则人们的闲暇时间固定，收入相对较高，从而健身娱乐具有了时间和资金方面的保证。另外，随着城市化进程的发展，人们工作压力加大，生活节奏加快，从而出现了各种健康问题，这也促进了人们健康意识的发展，从而为健身、康复体育提供了良好的发展空间。

（3）城市化水平是健身娱乐业开展的有利外部环境

城市化的不断发展为健身娱乐业的发展提供了良好的外部发展条件，如基础设施、交通等。城市化还促进了人们思想意识的发展，从而树立了良好的健身意识，促进健身行业的发展。

4. 娱乐文化消费水平是影响健身娱乐市场需求的因素

（1）娱乐文化消费水平高的群体更利于进行健身娱乐消费

健身娱乐服务主要以区域内的消费者为服务对象，消费者的购买力越强，则其相应的潜在需求也就越强烈，市场的发展空间也就相对越大。需要注意的是，消费者的喜好决定了其在其他娱乐或文化活动方面的时间的多少，这可能对参与体育活动的时间产生一定的影响。

（2）娱乐文化消费水平高的区域其健身娱乐产品的购买力强

通常情况下，随着人们生活水平的不断提高，人们的生活方式、消费理念等方面也在不断发展,其用于文教体育娱乐等方面的支出会持续上升。健身娱乐服务是很多人首选的消费对象。

5. 体育人口的数量是健身娱乐业发展的市场需求保障

体育人口数量的多少决定了健身娱乐业发展的规模,大量的体育人口为体育健身娱乐业的发展提供了广阔的发展空间。具体而言,其主要体现在以下几方面。

(1)体育人口是健身娱乐业的潜在消费群体

体育人口是健身娱乐业的潜在消费群体,在一定的刺激和引导下,其会进行相应的健身娱乐活动。体育人口对于体育的偏好较强,其在很大程度上能够成为体育健身娱乐活动的消费者。

(2)体育人口是体育产业发展的重要保证

体育人口是体育产业发展的重要保证,其是体育市场的潜在消费者,体育人口的增加,必将促进体育健身娱乐业的繁荣。

(3)体育人口的数量有利于营造浓郁的体育活动氛围

社会上具有良好的体育健身活动氛围,则人们参与体育健身消费就获得了初始驱动力。人具有社会属性,受到社会的影响,体育人口数量的增加,会影响良好的体育氛围,促进更多的人成为体育人口,从而增加体育健身娱乐活动的潜在消费群体。

三、体育用品业的产业特征与主要影响因素分析

狭义的体育用品即为专门用于体育运动并符合运动项目规则的规定和要求的一种特殊生活消费品。其主要服务于运动竞赛和运动训练,在设计制造之处,其以体育运动的实际为基础,符合各项运动技术的要求,对于运动员运动水平的提高具有积极的意义。例如,跑鞋作为体育用品,其要求轻便、弹性较好,能够对于提高跑的速度具有积极的促进作用。这些体育用品在生产过程中,必须要达到一定的质量要求,并且要符合运动比赛规则的要求。一般这类体育用品都会经过产品质量监督部门、体育运动专业协会等有关组织检验、认证。

从广义上来看,体育用品主要是用于体育活动并且符合体育活动要求的一种特殊生活消费品的总称。具体而言,它包括运动竞赛和训练、体育健身和休闲等各种体育活动中所使用的体育用品。一般可将体育用品基本分为三大类别,即为体育器材、运动鞋和运动服,其能够满足一些体育运动的基本要求,并且能够保证体育运动的正常开展。本节所要探讨的是广义上的体育运动。这些体育用品多用于大众的体育健身,在学校中也用这些体育用品进行体育教学活动。一般意义上的体育用品其对于产品的规格和标准要求相对较低,如在进行篮球教学中,为了方便学生学习,会设置不同高度的篮球架。

（一）体育用品业的产业特征分析

首先,生产方面。体育用品制造业需要具有固定的生产场所和生产设备,大多数劳动者进行的是体力劳动,随着经济社会的发展,智力劳动在体育用品制造业中的作用越来越重要。规模经济利益是企业不断扩大企业规模的重要驱动力。体育用品生产企业多为私营企业。

其次,产品方面。体育用品有形、可储存,其产品会有相应的标准,具有可复制性,需要应对广大的市场范围。

再次,消费方面。体育用品的生产与消费是分离的,消费者消费属于分散消费。人们的体育运动技能水平对于其消费并没有太大影响,产品的质量、功能和品牌是人们购买时首要考虑的因素。消费者的购买行为和市场绩效等对于体育用品的生产具有重要的影响。

最后,市场方面。体育用品制造业依靠市场的资源配置作用,应积极进行市场的布局和推广。企业应积极进行市场营销,提升品牌的价值,促进产品质量的提升,从而促进体育产品的市场占有率的增加。

（二）体育用品业发展的影响因素分析

1. 区域经济政策是体育用品业发展的重要制度保障

（1）区域经济政策直接影响体育用品业的发展规模

体育用品制造业受到区域经济政策的深刻影响,要想实现体育产业的发展,政策的积极引导发挥着重要的作用。制造业的成本较高,规模较大,政策经济政策的大力扶持极为重要。

（2）区域经济政策对体育用品业的产业竞争力具有重要影响

经济政策中,税收政策、投资融资政策等都会对体育产品的生产成本与利润产生重要的影响。当政策较好时,吸引资金投入其中,从而使得该产业具有较强的竞争力。

2. 地理位置是影响体育用品业发展的外部条件

（1）地理位置直接影响区域体育用品业的产业布局

体育产品生产部门的地理位置对于其产业发展具有重要的影响。体育用品产业是劳动密集型产业,并且需要运输便利、原料获取便利。

（2）地理位置影响体育用品业的生产成本

生产企业在选择区位时，一般会选择一些生产成本最低的区域，并获取在生产上的利益，实现利益的最大化。地理位置对应运输成本，地理位置较远，则其运输成本也就相对较高。

3. 区域外市场需求是体育用品业市场空间

（1）区域外市场需求是影响体育用品业生存与发展的基础

体育用品的生产者与消费者之间具有时空分离性，消费者分布位置并不固定，市场空间广阔。其不完全以区域范围内的市场为目标，区域外的市场需求是其发展的重要依靠，区域外市场需求是影响体育用品业生存与发展的基础。

（2）区域外市场需求影响体育用品业的发展规模

区域外市场需求是体育产品的消费主体，市场的大小取决于区域外的需求与供给，企业应注重区域外市场的扩展。

4. 科学技术影响体育用品业的竞争力

（1）科学技术是提高体育用品价值与品牌的核心

产品的价值取决于其使用价值。对于体育用品而言，其专业性相对较强，具有较高的要求，科技含量相对较高。加强技术、材料等方面的科研投入能够提升资源的利用率，增强其科技含量，从而使得其使用价值较高，进而树立良好的品牌核心。

（2）科学技术是提高体育用品的关键因素

企业要想保持其竞争力，必须紧跟时代潮流，加强技术运用，使得产品保持较强的竞争力。新技术、新材料的使用能够增加人们的运动体验，延长体育用品的使用寿命。这些都要依赖于创新和科研，缺乏这两者，产品只能处于市场的底层，并逐渐被市场所淘汰。

5. 体育人口的数量是影响体育用品业消费市场的重要因素

（1）体育人口是体育用品市场的主要消费群体

体育人口与体育用品之间是一种正相关的关系，体育人口的增加，必然会促进体育产品消费的增长。人们在参与体育活动时，必然会使用各种体育产品；人们追捧某位体育明星，就可能购买与之相关的体育产品。体育人口是体育用品的主要消费群体，随着体育人口的增加，体育用品市场也将会繁荣发展。近年来，我国的体育人口逐渐增多，体育用品消费的市场需求被带动，体育用品业将快速发展。

（2）体育人口的特征是影响体育用品业市场细分的关键因素

体育用品企业针对体育人口展开各种营销活动。体育人口具有不同的特征,将其进行分类,有针对性地展开营销,这是科学营销的基础。人们在购买体育产品时,对其进行年龄细分是重要的细分方法。针对不同年龄的人群展开相对应的营销活动,并开展符合其心理和生理特点的体育产品。

（3）体育人口是吸引体育用品市场投资的驱动力

随着体育人口的增多,体育用品市场表现出较大的发展潜力,投资者会增加体育用品方面投资的信心。体育人口是吸引投资的重要参考,是影响投资者进行决策的重要因素。

总之,影响体育用品发展的因素有很多种,可归结为成本和收益两方面的问题。这两方面双管齐下,才能够使体育用品产业健康发展。

四、体育旅游业的产业特征与主要影响因素分析

（一）体育旅游业的产业特征分析

首先,生产方面。体育旅游并不是单纯的旅游活动,体育旅游资源是其前提条件。只有区域内具备丰富的体育旅游资源,并具有完善的配套设施,才能够促进体育旅游产业的发展。体育旅游不同于普通旅游活动,其需要运动者具有一定的体育运动技能和风险防范知识。体育旅游企业各有特色,多以私营企业为主,并且可进行多次消费。

其次,产品方面。体育旅游是一种新型的旅游产品,其与普通的旅游一样,包括食、住、行、游、购、娱等环节,而这些方面都是体育旅游产品的具体内容。虽然体育旅游产品的内容不同,但都涵盖在消费者体育旅游这一过程之中。体育旅游是一个过程,在这一过程之中,企业为消费者提供各种产品和服务。体育旅游产品的内涵和外延,伴随着科学技术的快速发展、社会的不断进步以及消费者日趋个性化的需求也在不断扩大。以现代观念对体育旅游运动产品进行界定,体育旅游产品是指旅游企业为了满足体育旅游者活动过程中的各种需求,而向体育旅游市场提供的各种物品与服务。体育旅游产品的外延也从产品的基本功能向产品的基本形式、期望的产品属性和条件、附加利益和服务以及产品的未来发展等方向拓展。

第三,消费方面。体育旅游是一种综合性的消费,由旅游体验和体育活动等构成一系列消费形式。依托于体育旅游资源,体育旅游消费具有可持续性,消费者可多次重复。

第四,市场方面。体育旅游以区域自主管理为主,这就需要制定相应的管理标准,提高其要求。体育旅游产品众多,消费者根据自身的喜好选择相应的体育旅游项目,体育旅游消费具有多层次性特点。体育旅游参与者其收入水平不同,则其对于体育旅游产品的价格接受程度也不同。

（二）体育旅游业发展的影响因素

1. 自然条件与自然资源是体育旅游业发展的物质基础

（1）自然资源和自然条件是体育旅游业发展的直接因素

自然资源和自然条件是体育旅游开展的物质基础,其是体育旅游的场所,决定了体育旅游的形式和规模。自然资源条件不同,则体育旅游活动形式也不同,多山地区可开发爬山、攀岩、徒步等活动,而多水的地方可开发漂流、潜水、游泳等活动。

（2）自然资源和自然条件决定了体育旅游产品的特色与优势

体育旅游资源具有区域特色,不同地区具有一定的差异性,从而使得不同地区的体育旅游资源产品也具有其鲜明的特色。

2. 地理位置是体育旅游业发展的外生因素

（1）独特的地理位置是体育旅游业发展的外部条件

地理位置不同,则其体育旅游项目的类型和内容不同,在北方地区,体育旅游项目有冰雪活动,而南方多水地区,则主要是水上活动。

（2）地理位置影响体育旅游产品的特色与竞争力

地理位置不同,则其自然资源、人文资源会具有不同的地域特色,这是其有别于其他形式的体育旅游的鲜明特点。不同的地理位置形成了各具特色的体育旅游项目。

3. 旅游业的实力是体育旅游业发展的坚实基础

（1）旅游业的发展程度直接影响体育旅游业的发展

体育旅游业与旅游业密切联系,旅游业的发展水平在很大程度上影响体育旅游业的发展。体育旅游业发展程度较高,则其具有完善的基础设施,体育旅游业在此基础上能够得到更好的发展。体育旅游消费者不仅想要实现体育健身娱乐,还要体验相应的旅游经历,因此旅游业对于体育旅游具有直接的影响作用。

（2）旅游业的实力影响区域体育旅游业的发展水平和方向

旅游业的发展对于体育旅游业发展的影响还表现在,其发展对于体育旅游业发展的水平和方向具有重要的影响。在市场经济条件下,市场需求是产业发展的关键。区域体育旅游业的发展为体育旅游发展提供了可能,并在一定程度上影响着体育旅游发展的方向和发展的水平。在发展体育旅游时,应按照地区的资源,采用合适的方式进行开发,实现体育旅游与旅游产业的整合发展。

4.基础设施是体育旅游产业发展的必备条件

(1)基础设施是开展体育旅游业的硬件设备

基础设施是开展体育旅游活动的前提,这不仅包括各项体育旅游的产品设施,还包括住宿、餐饮等方面。体育旅游企业不仅要实现自身的发展,还应促进体育旅游产品质量的提升。

(2)完善的基础设施影响体育旅游产品的质量与竞争力

旅游资源发展的地区,其基础设施较为完善,影响着人们对旅游服务的评价。设备、住宿、交通条件等都共同影响着体育旅游市场的开发。旅游的目的地如果基础设施缺乏,体育活动路线单调,就会使得消费者产生审美疲劳,从而降低其消费体验。

第三节　区域优势体育产业的选择与方法研究

一、区域优势体育产业的选择

(一)选择的主体

选择区域优势体育产业是为了发挥区域自身的资源优势,并培育和发展区域产业的竞争力,从而推动区域体育产业的发展。选择优势区域体育产业,一方面应面向未来,做出科学分析和判断,根据区域实际情况来做出选择;另一方面,应在诸多条件的限制下进行科学的选择,对外部环境、消费者状况等进行充分考虑。另外,区域体育产业的选择应注重其战略意义,区域优势体育产业的选择决定了体育产业的未来发展方向,具有导向性作用。

区域优势体育产业的选择与发展可分为由政府选择和由市场选择两种方式,具体如下。

1.政府选择

(1)在市场发展不完善的情况下,由市场机制来进行优势体育产业的选择可能是一个漫长的过程,而通过政府对优势体育产业的引导,并进行相应的政策扶持,能够缩短发展的过程。

(2)体育产业的发展需要经济基础的支撑,还要得到政府的制度保障,这样才能获得较快的发展。一些经济发展水平相对较低的地区,其自然资源丰富,但是资本短缺,为了实现体育产业的发展,需要进行重点产业的优先发展,政府应进行扶持和引导,从而带动区域产业的发展。

(3)政府能够调动各方面的资源,具有其他社会组织无可比拟的优势,而政府也在一定程度上代表了区域内成员的整体利益。通过政府组织引导发展优势体育产业,充分发挥政府的职能,具有公平性和全局性。

2. 市场选择

(1)在经济发展水平不高的地区,政府的管理职能也可能无法良好发挥,而这时市场的作用就会更加重要。

(2)政府干预下会使得市场机制失灵,并且一些体育产业在政府的扶持之下可能会对政府的政策扶持产生依赖,从而造成其生产效率的低下。

3. 市场与政府相结合

体育产业的发展过程中,不应将政府与市场两者对立起来。体育产业的发展既需要政府的积极引导,又需要市场作用的发挥。在一些经济发展水平较高的地区,体育市场发育良好,可采用市场选择为主,以政府选择为辅的方式。而对于那些经济发展水平相对较为落后的区域,需要政府发挥主导作用,制定相应的政策措施来进行引导。在体育产业市场化运作过程中,政府的作用是不容忽视的。

(二)优势区域选择的原则

1. 相对动态原则

优势体育产业处在不断的发展之中,其竞争优势在特定时期内具有优势,在另一时期可能其优势就会消失。任何区域只在某些产品生产方面具有相对优势,而其他方面可能会处于劣势。随着各方面生产要素的变迁,某个时期的优势体育产业可能会成为潜在的劣势产业,某些体育产业则转变为优势体育产业。这就需要在选择相应的优势体育产业时,应做到相对动态原则。

2. 比较优势原则

优势体育产业以区域资源比较优势为基础,这种优势是相对而言的。借助于这种比较优势,区域优势体育产业实现高度专业化和集聚化。应尽量避免区域内的产业雷同与恶性竞争,实现资源的优化配置,区域内形成良好的分工与协作,建立完善的产业结构体系。

3. 竞争优势原则

区域优势体育产业本身要求既要有比较优势,同时又要具备竞争优势,区域的优势产业应具有竞争优势。竞争优势要求优势体育产业在区域间与同类产业进行竞争时取得优势。

4. 市场导向原则

体育产业在发展过程中,应遵循市场经济发展规律,促进体育产业的市场化发展。市场是体育产业发展的基础,优势体育产业应尽可能满足市场的需求,并不断促进市场的扩大和发展。坚持市场导向原则要求体育产业应具有相应的资源规模和生产规模,从而具有广阔的市场。

5. 专业特色原则

区域优势体育产业的专业特色原则要求在地区特色一般的基础上形成特色产业,特色资源是其基础。区域的特色资源包括自然资源、气候条件、人文资源等方面,应积极开展差异化经营。需要注意的是,还应注重对市场进行分析,积极迎合市场发展的需求。

(三)区域优势体育产业选择的主要类型

优势体育产业的分类具有多样性,从不同的视角进行研究,则可将其分为不同的种类。从各个研究方面入手,都具有较多的分类方法。本文从区域优势体育产业发展的实践出发,对其进行分类。

根据体育市场形成的功能和特点,可将体育产业市场分为主体市场、保障市场和延伸市场三大类,其下又可细分为多个市场,具体如图 5-2 所示。

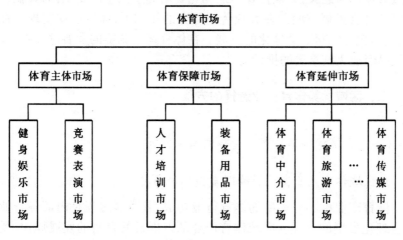

图 5-2

（1）体育健身娱乐市场是满足人们健身娱乐需求的市场。随着人们生活水平的提高以及闲暇时间的增多，人们的健身意识也在逐渐增强，从而使得健身娱乐市场具有了广阔的发展空间，近年来，健身娱乐市场在体育产业中占有越来越重要的位置。

（2）竞赛表演市场是提供竞赛表演有偿服务的市场，近年来随着竞技体育的快速发展，竞赛表演业也开始走向繁荣。竞赛表演业在经济发展水平较高的国家和地区发展较快。

（3）体育人才培训市场则是有偿为消费者提供运动技术指导和训练的市场。近年来，随着体育体制的改革与完善，我国的人才培训市场也在逐渐完善。其可分为两大类，其一是针对大众健身人群的培训，其二则是针对专业运动员群体的培训。

（4）体育装备用品市场提供相应的设备、器材、服饰等。这一市场是我国发展最为活跃的体育消费市场，随着经济的发展，其市场也在逐渐扩大。

（5）体育中介市场是为体育市场的交易活动主体提供服务的市场。中介对个参与主体进行协调和沟通，从而实现多方的利益。我国体育中介市场起步较晚，由于体育市场不完善，专门从事体育中介的机构很少，随着市场的不断开放和规范，体育经纪市场将会有很好的发展前景。

（6）体育旅游市场。体育旅游市场近年来发展较快，尤其是滨海地区的体育旅游发展迅速。体育旅游不仅具有观赏性，还具有参与性与健身性，因此颇受人们的青睐。

（7）体育传媒市场。大众传播媒介的体育传播对体育运动的发展具有重大作用与意义，大众传媒为运动竞赛培养了大量的受众，为其提供了广阔的社会发展空间。在大众传播媒介的作用下，体育运动实现了社会化、娱乐化、产业化、全球化的发展。在体育运动竞赛的发展过程中，大众传媒已经成为其重要的推动力。

二、区域优势体育产业选择的方法

（一）区域优势体育产业选择的基本依据

1. 区域体育产业发展影响因素指标的确定

体育产业由不同类型的体育行业构成，其发展过程是内部各行业结构合理化发展的过程。区域体育产业的发展及其自身的发展规律，受多种因素的影响。在对其各项影响因素进行分析时，应从行业自身和区域环境两方面进行分析。

2. 影响因素选择的指导思想

（1）区域优势体育产业影响因素的分析应借鉴区域经济发展的相关理论，同时参考优势产业发展的各项理论。这些方面涉及产业发展的条件因素，为区域优势体育产业发展影响因素的选取提供借鉴。

（2）不同行业有其自身的特征，需要全面考虑影响其行业发展的因素。在影响因素分析时，不仅应立足于现在，更应该目光长远，注重其发展的潜力。

（3）区域环境条件因素也是需要考虑的重要方面。优势体育产业具备哪些因素或条件都应考虑在内。

（二）区域优势体育产业选择方法的确定

确定区域优势体育产业选择方法时，一般采用定性分析法，其原因可归结为以下几点。

1. 定量分析的局限性

定量分析较少考虑与区域实际的结合程度，一般只是就发展的现状进行研究。目前，优势体育产业的测量标准并不统一，从而使定量分析缺乏科学的依据。而定性分析更加适合对体育产业的各方面进行综合分析。

2. 体育产业发展阶段的现实

我国体育产业发展速度较快，由于发展时间较短，其发展仍处于初级阶段。与发达国家相比，我国体育服务产业的发展处于相对滞后的状态，还有待进一步发展。在体育产业发展中，还没有从行业中选择哪个更优。现阶段应积极找到体育产业发展的切入口，从体育产业发展的实际出发，选择适合区域发展的体育产业类型。

3. 体育产业的特殊性与数据获取的局限性

体育产业发展还具有较大的发展空间，而定量研究会增加其发展的局限性。由于市场发展的无序性，很难获得相应的数据。即使进行了相关数据的统计，也缺乏完整性，从而为定量分析带来困难。

4. 实现研究目的的现实需要

体育产业发展过程中，应对发展的基本定位进行分析，这样才能够确定其发展的策略和方法。对于其定位和评价指标体系的确立将成为重要的工作内容，这有赖于对其进行定量分析。

（三）区域优势体育产业的选择流程

区域优势体育产业的选择是其发展的基础。在体育产业发展的初期，由于各方面原因导致了我国很多地区并不能把握体育产业的发展方式，很多地区都没有明确选择相应的区域优势体育产业，从而使得我国区域间体育产业发展具有了相似性和雷同性特点。

选择优势区域体育产业时，必须充分认识其内涵，把握区域优势体育产业发展的市场机制和规律。在选择区域优势体育产业时，其选择的流程如下。

1. 发展条件综合分析

通过对特定区域的各方面环境条件进行分析，并对区域体育产业发展的微观环境，确定其发展的优势与不足，以及产业未来发展的机遇与挑战。通过分析找出其发展的有利条件和不利条件。

2. 选择依据比较

选择依据是如果某区域在某方面的优势条件正是体育产业某个行业发展应具备的主要因素，那么该行业就可以作为该区域的优势体育产业。需要指出的是，这种契合不是所有条件的满足，而是相对于其他行业需要的条件而言，区域更多地具备发展该行业的有利条件。发挥地区独特优势，提高区域资源的利用效率，同时也避免产业趋同与产业同构的资源浪费与定位误区。

3. 发展定位确定

根据区域条件与产业发展因素的比较分析，明确区域在体育产业哪个行业的发展上比其他产业更具有比较优势，由此确定体育产业的基本发展定位，确定哪些能够作为优势产业进行发展。

4. 制定发展战略

不同的产业定位有不同的发展战略，优势体育产业应使其成为区域体育产业发展的"增长极"，弱势体育产业应谨慎发展。

5. 培育与发展策略

通过对区域内部体育产业不同行业的发展定位分析，明确区域内部的优势体育产业，而优势产业更应在市场中具有竞争优势，也就是在区域间相同产业的竞争力培育是至关重要的。在明确具有比较优势的区域体育产业后，应大力培育和提升该产业的竞争优势，制定并执行相应的发展策略。

第四节　区域优势体育产业培育与发展的策略

一、依托区域资源优势，积极进行资源整合

（一）资源优势是区域优势体育产业发展的基础

与其他区域相比，任何区域都不同程度地拥有发展某种产业的显性的或隐性的优势。不同行业的影响因素中，区域的自然资源、人力资源等都是影响体育产业的重要因素。对于体育产业的发展而言，自然资源优势决定了产业定位的基础和方向，社会资源优势以自然资源优势为基础，吸引人才、资金、技术，决定优势产业的结构层次。两种资源优势相结合，将区域资源优势转化为体育产业的竞争优势，推动区域经济健康发展。

不同类型的体育产业需要的资源，不同类型的体育产业对资源的要求也不同。资源优势是开发优势产业的必要条件，同时也需要其他条件的支撑。受资源条件的制约，区域不可能发展所有类型的体育产业。

资源的稀缺性与差异性使区域在发展体育产业时面临不同的条件，也就是体育产业的生产可能性边界不同。由于不同区域资源状况的差异使得不同区域体育产业的生产可能性边界不同。区域资源的识别、开发与利用是区域体育产业发展的前提与基础，是区域选择发展何种类型的体育产业时必须考虑的重要问题。

（二）充分发挥劳动力的创造性，整合生产要素资源

体育产业的生产要素也同样脱离不了劳动者、劳动对象与劳动工具三大要素。在体育产品的生产过程中，只有把这三个因子有机结合，才能实现由潜在生产要素转变成现实的生产力。

第一，体育产业竞争力的培育与提升过程中，人力资本意义重大。这是因为，即使区域拥有丰裕的资源禀赋，没有劳动力，就不可能创造任何体育产品。只有人力资源才能创造出生产工具，在此基础上，利用生产工具制造或生产体育产品。

第二，没有劳动工具也不能凭空创造，至少很难创造出生产品。这就需要充分借助资源条件，发挥人的主观能动性，为生产体育产品创造适宜的生产工具。对体育产业而言，体育活动的开展是对人自身自然的改造和完善，这个过程需要借助专业的器械、器材或生产工具，共同实现产品

的生产。

第三,体育产业的劳动对象也就是体育市场的消费者,是体育产品的需求方。应积极进行宣传和引导,促进消费者参与其中。

只有在劳动过程中,把这三个因子结合起来,才能生产出能够满足人类需要的生活资料与生产资料。劳动力、劳动对象与劳动工具在生产过程中是紧密结合的统一体,任何一方的存在都以其他两个因子的存在为前提。在体育产品的生产过程中,只有把这三个因子结合起来,才能生产出能够满足人类需要的生活资料与生产资料。

（三）提高资源的生产效率，促进区域体育产业发展

生产效率是指通过改进技术,提高每一种资源的生产效率。也就是在现有资源条件下,如何通过技术改进提高资源的产出。在原有技术不变的情况下,增加一种产品的生产必然要求减少另一种产品的生产;而技术进步带来的结果是,生产同样数量的某种产品前提下,可以增加另一种产品的生产。

区域体育产业尤其是优势体育产业竞争力的提升,不仅要实现区域既有资源的有效配置,更要提高有限资源的生产效率。通过提高技术水平,或者将未被利用的自然资源进行挖掘,或者将现有资源充分利用,挖掘其潜在价值,不断创造和改进区域体育产业生产要素的经济转化能力。

按照市场经济的资源配置方式与发展规律运行体育产业。在行业运作上交由市场主体运行,加大宏观调控而在微观领域大胆放权;将体育资源逐步移交市场主体,以企业为体育产业的发展主体,按照市场化的模式运作,实现产业的经济效应;鼓励国内外民营企业进入政策允许的体育产业领域,实现体育产业市场主体的多元化;充分发挥体育行业协会的职能,实现体育公共产品的政府采购,形成多元所有制并存的体育产业发展格局。

二、推动产业集群化发展

通常而言,产业集聚的形成是一种市场行为。由于产业间价值链的需求与合作,为实现产品生产的低成本、搜寻成本的降低、形成外部规模经济等驱动,不同产业或同一产业不同价值链的部门形成集聚网络体系,提高生产效率,获取竞争优势。围绕区域资源优势,吸引具有纵向联系的产业或横向联系的相关企业形成空间集聚,并给予管理机构、科研机构、配套设施等方面的建设,充分利用集聚机制的作用,增强产业的竞争力。

对体育产业而言,无论是生产实物产品的体育产业还是以提供服务产品为主的体育产业,产业集聚这种在地理上集中的方式对提高产业竞争力具有重要作用。

（一）通过解构产业链条创造竞争优势

体育产业与其相关产业分别处于不同的产业链上,共同形成完整的产业链条,这些不同的产业链条共同构成体育市场体系。体育市场的发育和繁荣依赖于各产业链条的完善。产业价值链的解析为区域优势体育产业的选择提供新的思路,即区域在选择优势体育产业时,不必拥有整条产业链,而可以将产业链中某些具有优势的环节作为区域体育产业的发展方向,在此基础上完善产业发展环境。在产业链上择优而发展,寻找突破口,放大区域在体育产业链条的优势环节,培育产业的竞争优势。

根据产业集聚的指导思想,区域优势体育产业可以与现有其他优势行业形成空间集聚,利用产业集聚形成的行业间的高度关联性与互补性,借助相关产业的发展培育体育产业的竞争力。如体育用品制造业的产业竞争力不仅在于自身的发展壮大,更要利用产业集聚区相关产业带来的集聚效应。在产业布局上,促进区域优势体育产业与具有明显优势和较强优势相关产业的集聚,促使优势产业形成产业链,培育产业集群。

（二）培育核心产业形成产业集聚

以培育区域体育产业某个核心产业的产品、资源的产业化经营为主导,通过产业联系以及外部效应,带动体育相关产业的发展,延伸产业链条形成体育产业群。如体育竞赛表演业的核心是竞赛表演,同时可以带动交通、运输、餐饮、旅游等相关产业发展,还可以通过示范和引导作用,促进健身娱乐业或体育培训业的市场拓展。要培育产业的竞争力需要一批有较强核心竞争力的体育企业,形成分工协作,共同发展的格局,带动区域优势体育产业的形成。此外,可以通过体育品牌的拓展化经营带动相关产业发展。

（三）培育体育产业基地,打造产业集群

产业集群是提升产业竞争力的重要手段已得到理论和实践的证明。产业基地的培育与发展是产业集群理论指导下自发或规划形成的试验田。体育产业基地是由政府或民间组织机构自发或规划筹办的具有体育产业集群效应的经济体。

三、与其他产业合作，推动产业融合

体育产业融合就是体育产业内部不同行业或体育产业与其他行业通过相互交叉、相互渗透逐渐融为一体，形成新型产业形态的动态发展过程。这种融合是产业相互渗透的一体化组织形式。产业间的关联性和追求效益最大化是产业融合发展的内在动力。

产业融合由外部因素激励到内部市场结构和企业行为的主导融合，促使产业从技术到产品融合，并发展为具有高度相关性和稳定性的市场，这样产业结构在动态融合过程中得到优化。通过与其他产业融合产生新的体育服务产品，拓展体育产业发展空间，优化产业价值链。

（一）通过产业间的横、纵向融合提升产业竞争力

产业融合提升区域备选优势产业竞争力的方式表现为以下两方面。

其一，产业间的横向拓展融合。即通过体育的功能与区域其他产业的复合、体育产业资源的深度利用和体育产品市场的重新定位，拓展体育产业体系的横向幅度，如体育经纪、体育健身娱乐、体育旅游、体育培训、体育康复等。

其二，产业内部的纵向延伸融合。这是体育产业化经营的新内涵，通过使体育产业链的整合和外延式、内涵式优化使区域体育产业的发展空间不断向高附加值的产前和产后环节延伸。这一形式主要发生在体育产业内部的重组和整合过程中，如职业性体育赛事，通过产业内部的融合逐步提高竞争力，以适应体育全球化背景下不断产生的市场需求。

（二）通过产业融合，提高区域体育产业附加值

提升区域备选优势体育产业竞争力的方法一方面可以通过降低成本实现，另一方面在于提高产业收益。在市场竞争激烈的条件下，产业融合是增加产品的附加值的一种有效策略。

产业融合形成的新产品具有更强大的功能和更高的品质，可以更好地满足消费者偏好的多样性和消费层次的多元化，实现产品的高附加值以弥补投入成本，提升体育产业价值链，形成消费的溢出效应。在产业融合的趋势下，区域应大力开发融合型的体育服务产品，并促进相关的市场融合进程。充分利用区域优势生产要素，优化体育产业的资源配置，为体育产业的发展带来新的增值空间，促进产业结构升级与产业创新。

（三）扩大产业规模，提高体育产业竞争力

产业融合促使区域体育产业与其他产业通过产品互补性融合，发挥各自产业的比较优势，整合核心资源的功效，使体育产业市场细化、产业关联复杂化，扩大区域体育产业的规模。借助产业融合，企业多元化经营的利润不再来自同质化产品，而是来自异质化的融合产品，体育产业价值链的重构实现价值多环节的利润。企业发展壮大意味着体育产业更好更快发展，产业融合是提升区域体育产业竞争力的重要方式。

总之，选择优势产业是推动区域体育产业整体发展的有效路径。区域优势体育产业应在比较优势原则的指导下选择，在竞争优势原则的指导下培育与发展。区域体育产业全面发展没有固定的模式可以遵循，比较优势与竞争优势是区域体育产业发展应遵循的基本原则。

四、积极发挥政府的管理职能

在我国，体育产业与体育事业有着密切的联系。从投入、运营到管理政府部门发挥了重要的作用。政府部门在体育事业发展中担负着提供公共产品的职责，在产业领域更应起到监管作用。政府应从以下方面入手来促进区域优势体育产业的发展。

区域优势体育产业是在比较优势基础上具有竞争优势的体育产业或产业群。可以看出，区域资源禀赋的比较优势是体育产业某个行业能够成为优势产业的必要条件，但不是充分条件。也就是说，产业具有比较优势是实现竞争优势的前提和基础，但由比较优势向竞争优势转化需要一定的条件。其中，提高交易效率和实现制度创新是重要因素。任何产品都需要进入市场才能实现由使用价值向价值的转化。这个转化过程就与交易效率密切相关。如果区域体育市场的交易效率高，那么经济主体就能够在较低的交易成本实现交换，充分实现生产要素的比较优势向产业竞争优势的转化。较高的交易效率依赖有效的制度安排，有效的制度能协调各市场主体的利益，降低交易成本，促进体育产业经济主体的盈利能力。

制度创新是提升区域体育产业竞争力的有效途径。宏观层面的制度创新是驱动企业微观层面创新的动力源泉。区域制度环境的变化将使企业通过改变内部制度和市场行为适应新的制度环境。体育产业竞争力的提升是由区域内优势产业的竞争力带动的，同时具有比较优势的体育行业其竞争力的实现与提升同样需要区域制度创新。在区域制度引导下改变企业内部制度及市场行为来适应新的制度环境，从而降低交易费用、提高经济效益和竞争力。可见，区域发展规划或有关政策制定对保持体育企业活力和获取竞争优势具有不可替代的作用。

第六章　体育产业市场化运营的
相关概念与理论分析

　　体育产业的市场化对于体育产业的科学发展具有一定的规范意义，是体育产业运营遵循市场经济发展规律的一个重要表现。在当前体育全球化发展背景下，体育产业经营与管理者面对的市场信息量大且复杂，要在纷繁复杂的市场环境中把握企业发展目标和市场定位并结合企业实际情况及市场发展趋势进行科学决策，同时科学付诸实施，就必须充分认识和了解当前体育产业市场化运营的各种概念、理论、规律，并能透过市场现象发现本质，科学决策，如此才能实现体育企业的长期、可持续发展。本章主要就体育产业经营与管理理论、环境及发展战略进行科学分析，以为我国体育企业顺应体育市场发展需求，不断提高经营与管理水平提供理论与实践指导。

第一节　体育产业经营与管理的基本理论

一、企业经营管理

（一）企业经营管理的概念

　　经营管理是企业的一种市场行为，经营与管理有广义和狭义之分，一般来说，广义的经营管理是指以提高经济效益为目标，对企业的全部生产经营活动进行决策和组织实施的全部过程；而狭义的经营管理则是指从生产领域向前后两头延伸至流通领域的管理，其中，向前延伸至产品生产以前的决策和计划，向后延伸至产品生产出来以后的销售，包括售后的技术服务和获得市场新的信息进行反馈的过程（图6-1）。

　　也有学者将企业经营管理定义为，企业经营管理是指企业的各级各类经营者，为了保证企业的生存和发展并取得良好的经济效益和社会效益,运用企业经营的理论和方法,对企业的经营活动行使一定的管理职能(决策、计划、组织、指挥、协调、控制、教育、激励等),有效地实现预定目标过程。可见,经营管理是一个动态的过程,目的是追求效益最大化。

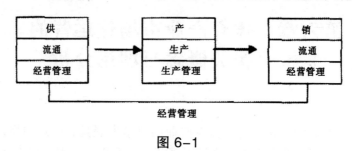

图 6-1

对于企业经营管理者来说,要想做出科学、正确的决策,就必须要进行市场调研和预测,为决策方案选择提供依据,并通过经营计划将决策方案具体化。

根据现代管理学理论,任何一项管理活动,一般都由四个基本要素组成:管理的主体、客体、目的、职能,结合现代企业经营管理概念的分析,企业经营与管理的四个基本要素具体如下。

(1)现代企业经营管理的主体——企业各级各类经营者。

(2)现代企业经营管理的客体——企业的经营活动过程。

(3)现代企业经营管理的目的——保证企业的生存和发展,并取得良好的经济效益和社会效益。

(4)现代企业经营管理的职能——具有一定的管理职能,如决策、计划、组织、控制等。

(二)经营与管理的关系解析

通常来说,经营与管理是结合在一起的,二者密切相关,经营与管理联系紧密,又有区别。现代经营管理理论认为,企业的经营是与企业的物质生产活动和生产的社会化相联系的。

当前,国内外学者对经营与管理二者之间的关系主要有三种解释,即大经营小管理理论、小经营大管理理论、经营与管理等同理论。具体分析如下。

1. 大经营小管理理论

欧洲科学管理运动的创始人,现代经营管理理论之父——法国人法约尔是大经营小管理理论的代表人物。1916 年,法约尔在其发表的《工业管理和一般管理》一书中指出:管理不同于经营,管理只是经营的六种职能(技术活动、商业活动、财务活动、安全活动、会计活动和管理活动)之一。而关于管理活动,则包含五种因素,即通常所指的计划、组织、指挥、控制和协调。总结来看,法约尔认为,经营主要是指厂部一级的管理,而管理,主要是指泰勒制的一套内容,即车间一级的管理工作。

目前,国外学者普遍认可大经营小管理的理论,这一理论在国外管理学界中较为盛行。国外相关学者一致认为,经营的范围比管理要更加广泛,这主要是基于两个方面的考虑:一方面,经营要考虑到企业外部环境、市场因素与企业自身能力的平衡;另一方面,经营要考虑到企业内部各方面管理与作业的具体做法。其主要内容包括人、财、物、供、产、销的全部活动,企业活动与市场的关系等。它侧重于从资金运动角度来研究企业的活动,研究企业怎样合理地运用人力、物力、财力以适应市场变化,满足市场需要,取得较好的经济效益。

通过对大经营小管理观点中所涉及的几个关键要素进行分析来看,该理论将管理作为经营的一部分内容,即:经营包括管理,管理属于经营的一部分,管理又包括作业,作业属于管理的一部分。在企业运营过程中,经营、管理、作业,三者都属于管理科学的研究范畴。

2. 小经营大管理理论

小经营大管理理论认为,管理的范围非常的广,不仅在企业单位,而且在事业单位、机关、学校、团体中都存在着管理问题。这是一种与大经营小管理理论正好相反的观点。

对于经营和管理,小经营大管理理论具体阐述如表6-1。

表6-1　小经营大管理理论的经营与管理阐释

经营	概念	由商品经济引起的一种调节或适应的职能,它随着商品经济的发展而发展。经营总是和赢利联系着的,只有企业才存在着经营
	任务	着眼于全局,关系到企业未来生存和发展的重大问题,它要研究市场和用户需求,通过市场调研和经营预测来确定企业的经营目标、经营方针、经营策略等,其实质是解决企业经营目标与经营环境、内部条件三者之间的动态平衡问题
	功能	为使企业的全部经济活动达到总的预期目标而进行的选择理想方案、做出正确决策服务
管理	概念	对企业内部的人、财、物资源和供、产、销生产经营的各个环节进行合理的计划、组织和控制过程
	任务	按照企业经营决策的目标、方针和策略,运用科学管理的方法,提高生产效率,缩短产品生产经营的周期,减少物资消耗,提高产品质量,降低产品成本及资金占用,以提高经济效益
	功能	执行,即利用科学的方法去研究和解决日常的具体的战术性和执行性的问题,包括计划、组织、指挥、协调和控制等

需要特别提出的是,除了经营与管理之外,小经营大管理理论还认为,现代企业经营管理还应包含业务。在市场经济条件下,这三者相互联系、相互交织渗透,成为一个不可分割的整体。讲管理必然离不开经营与业务,抓经营必然也涉及管理,但现代企业管理的重点在经营。

3. 经营与管理等同理论

经营与管理等同理论认为,经营和管理同属一个概念。英语中Management 就包含管理、处理、安排、经营等含义。因此,从概念上来说,管理的定义也可以用在经营上。

经营与管理等同理论认为,经营与管理是通过计划、组织、协调、指导、控制等方面的职能和手段,合理地利用各种条件(如人力、财力、物力、市场、员工士气等),最大限度地满足社会需要,争取企业效益(包括经济效益和社会效益)的过程。

二、体育产业经营管理的概念及要素

(一)体育产业经营管理的概念

所谓体育经营,是指体育经营单位,运用各自所拥有的资源面向市场,连续地进行体育商品生产和交换的有组织的经济活动。

体育经营活动是体育领域的一种经营活动,泛指以体育活动为内容、以营利为目的、以商品形式进入流通领域的经营活动。现代体育经营活动形式多样,内容丰富,集表演、竞技、娱乐、文化等多种功能为一体。

体育产业经营管理是指一国体育产业中不同层级的管理者对不同层级的管理客体通过实施领导、组织、决策、控制、创新等职能,协调他人活动,实现既定目标的活动过程。[①] 在体育市场化运营过程中,经营管理的目的是实现体育经济效益的最大化,这一目的需要借助于科学运用现代化的管理方法和手段实现。

(二)体育产业经营管理的要素

经济管理学认为,体育产业经营管理主要包括五个基本要素,即体育产品、环境要素、人力资源、财力资源、物力资源,具体分析如下。

1. 体育产品

作为体育经营单位开展体育经营活动的基础,体育产品是经营者开

---

① 夏正清. 体育产业经营管理 [M]. 西安:西安地图出版社,2011.

展体育经营管理活动的中心。体育产品主要包括以下三类。

（1）体育劳务产品：如运动竞赛、体育表演、健身辅导、场馆服务等。

（2）体育实物产品：如运动器材、运动服装、运动饮料及各种运动营养补剂等。

（3）体育精神产品：如体育报纸杂志、图书画册、影视录像等。

2. 环境要素

所谓体育产业经营管理的环境要素，具体是指市场要素。在我国社会主义市场经济条件下，市场是体育经营环境中的基本条件和因素，它能为体育商品生产经营者提供广阔的生存空间和天然的活动场所。

3. 人力资源

在体育企业市场化运营过程中，人力资源主要是两个重要部分组成的，即管理者和被管理者，在体育产业经营管理过程中，二者缺一不可。

对于体育企业来讲，其经营管理者素质的好坏，对于能否调动员工积极性，完成各项任务，提高经营效益，具有决定性的意义。具体来说，体育企业的经营管理者应具备以下基本素质。

（1）懂得体育发展的一般规律和体育市场的发展规律。

（2）懂得现代科学的经营管理的方法。

（3）具有扎实的经营管理知识和较强的经营管理能力。

（4）熟悉体育运动的规律和特点。

（5）了解部门员工的思想动态以及掌握思想工作的一般规律。

随着现代体育事业的快速发展，体育经营管理的实践过程也变得越来越复杂，企业经营管理者所面临的各种变量也在不断增加。而要想在此背景下有效的保持和提高体育企业经营管理水平及绩效，体育经营管理者除了要掌握现代化的管理理论和方法外，还应该对体育管理工作形成正确的认知。充分掌握体育管理系统的基本结构和要素，还要在管理实践活动中逐渐形成系统的科学思维模式。

4. 财力资源

财力资源，即资金，是体育经营活动中不可缺少的要素，是体育企业开展各种体育经营活动的重要基础。

在体育市场竞争中，企业的任何组织和管理活动都需要一定的和必要的资金支持，各种体育经营活动就无法开展。目前，我国体育产业经营管理的财力资源的获取途径主要有以下两个。

（1）国家财政拨款：在计划经济时代，我国体育组织的一切活动（这一时期不存在经营活动）都是由政府财政拨款来运作的，随着时代的进步和发展，体育运动也成为一国综合国力强弱和文明程度高低的重要标志，体育产业也成为一国国民经济重要的增长点，因此，政府加大对体育产业的投入是必然的，也是合理的。《中华人民共和国体育法》明确指出："国家发展体育事业，开展群众性的体育活动，提高全民族身体素质。"以法律形式规定了政府在发展体育事业中应负的责任。

（2）社会筹集：市场经济条件下，我国体育产业经营管理的社会筹集包括集资、捐资和借贷三种形式。

5. 物力资源

物力资源，即生产资料，是体育企业生产的物质手段和条件，是体育经营与管理不可缺少的物质要素。在体育企业经营与管理活动中，与体育相关的各种建筑物、机械、工具和原材料等，都属于生产资料的范畴。进行体育物力资源经营管理的主要目标就是提高其使用率，延长使用寿命，充分发挥其效用。

三、体育产业经营管理的职能和要求

（一）体育产业经营管理的职能

当前市场经济条件下，体育产业经营管理的职能主要包括以下四个方面。

（1）通过市场调研，预测市场需求和变化，确定体育经营单位的发展方向和目标。体育管理者首先要确定组织的体育目标，并运用各种体育管理技巧将每个成员的个人努力方向都引向体育组织目标，以保证体育组织目标的实现。

（2）制定有效的对策，并不断提高自己适应体育市场变化的能力。

（3）发现和创造有利于自己生存和发展的机会，有效地利用体育经营单位的一切资源，取得良好的经济效益。

（4）协调好整个体育经营单位的经营活动，解决好供、产、销方面的问题，以实现自己的战略目标。

（二）体育产业经营管理的要求

为了不断提高体育企业的经济效益和社会效益，提高企业在体育市场中的竞争力，必须进行规范化的经营和管理，在当前我国体育产业市场

发展现状及未来发展趋势下,各类体育企业经营管理应做到以下几点。

1. 以市场为导向

以市场为导向是市场经济条件下进行生产经营与管理活动的基础。我国现阶段的体育产业经营管理工作应以培育体育市场,规范体育市场为重点。究其原因,市场在体育经营管理中发挥着重要作用,是实现体育资源优化配置的主要手段。因此,体育产业管理应坚持以市场为导向,注重市场信息反馈,以市场需求为依托,确立投资方向,调整经营战略。

2. 以法律为保障

我国是法治社会,市场竞争有序受法律保护。我国体育产业起步较晚,发展过程中还存在诸如市场发育不成熟,市场机制不完整,市场规则不健全等各种问题,为了能使我国的体育产业更快、更健康的发展,必须强化法制观念,逐步建立和完善各项体育市场管理法规,以法律为准绳,维护体育市场秩序,促进体育市场的良性发展。

3. 重视提高服务

企业要想不断提高体育产业经营管理单位的综合竞争力,必须重视产品和服务质量的提高,企业经营管理者本身首先就必须树立为体育市场服务的意识,努力提高体育市场的产品质量,这是实现企业发展的重要基础,在激烈的市场竞争中为消费者提供高质量的商品和高质量的服务,进而促进和刺激体育消费者的消费,只有这样,才能最终获得经济和社会效益,实现可持续发展。

4. 实现综合效益

追求经济效益是体育企业经营与管理的根本目的,但是,要想真正实现可持续发展,就必须重视经济效益和社会效益的统一,同时还要兼顾环境校园,实现多元综合效益的统一。具体来说,追求经济效益是体育产业组织的重要目的。但是,也应该认识到,片面追求经济效益是一种不理智的行为,经济效益不仅受到价值规律的制约,还受供求关系的影响。如果只单纯注重经济效益而忽视了社会效益,企业很难有长远的发展,因此,在体育产业经营和管理过程中,要做到经济效益、社会效益、环境效益并重。

四、体育产业经营管理的科学原理

（一）人本原理

1.人本原理概述

人本原理,顾名思义,就是以人为本的原理。在任何一个管理系统中,人都是活动的主体,而管理所发挥的重要作用是最大限度地调动人的主观能动性。根据管理实践证明,若一个组织能充分调动人的积极性,使人的主动性、能动性都得到较好的发挥,那么这个组织的管理效益实现得也好。因此,在管理过程中,创造一个好的环境,充分发挥人的各方面能力是管理所要解决的核心问题。

在企业经营管理中,人本原理强调在管理实践中要把人放在第一位,突出人的作用,提高管理效益。在管理中,人既是管理的主体,同时也是管理的客体。根据主客体划分,可将人分为管理者与被管理者。做好人的工作是现代管理工作的关键;充分调动人的主观能动性与创造性是实现管理目标的关键。

2.人本原理在体育产业经营管理中的应用

在体育产业经营管理过程中,如果体现以人为本的思想,使人性得到最完善的发展,是人本管理原理所要研究和解决的问题。具体来说,要实现经营和管理效益的最大化,科学实施人本原理,应遵循以下几个基本原则。

（1）行为原则

行为,是人们所表现出来的各种动作,意识是人们的内在行为,动作是人们的外在行为。行为是人们思想、感情、动机、思维能力等因素的综合反映。具体来说,人的行为是受人的动机支配的,而人的动机是由人的需要决定的。行为原则,就是了解人的需要与动机;根据人的行为规律来进行管理。贯彻行为原则,要求企业经营管理者必须了解员工的心理反应,激发人的动机,激发员工潜能。

（2）能级对应原则

能级,原为物理学中的一个概念,"能"是做功的量。在现代企业经营与管理中,机构、法和人都有一个能量问题,能量大小就可以分级,高能级办高能级的事,低能级办低能级的事,做到能级对应,这就是能级对应原则。在管理的组织结构中,稳定的管理结构应呈正三角形,一般分为四个能级层,即决策层、管理层、执行层、操作层,这四个层次形成了一个宝塔状的正三角形管理形态(图6-2)。在不同层级之间贯彻能级对应原则,尤其要注意人的能级对应。人的能力有大小,贯彻能级对应原则,尤其要注意人的能级对应。人的能力有大小,要根据人的能力水平安排相应的能级(职位等)工作,才能使得企业每一个员工都能适得其所,各尽其能。

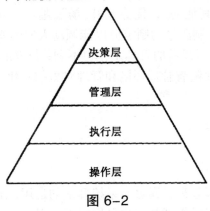

图 6-2

（3）动力原则

在体育经营管理中,坚持动力原则就是要能充分认识到激发员工行为的动力类型,并能很好地运用这些动力,促进员工各种工作行为的落实和高效完成,具体来说,科学贯彻动力原则,要学会合理运用以下三种动力。

物质动力——以适量的物质刺激来调动人的积极性。由于物质基础决定上层建筑,决定人们的行为、意识,所以物质动力是最基本的动力,它包括工资、奖金、福利等。要有效地发挥物质动力,就要把工作成果与物质利益有机结合起来,按劳分配。但是我们也应当看到,物质动力不是万能的,使用不当也会产生副作用,因此,使用物质动力时,应与其他动力结合使用。

精神动力——用精神的力量来激发人的积极性,它主要包括建立远大的理想、宗教信仰、爱国主义、受到尊重、组织关心等。人都具有一定的精神支柱,总是受一定思想、信仰的支配。因此,一个人的精神状况会直接影响其行为表现,在一定程度上可以弥补物质动力的不足。

信息动力——通过信息的交流而产生的促进员工不断提高工作效率的动力。信息动力包括知识性动力、激发性动力和反馈性动力。知识性动力是最基本的动力。掌握的知识越多,越有利于管理工作。激发性动力是最重要的动力,如通过体育比赛来了解运动项目的发展动向,比赛对手的训练和技、战术水平,以此来调整自己的训练和比赛方案。运动训练管理的各项工作,也要通过信息交流不断激发工作的积极性。反馈性动力能使我们随时了解与管理目标的差距,不断地加强控制,以实现管理的目标。

在现代体育产业经营管理中,上述三种动力各有特点,要综合运用。在具体的经营管理运用过程中,可根据实际情况,有所侧重,即以某种动力为主,结合运用其他动力,优势互补,扬长避短。同时,要掌握好适宜的动力"刺激量"。刺激量的制定应以能调动人们的积极性为标准:刺激量过大,没有必要,对以后的管理工作也不利;刺激量过小,起不到作用。一般来说,刺激量要随着管理环境和管理对象的变化而变化,不断地调动员工的工作积极性。

(二)系统原理

1.系统原理概述

系统原理,即指管理者通过对系统理论的运用,细致的系统分析管理对象,从而使现代科学管理的优化目标得以实现。

系统原理的理论依据是系统理论中的整体效应观点。系统的整体效应观点认为:系统的整体功能之和可以大于各要素的孤立状态之和。这是因为系统的诸要素经过合理的排列组合后,构成新的有机整体,具有其要素在孤立状态中所没有的新质(即新的功能、特性、行为等),产生了放大的功能,也就是产生了"1+1>2"的效果。如果系统的规模越大,结构越复杂,这种放大的功能就可能越大。而功能能否放大,主要取决于科学的管理。

掌握系统原理,必须把握系统的三个基本特征,具体分析如下。

(1)目的性:任何管理系统都是一个目的系统。每个系统都有自己明确的目的,目的不明确必然导致管理的混乱。要根据系统的目的和功能设置各子系统,建立其结构,各子系统的目的由系统的目的分解而来。一般来说,一个系统只有一个目的。建立任何管理系统都要以实现管理目的为中心。

(2)整体性:从某种意义上讲,一般系统是关于整体的一般科学。整体性主要揭示了整体与局部、整体效应与个体效能的关系,要素与系统关系十分紧密、不可分割,整体功能要大于部分功能之和。

(3)层次性:凡是系统都有结构,而结构都有层次性,这是系统的又一个重要特征。系统的层次性,要求管理必须分层次进行,建立层层管理、层层负责、各司其职、各负其责的管理秩序。从社会管理系统来说,可以划分为宏观管理、中观管理和微观管理三个不同的层次；从一个部门、一个单位的管理来说，可以划分为决策层的管理、管理层的管理和执行层的管理。各系统的层次之间有着密切的相互关系。

2. 系统管理在体育产业经营管理中的应用

在体育产业这一系统中，包含许多体育产业，它们及其各自产业之间的各种关系共同构成了体育产业系统，用公式表示如下。

体育产业系统 =[{ 体育业产 (i) | i=...,}],{ 体育产业 (i) 和体育产业 (j) 之间的关系 | $i \neq j$, i,j=1,2...,n}[①]

系统的各要素构成整体以后可以使系统整体的功能放大，产生"整体效应"。要产生这种"整体效应"，就必须遵循系统所具有的特征和发展规律，在经营管理过程中坚持整分合原则、优化组合原则和相对封闭原则。

（1）整分合原则

要提高管理的功效，对如何完成整体工作必须有充分细致的了解。在此基础上，再将整体分解为一个个基本要素，进行明确分工，使每项工作规范化，建立责任制，然后进行科学的组织综合。整体把握、科学分解、组织综合，这就是整分合的主要含义。进行"整—分—合"分析应注意以下几点。

①树立整体观点。整体观点是大前提，最终目的是扩大整体效应，实现整体目标。

②抓住分解环节。分解正确，分工就合理，规范才科学、明确。不善于分解，就不会合理分工，无法抓住关键，眉毛胡子一把抓，只能疲于应付，难以成功。

③明确分解对象。围绕企业发展目标对管理工作进行的分解，同时保证人、财、物等要素统一。

（2）优化组合原则

在体育产业经营管理活动中，企业行为的达成需要各部门的积极配合和资源的优化配置，整个经营管理过程中，各环节必须同步协调，有计划按比例地综合平衡，既分工又协作才能提高功效。因此，体育产业的经营与管理既要搞好分工，更要搞好协作，分工不能随心所欲，分级也不能没有标准，各级更不能任意组合。要想有效实现系统的目标，提高其整体效应，必须使系统的组合达到优化，进而促进各项工作的顺利完成。

具体来说，贯彻优化组合原则应做好以下几点。

---

① 闻扬，杜力萍. 中国体育产业系统探讨 [J]. 西南师范大学学报，2004，4（29）.

①目标的优化组合。实现目标优化组合的最终目的是要组成优化的目标体系,这就要求实行目标管理的单位,要大力发动群众,民主制定科学的总目标,然后以优化组合原则为根据,把总目标层层分解到下属组织或个人,各子系统的设置必须围绕系统的总目标进行,并服务于总的系统目标,只有这样才能促进系统整体目标的实现。

②组织的优化组合。优化组合,必须贯彻管理跨度原则。管理跨度,是指一个上级能直接有效地领导下属人数的限度。管理跨度的大小,受管理者的素质、能力、精力、知识及管理对象的状况和分布距离等限制,决定组织的管理层次、人员数量,对组织结构的横向划分、纵向联系产生影响。在一个管理三角形中,一般说来,越是上层领导,直接管理的人就越少,越是往下,直接管理的人就越多,形成宝塔状的梯级结构。

③环境的优化组合。管理是由管理者、被管理者和管理环境三个要素组成,所以环境的优化组合也不容忽视。环境优化组合就是要将组织的外部条件(自然的、社会的、生态的)科学合理地组合起来,使管理工作在良好的环境中进行。

④人才的优化组合。现代科学管理,既要广纳人才,同时又要合理分配人才,在一个人才集体中,既要有高、中、低人才的合理搭配和组合,也要有各种特长的人才的互相配合,用人之长,发挥人才组合的整体效应,要充分发挥其潜能,有时人多并不好办事,"不用多余的人"才是现代企业管理的一个重要法则。

（3）相对封闭原则

任何一个系统内的管理手段必须形成一个由连续的相对封闭的回路构成的完整的管理系统(图 6-3),进而形成有效的管理运动,这就是相对封闭原则。

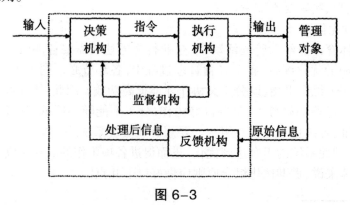

图 6-3

体育产业经营管理中合理遵循相对封闭原则,应正确认识管理系统存在的两大基本关系,第一种关系即为系统与外部相关系统之间的关系。由于管理对象这一系统处在更大的系统之中,必然与外界相关系统发生输入与输出的关系,处于一种开放性状态。对于解决这些外部关系主要是"经营"的任务,属于"领导"的范畴。第二种关系是本系统内部各要素之间的关系。系统内部形成有效的管理运动,必须使系统内的管理手段、措施构成一个连续的封闭回路。不封闭的管理,即使某个环节管理得再好,也不能形成管理系统内的正常运转,无法获得系统整体的效应。

（三）责任原理

1.责任原理概述

责任原理,即指管理者为了组织目标的实现和人的潜能的挖掘,应该以合理分工为基础,对各个部门及个人必须完成的工作任务和必须承担的与此相适应的责任进行明确的规定。其本质是保证及提高组织的效益和效率。

人是管理活动的主体,人的责任感直接关系到其行为的执行力度,进而会影响到管理系统工作效率。因此要重视责任管理原理,将责任落实到个人。

2.责任原理在体育产业经营管理中的应用

（1）明确职责

明确分工是企业经营管理的重要基础和前提,只有分工明确,职责划分才能明确,如运动训练管理,它是一项系统工程,任务重,头绪多,工作杂,必须明确分工。没有分工,工作无法开展;分工不明,工作必然混乱。需要特别注意的是,分工不等同于职责。分工只是对工作范围作了形式上的划分,分工对于工作的数量、质量、完成的时间、效益等要求,还不能完全地体现出来。职责是在分工的基础上,在数量、质量、时间、效益等方面有严格的行为规范。

（2）合理授权

职责与权力是独立统一的一对矛盾体,明确了职责,就要授予相应的权力,即一定的人权、物权、财权,否则难以完成已承担的职责。对工作完全负责,仅合理委授权限是不够的,还让其必须承担风险。同时,在职位设计和权限委授的过程中,还要注意每个人承担的职责要与其能力相对应,才能做到人尽其责、物尽其用。

（3）科学奖惩

在体育产业经营管理过程中，绝不能好坏一个样，要奖优惩劣，引导每个人的行为朝积极的方向发展；同时，要充分发挥奖惩其本身的作用和意义，就必须做到奖惩公开、公正、及时。

（4）规范制度

要想参与体育产业经营和管理的所有人员都统一目标，朝着一个方向努力，就必须要建立起相应的岗位责任制、考绩制、奖惩制，组成一个环环相扣、相互配合的管理制度体系，使责任原理的有效应用能够得到保证，进而促进管理效益的高效、快速实现。

（四）竞争原理

1. 竞争原理概述

竞争原理是指个人与个人之间，团体与团体之间、国家与国家之间，为了各自的目标和利益，相互竞争，以求取胜的理论。

竞争原理的根本依据在于优胜劣汰，优胜劣汰是事物发展的一般规律。竞争更是体育运动的突出特征，在体育运动管理中处处存在竞争，时时有竞争。有竞争就有压力，有压力就要奋斗，就要拼搏。实践证明，竞争可以激发工作热情，激发人的进取精神；竞争可以挖掘人的潜能，使其创造性地工作，去克服各式各样的困难；竞争可以促进内部团结，增强团队的凝聚力；竞争可以使组织集体充满生机和活力。

2. 竞争原理在体育产业经营管理中的应用

现代体育产业经营管理过程中，要时刻树立竞争意识和观念，在经营管理中切实引入竞争机制，良性的竞争机制可以使个体的工作热情得到激发，使个体的进取精神得以激发，经营管理过程中应注意以下几点。

（1）树立竞争意识

树立竞争意识，是推动系统向更好的方向发展的动力，但是应该认识到，竞争只是手段而并非最终的目的，竞争的目的旨在增进交流、互相提高，是为了增进参与体育产业经营与管理的人员之间的友谊、团结与合作，并培养其团队精神，通过大家的共同努力，实现体育产业经营与管理效益的最大化。

（2）竞争标准、条件一致

竞争的标准、条件的一致是合理竞争的基础，企业经营管理者要致力于为同级别的运动员提供一致的竞争标准，不仅能够保证评价体系的公正性，而且可以实现企业发展的一致目标，促进企业整体的优化。

（3）竞争环境公平、公正

就企业经营管理的内部环境来说，要保证良好的企业内部竞争环境（员工之间的竞争），一方面，要完善评判、赏罚制度。评价或制裁制度是检查、评价员工绩效的一项管理制度，因此，评价或制裁的标准应采用定性和定量相结合的方法，尽量采用定量；另一方面，要严惩投机取巧、不正之风，要按章办事、依法办事，做到既不姑息又不失准，保证其公信度。

（五）效益原理

1. 效益原理概述

现代管理的根本目的，是要创造最佳的社会经济效益，效益原理的实质在于任何管理都要以取得效益为目标。所以，效益原理是指管理的各个环节、各项工作，都要紧紧围绕提高社会经济效益这个中心，科学地、节省地、有效地使用有限的人力、财力、物力、智力和时间信息等资源，以创造最大的社会经济效益。这一原理贯穿于管理的全过程。

2. 效益原理在体育产业经营管理中的应用

（1）经营管理效益的评价

现代企业经营管理效益的评价有多种途径和方法，客观来讲，不同的评价标准和方法得出的结论也会不同，甚至相反。有效的管理首先要求对效益的评价尽可能公正和客观，因为评价的结果直接影响组织对效益的追求。一般来说，首长评价有一定的权威性，全局性掌握得较好，其结果对组织的影响也较大，但可能不够细致和具体；群众评价一般比较公正，但可能要花费较多的时间和费用，才能获得结果；专家评价一般比较细致，技术性较强，但可能只注重直接效益而忽视间接效益。不同的评价都有它自身的长处和不足，效益的评价可以由不同的主体、从不同的角度去进行，因此没有一个绝对的标准，应综合运用，以使评价客观、真实、有效。

（2）经营管理效益的实现

效益是体育产业经营管理的根本目的，对效益的不断追求，最终实现效益的最终目的。这一过程是有规律可循的，应注意以下要求。

①管理效益的主题管理思想要正确。

②确定经营管理活动的效益观，即要以提高效益为核心。

③管理应追求效益，更应该追求长期稳定的高效益。

④管理中重视追求局部效益与全局效益的协调一致。

⑤重视经济效益的实现,管理效益的直接形态就是实现经济效益,同时兼顾社会效益和环境效益的实现。

（六）动态原理

1.动态原理概述

动态原理是指在经营管理活动中,注意把握经营管理活动和对象的变化情况,不断调节各个环节,以实现整体目标的规律的概括。由于人、财、物、时间、信息等管理对象是处于不断变化、发展的过程之中,相应地,计划、组织、控制、协调等各个环节也必须随着管理对象的变化而变化,动态地适应管理对象的变化,这样才能实现经营管理目标。

2.动态原理在体育产业经营管理中的应用

（1）合理运用反馈机制

反馈是指系统把信息输送出去,又将其作用结果返送回来,并对信息的再输出起到调节控制的作用(图6-4)。反馈控制原则就是通过信息的反馈,对未来行为进行控制,使行为不断逼近管理目标的过程。管理只有通过不断的反馈,才能促成管理目标的实现。

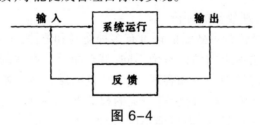

图 6-4

应用反馈方法进行控制,一般会产生两种不同的效果:一是使系统的输入对输出的影响增大,造成系统偏离目标的运动加剧,导致系统振荡的反馈,称之为正反馈;另一种是系统的输入对输出的影响减少,使系统偏离目标的运动收敛,导致系统趋于稳定状态的反馈,称之为负反馈。

反馈与控制,二者密不可分,具体表现在,反馈是控制的前提,控制是实现管理目标的有效手段。反馈与控制,又都离不开信息。控制的基础是信息,一切信息的传递都是为了控制。运用反馈来达到有效的控制,关键在于反馈必须灵敏、正确和有力。

（2）保持经营管理的弹性

市场经济条件下,体育产业经营管理受多种因素的影响,经营和管理的环境具有不确定性,因此,具体的经营管理必须留有余地,保持一定的弹性,以适应客观事物各种可能的变化,这就是弹性原则。

实践表明,在体育产业经营管理中,如果经营管理决策和制度的弹性较大,其适应能力就较强,就可能较快地适应环境,但相应地其原则性就较差;如果经营管理决策和制度的弹性较小,其原则性就较强,但适应能力相对较弱。因此,弹性的大小主要根据不同的管理层次要求、不同的管理对象和不同的管理目标而定,没有一个绝对的标准。总之,在体育产业经营和管理活动中,既要注意局部弹性,又要注意整体弹性,要采取遇事"多一手"的积极弹性,避免遇事"留一手"的消极弹性,保持企业经营管理的活力。

五、现代体育产业经营管理新理念

随着体育市场的不断发展和对外开放程度的不断加大,现代体育企业经营与管理者面临的挑战也越来越大,以往的要实现体育产业经营管理的效益的最大化,在市场经济条件下,从体育产业经营管理的实际出发,必须树立科学管理理念,加大经营管理理念的创新,并将新的产业经营管理理念贯穿于体育产业经营管理的始终。

（一）品牌经营

品牌经营是指将品牌视为独立的资源和资本,并以此为主导,来关联、带动、组合其他资源和资本,从而取得最大经济效益和社会效益的一种经营活动和经营行为。[①] 现代社会,人们的品牌意识越来越强烈,消费者对于品牌的忠实度越来越高,这就使得企业必须重视自己的品牌建设和经营,走品牌化经营道路,这是包括体育市场在内的市场经济竞争与发展的必然。

市场经济时代,企业之间竞争激烈,随着企业规模的不断扩大和技术的不断革新,无论是在企业数量(市场饱和度)还是产品质量方面,实现更深层次的突破就会变得更难,因此,对于企业而言,在不同竞争者之间其他条件相差无几的情况下,企业的经营管理理念的好坏直接影响到企业自身的发展。

对于体育产品企业来说,要想在激烈的体育市场竞争中更好地生存下去,就必须加大创新,树立品牌经营理念,准确进行市场定位,找出适合企业自身发展的特色产品品牌,并重视企业形象健身,坚持经营管理理念,不断提高企业综合竞争力。[②]

---

① 李银珠. 税收筹划——现代企业经营管理新理念 [J]. 企业经济, 2004（7）.
② 李岚. 试论现代企业经营管理新理念 [J]. 经营管理者, 2016（6）.

（二）关系管理

所谓企业关系管理,具体是指建立、协调和维系企业在体育市场经营中多方面关系的行为,是巩固和发展体育企业与体育消费者、体育资料供应商、参与伙伴以及体育企业内部员工关系的活动。企业关系管理将市场需求作为企业的最高目标,该管理理念要求体育产业经营管理者以实现体育产业经营管理者的市场需求为依据,科学、协调处理不同对象之间的关系。

在体育企业的经营与管理过程中,应以体育产业消费者为经营的主要驱动力,同时,重视经营管理活动中各方面关系的协调。

（三）知识管理

知识管理有广义和狭义之分,从狭义的角度和现代生产领域来看,知识管理是对有知识的人、各种技术资料、信息数据和各种经验、创造性成果等要素的管理。

体育企业的知识管理是通过对企业知识资源的整合来提升企业核心能力的动态管理过程,这个过程是一个动态循环的过程,涉及知识获取、知识整合、知识吸收、知识应用创新等环节。体育企业经营管理过程中,知识管理过程需要企业内部驱动力的推动和支持,具体来说,企业知识管理内部驱动力主要包括五个要素,即企业文化、高层支持、组织机构、信息基础和激励机制,这五个要素协同发展才能创造开展知识管理工作的内在动力(图6-5)。

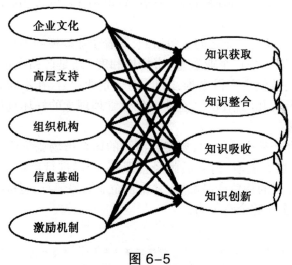

图 6-5

当前,整个社会已经进入知识经济时代,知识管理是市场经济发展的一种必然趋势,不仅仅是一种时尚,更是一门重要的管理学知识和管理理念,在体育产业经营管理过程中,知识管理要求企业对经营和管理活动中的体育资源(包括人力资源、财力资源、物力资源)及生产流程和营销系统等,实现信息化、网络化管理。在体育企业内驱力的不断作用下,使企业不断获得知识、整合知识、吸收知识、并进行知识创新,在获取知识和进行知识创新的过程中提高企业的经营管理效率和效果。[①]

（四）绿色管理

环保是当前人类社会发展的重要课题之一,随着人们环保意识的日益增强,人们对绿色消费的要求也越来越高。体育产业的发展也必须坚持绿色发展的道路,不断开拓绿色消费市场,实施绿色管理。

体育发展与环境保护之间有着密切的关系,尤其是体育赛事的举办会带来一系列的环境问题,如场馆占地问题、交通拥堵问题、生产生活垃圾堆放、人群密集所产生和引发的空气噪音等的污染等。目前,绿色发展已经成为体育发展的一个重要内容。体育产业的经营与管理自然也离不开环保这一课题。

具体来说,在体育市场竞争中,体育企业的绿色管理主要包含了绿色生产经营思想、产品开发、生产过程、技术保证体系等内容。建立绿色管理体系,必须强化绿色消费与市场竞争理念,不断提高经营管理的科技水平,改善经营,实现体育产业资源的合理利用与优化配置。

（五）再造管理

再造管理与绿色管理是一脉相承的,二者都重视资源合理利用和配置,科学理解再造管理应认识以下几点。

（1）再造管理的核心:满足消费者需求,全面按订单制造。

（2）再造管理的目的:建立和完善企业的信息流、资金流、技术流、物流等的运行机制,使企业的经营与管理活动与市场充分结合,形成一个全新的流程。

（3）再造管理的目标:实现企业效率、质量与个性化需求的整合目标。

在体育市场中,将再造管理引入于体育产业经营管理,其重点意义在于重视体育消费者的体育消费需求,尊重市场规律,避免资源浪费。

---

① 杨俊祥,和金生.知识管理内部驱动力与知识管理动态能力关系研究[J].科学学研究,2013,2(31).

（六）非平衡管理

传统经营管理理念认为，经营与管理者的主要任务应是寻求平衡管理。实际上，在市场竞争过程中，任何一个企业在经过一段时间的发展后，一旦进入"平衡"阶段就会出现效率低下、企业内部活力下降的问题，并很快被其他企业超越。

在全球化经济一体化的背景下，体育市场经营与管理者必须始终保持发展和动态的眼光看问题，在经营管理中不断突破和创新，积极地不断寻求合理有序的非平衡结构，而不是一成不变、墨守成规。

（七）风险经营管理

市场竞争总是存在各种风险，就我国体育市场来讲，企业之间面临着相互竞争和被吞并、兼并的威胁，在对外市场打开后，我国体育市场面临着与国外企业相互竞争中生存和发展的各种问题，国外企业的涌入使得我国现代企业承受的风险越来越大。

总的来看，在现代市场竞争激烈的体育国际化大环境和背景下，企业必须立足市场，适应市场，并在经营管理过程中树立风险经营理念。体育企业必须树立风险经营理念，才能更好地降低企业经营风险，获得发展。①

第二节　体育产业经营与管理的环境分析

体育产业经营管理环境不仅指体育管理组织的内部环境，还包括了政治、经济、文化、法律、自然等外部环境。不同外部条件下的体育管理组织，其管理主体、管理客体以及管理目标的性质也会存在一定差异，同时，这些外部环境还对体育经营管理方式的选择和运用发挥着决定性的作用。这里重点对体育产业经营与管理的外部环境，包括宏观环境和微观环境进行详细分析。

---

① 李岚.试论现代企业经营管理新理念[J].经营管理者，2016（6）.

一、体育产业经营管理的宏观环境分析

（一）经济环境

体育产业经营管理的经济环境是影响体育企业经营的最直接、最基本的因素。具体是指体育企业经营过程中所面临的各种经济条件、经济特征、经济联系等客观因素。

此外，体育产业经营与管理的经济环境还必须考虑国际体育市场的发展。加入 WTO 之后，我国的体育产业发展也面临着巨大的挑战，一方面，国外各类体育企业的大量涌入，对我国的民族体育企业产生了强烈的冲击，会减少我国体育企业的国内市场份额；另一方面，国内体育企业的竞争力较弱，难以大规模进入国际市场。我国的体育产业面临着巨大的困难与挑战，对此，我国体育企业必须充分了解国际体育市场经济发展现状、特点与规律，认清自己发展的特点与优势，取长补短，适应国际体育市场竞争。

（二）政治环境

体育产业经营管理的政治环境包括一个国家或地区的政治制度、体制、方针政策等方面。它可直接影响到体育产品生产企业的管理政策、影响到体育企业的经营行为、影响体育企业较长期的投资行为等。

近年来，我国十分重视体育事业的发展，政府对体育企业的政策优惠和支持力度不断加大，随着体育产业的发展，越来越需要政府在体育产业发展过程中进行宏观调控和市场监管，以制定相应的体育发展政策，确立主导性体育产业，并通过主导性体育产业带动我国整个体育产业的发展。

（三）法制环境

市场经济是建立在充分竞争的基础之上的，只有通过竞争才能实现资源的合理配置。为了创造平等的竞争环境就必须制定相关的法律法规来限定行政部门的权限，保障各投资主体应享有平等的权利，监督各主体义务的履行。只有这样，才能极大地调动体育经营活动主体的积极性，使得在获得自身最大利益的同时关注整个体育事业的发展。

（四）自然环境

体育产业经营管理自然环境因素主要包括自然地理、人口等因素，它

决定着体育企业经营的内容和效益。

（五）社会文化环境

体育产业经营管理社会文化环境是指一个国家或地区的民族特征、价值观、文化传统、宗教信仰、教育水平、风俗习惯、社会结构等情况。它会对体育劳务及产品的生产和消费产生广泛的影响，从而影响体育企业的经营管理行为。

在我国，体育既是一种事业，又是一个产业。从体育产业发展得最高价值目标来看，发展体育产业的根本目的在于增强国民的身心素质和国民的福利，满足国民身体健康和身心愉悦的需求。这也是近年来我国大力推动全民健身运动发展的重要原因，全民健身热潮为我国体育产业各类企业的发展提供了一个广阔的发展空间和消费市场，对于促进我国体育产业的发展具有重要促进意义。

（六）科技环境

科技环境是体育企业经营总体环境的一个重要组成部分，体育生产经营的科技环境不仅影响体育经营企业的内部环境，而且直接影响经济环境和社会环境。

对于政府来讲，要想整体提高我国体育产业各类企业的整体竞争力，促进体育经营企业经营方式从粗放型转到集约型，关键要靠科学技术，因此，营造一个良好的科技环境对体育经营企业来说至关重要。

对于各类体育企业来讲，在经营管理过程中要有创新意识。体育产业经营单位要在竞争中求得生存和发展，必须经常了解科学技术发展的新动向，研究和掌握新技术、新工艺、新的体育消费项目，才能在竞争中保持竞争优势。

二、体育产业经营管理的微观环境分析

和宏观环境相比，体育产业经营管理的微观环境对体育企业经营的影响更为直接，而且其中一些因素是体育企业可控的，因此，更应该受到体育企业经营管理者的重视。

（一）体育市场构成

对于体育产业经营管理者来讲，要科学经营与管理，必须首先要了解体育市场构成（图6-6），并对体育市场构成要素及其之间的关系有一个

清楚的认识,以便于更有针对性地实施经营管理决策。

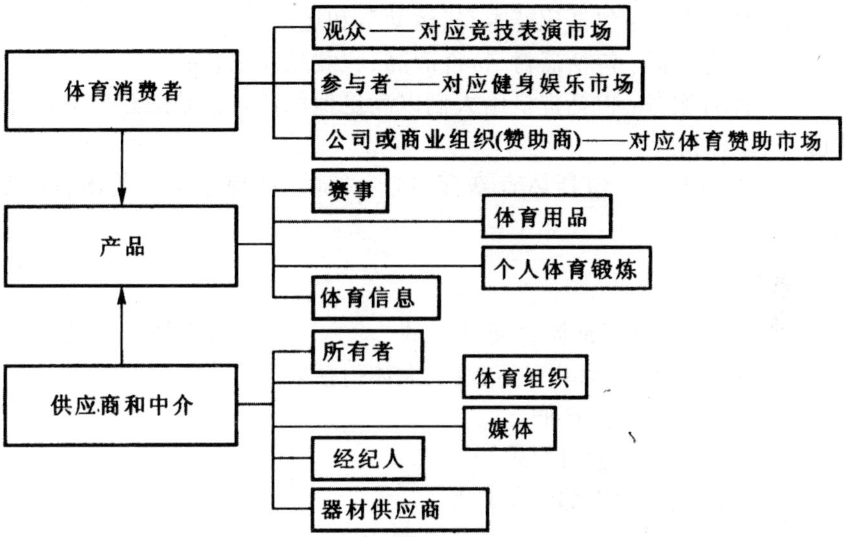

图 6-6

1. 体育消费者

体育消费者是体育交易中的"买方",是体育市场营销的对象。体育消费者是指购买体育产品或服务的人。主要包括以下几种类型。

（1）实物型体育消费者：购买运动器材、运动服装的人。

（2）观赏型体育消费者：观看体育比赛、体育表演的人。

（3）参与型体育消费者：参加体育锻炼、接受体育技术培训指导的人。

此外,在体育产业中,很多公司或商业组织是以体育赞助商的身份加入进来的,作为消费者,它们是用货币或产品或服务做交换,以获得体育赛事的冠名权或其他能带来商业利益的权益。关于体育消费者将在之后详细介绍,这里不再赘述。

2. 体育产品

在体育市场中,体育产品是体育消费者满足需求的载体,具体是指体育生产者提供给体育消费者用于价值交换物（或服务）。

体育产品具有一定的特殊性,人们参与体育重视体育活动过程中的身体参与、情绪情感体验,因此,人们购买体育产品不仅仅是要拥有这样一件产品,而是通过使用或展示该产品来获得休闲娱乐的感觉、健康的生存状态、团体归属感和社会地位的优越感。因此,针对体育消费的这一性质,只要是能给体育观众、参加者、赞助商带来好处而设计的实物、服务或两者的结合都可以成为体育产品。当前,体育产品主要分为以下四类。

（1）体育赛事：包括比赛本身、运动员和运动场。

（2）体育用品：包括器材、特许商品、收藏品和纪念品。

（3）体育服务：包括提供给人们以满足他们体育活动的健身中心、健康服务、体育指导。

（4）体育信息：包括体育新闻、统计资料、日程以及有关体育的故事等。

3. 体育产品供应商

体育产品供应商是体育交易中的"卖方",是体育市场的经营主体,也是体育市场营销活动的主导者,它大体包括以下几类。

（1）体育器材的生产商。

（2）体育场馆或健身娱乐场所。

（3）运动员或俱乐部的所有者。

（4）协会或联盟在内的各种体育组织。

（二）体育市场供需

体育经营与管理离不开对体育市场的分析,而体育市场供求是直接影响体育经营与管理者市场决策的重要原因,当前,研究体育市场需求状况及变化状况对改善体育产业经营管理和提高体育产业经营的效益,具有非常重要的意义。

目前,我国社会经济的发展以及人们购买力水平的提高使得市场经济已经进入了买方市场,体育消费的需求成为体育企业的重点关注内容,随着消费者需求的不断增长,企业的市场发展也在不断转变方向。

1. 体育市场供给

在体育市场中,影响市场供给的因素主要有以下几种。

（1）生产者的预期

生产者的预期是影响体育消费产品生产的一个重要因素,具体表现在以下两个方面。一方面,如果生产者对未来的预期看好,产品的价格会上涨,产品的供给量会上升；另一方面,如果生产者对未来的预期是悲观的,商品的价格会下降,在生产中也会适当减产。这种预期是否科学取决于企业经营与管理者对体育市场的科学判断。

（2）生产成本

经济规律指出,在产品自身价格不变的条件下,生产成本与产品供应量成反比,如果生产成本上升,就会减少利润,从而使得产品的供给量减少；反之，则会增加利润，使得产品的供给量增加。在体育运动中，某些运动项目的投入成本很高，它的供给量必定是有限的，如 F1 赛车占地总面积需要 53 平方公里，赛车场区需要 2.5 平方公里，赛车场区的投资需约 26 亿元人民币，一个赛车场总投资大概需要 50 亿元人民币。这样高昂的投入使得此类体育运动的供给量极少。反之，体育服装和大众体育器材的生产成本较低，但其市场需求量大、市场供应量自然也大。

（3）产品价格

产品价格与体育企业产品的生产量之间也具有密切的关系，二者呈正比例关系。一般来说，体育相关企业都喜欢价格高的产品，产品价格越高，生产者提供的产量就会越大，反之，当产品价格较低时，生产者认为无利可图，就会降低产量。

（4）生产技术水平

生产技术促进生产力的发展，在一定程度上降低企业的生产成本，技术的提高有助于降低成本，增加生产者的利润，因而生产者就更愿意提供更多的产量，这也是机械制造体育用品不断取代手工制造体育用品的重要原因。

但是，需要特别指出的是，生产技术的提高需要一定的资金投入，在体育奢侈品消费中，技术的提高往往会给消费者带来新的消费体验，产品和服务的价格因此也不会降低。

（5）相关物品价格

这里所说的体育产品的相关物品主要包括两大类，一是联合副产品，二是其他相关产品。是为了满足人们精神需求的产品，体育产业经营者在生产过程体育产品的过程中，会生产许多副产品和相关产品，如新闻、竞赛名称、指定产品等属于副产品；体育文学艺术、体育休闲娱乐等属于相关产品。这些产品的价格也会影响体育产品和服务的价格。

（6）政府行为

政府在体育市场中具有重要的宏观调控功能，土地、税收等政府政策对体育产品的供给曲线会产生重大的影响。如相关税费的增减会影响企业的生产成本发生变化，进而会影响企业对某一些产品的市场供应。

2. 体育市场需求

体育市场需求是指消费者在一定时期内，愿意而且能够购买体育产品的数量，是既有购买欲望又有购买能力的有效需求。简言之，体育市场需求就是消费者对体育产品的购买量，影响消费者购买体育产品的因素主要有以下几个。

（1）体育产品价格

价格是影响消费者购买商品的重要因素,在市场经济条件下,一般来说,产品价格与消费者需求成反比,即一种体育产品的价格越高,该产品的市场需求量就会越小,相反,价格越低,需求量就会越大。当然存在部分消费者喜欢高消费的情况,但此类情况属于少数。

（2）消费者收入水平

收入水平是影响消费者的购买力的决定性因素,一般的,当消费者的收入水平提高时,会增加对体育产品的需求量。反之,当消费者的收入水平下降时,就会减少对体育产品的需求量。这主要是因为体育消费属于发展性消费而非必需性消费。

（3）消费者偏好

消费者的偏好是影响消费者购买量的又一重要因素,当消费者对某种产品的偏好程度增强时,该产品的需求量就会增加,相反,当偏好程度减弱时,需求量就会随之减少。例如,足球、篮球、乒乓球、羽毛球等项目在我国的群众基础广泛,消费者偏好程度也高,企业的此类市场需求就大。

（4）体育市场规模

市场规模与市场大小密切相关,所谓市场大小,具体是指市场的边界,它既包括地理边界又包括产品范畴。从地理边界看,城市的健身市场要比城镇的健身市场大;从产品范畴看,足球项目的市场要比排球项目的市场大。总之,市场越大,市场需求量就越大,反之,市场越小,市场需求量就越小。体育经济学研究表明,体育市场规模越大;则体育市场（需求量）就会越大,相反,体育市场规模超小,则体育市场（需求量）就会越小。

（三）体育产业资源

体育产业资源,尤其是体育产业经营单位的内部资源包括人力、物力、财力等,这些资源是体育企业经营活动成败的必要条件之一。

资源的配置会影响企业的经营管理成本与效率,对于体育企业经营管理者来讲,协调企业内部的人力资源、物力资源、财力资源的优化配置,有利于实现企业经营和管理效益的最大化。

（四）体育产品消费者

体育产品消费者的消费水平可以表明一定时期内人们体育消费需要的实际满足程度。换句话说,体育产品消费者的消费水平反映人们实际消费的体育消费品数量的多少,以及体育消费品质量的高低。因此,体育产品生产经营企业可根据一定时期内消费者体育消费情况来及时地调整自身的生产经营。

这里重点对体育产品消费者的购买行为和产品选购影响因素分析如下,这是企业经营和管理者必须充分了解的市场信息和重点内容。

1. 体育产品消费者的购买行为类型

研究体育产品消费者对经营管理者的科学决策具有重要的参考。现阶段,据体育消费者的个性特点和购买动机划分,体育消费者的购买行为主要有四种类型,即经济型、习惯型、感情型和理智型(表6-2)。

表6-2　体育消费者购买行为类型

类型	购买行为	特点
经济型	购买时只重视价格与实用性,不讲究产品的外形和包装,对产品质量无较高的要求,往往价重于质	价格是影响其购买行为的决定性因素
习惯型	只习惯于购买自己比较熟悉和了解的品牌、偏爱一种或数种品牌	在消费者心中有良好的产品形象往往能成为消费者偏爱或习惯购买的对象
感情型	出于感情动机而产生的购买行动	产品具有强烈的感染力;购买本产品可获得健康和安全;此产品是地位与权威的象征等都能引发消费者的购买欲望和购买行为
理智型	经过冷静思考,从体育产品长期使用的角度出发,经过一番深思熟虑之后做出的购买决定	理智型购买者在做出购买决定前通常会考虑到以下几个因素:本产品是否质价相当;是否超过自己的开支预算;产品可带来的最大效用性等

2. 体育消费者产品选购影响因素

(1)经济收入

经济收入是影响体育消费者产品选购的最直接因素,个人和家庭经济收入会强烈地影响到每个消费者的消费水平和消费范围,并决定着个人的购买能力和消费模式。经济状况好,消费者就有足够的实力从事体育消费,反之则不同。

(2)个性爱好

个性爱好关系到体育消费者对体育产品的忠诚度,也会直接影响体育消费者的购买行为,具体来说,个性是指一个人特有的心理素质和素养,通常可用自信、自主、顺从、保守等性格特征去描述。爱好则指体育消费者在从事体育消费活动中,对某些体育商品产生的一种偏爱。了解这些有助于体育企业经营和管理者科学进行市场定位。

（3）职业水平

体育消费,尤其是休闲体育消费具有一定的阶层特点,如白领阶层、脑力劳动者等对保龄球、高尔夫球等体育消费项目比较感兴趣,他们的体育行为不仅仅是满足体育需求,还要满足交际的需求;而体力劳动者则比较钟情于各类运动竞赛、体育表演等及服务产品。总之,不同职业的体育消费者,其对体育商品的选择不同。

（4）文化水平

文化水平也会影响体育消费者对某一类体育产品的选购,一般来说,文化程度较高的体育消费者,往往会选择高雅朴实、精神消费性较强的体育商品或消费方式;而文化程度较低的体育消费者,则较多地选择实用性较强的体育商品或消费方式。

（5）企业因素

作为体育市场营销的主体,体育企业的某些行为(如广告、促销等)也会受到体育消费者的关注,进而影响体育消费者对体育产品的选购,具体分析如下。

①企业形象:体育企业的自身形象是品牌建设的重要内容,是企业综合软实力的重要表现,具有良好形象的体育经营单位,其产品更容易得到体育消费者的信赖和偏爱;反之,消费者则会对其产品产生抵触情绪,使经营单位失去体育市场。

②体育产品形象:体育产品形象是体育经营单位形象的具体体现,其形象的好坏直接影响到体育产品的销路,如体育产品定位与消费者经济收入、职业特点、个性特点等是否相符;体育产品是否符合消费者的需求和喜好等。

③产品配套服务:体育产品或服务的营销过程,会伴有一定的服务,销售服务工作的好坏不仅关系到体育经营单位的地位和形象,还在很大程度上决定着体育消费者是否重复购买,培养消费者的品牌忠诚度,决定着目标市场的存在。具体来说包括售前服务、售中服务和售后服务三个部分。

（6）相关群体因素

体育消费者相关群体(包括个人和组),对体育消费者的体育产品或服务选购也具有一定的影响(包括直接影响和间接影响),这些相关群体是影响体育消费者行为的重要因素,甚至可能是决定性的因素,如社区体育组织所进行的体育项目宣传会在一定程度上影响消费者在短期内对该类体育项目的相关产品购买。

第三节　体育产业经营与管理的发展战略

一、我国体育产业经营与管理面临的良好契机

进入 21 世纪以来,体育产业已经逐渐发展成为推动我国经济持续增长的新生力量,我国的体育产业经营与管理的宏观与微观环境正在不断发生着变化。现阶段,我国体育产业发展面临着新的机遇与挑战,这些宏观因素和微观因素都将对体育产业经营与管理者的科学决策产生重要影响。

当前,我国体育产业市场表现出良好的发展态势,这里对我国体育产业市场经营与管理的良好契机重点分析如下。

（一）稳定扎实的经济基础

21 世纪的前十年,我国经济保持了较快增长的势头,专家预计,在 2000—2020 年,我国经济发展的平均潜在增长速度可达 7.3% 左右,GDP 则仅次于美国,居世界第二位,整体来看,我国体育产业有着良好的经济发展基础。[①]

（二）日益完善的产业结构

从我国产业结构的不断调整来看,我国已经将经济发展的重点逐渐转向了服务业,即第三产业。第三产业所占的比重将呈现持续的、逐步提高的态势,这从总体上有利于体育产业的发展。

（三）良好的社会文化环境

随着我国人口总数及我国劳动力总量的不断增长,以及我国进入人口老龄化社会,增加就业是我国社会经济需要解决的一个重要课堂,作为第三产业,体育产业发展能创造更多的就业机会,是完善我国经济社会发展的一个重要的发展取向。

此外,随着我国城市化进程将不断加快,城市人口将有较大的增加。

---

① 吴超林.体育产业经济学 [M].北京:高等教育出版社,2004.

加之人们开展重视健康和生活水平的提高,积极地投身于体育消费,以提高自身的身体素质、健康水平及抗病能力,从而极大地增加社会对体育产业消费的市场需求。这对体育产业的发展,尤其是在启动体育消费、拓展体育市场方面有着十分重要的推力和助力作用。

（四）不断增长的市场需求

从政府方面来看,闲暇时间的不断增加和假日经济的初步繁荣,特别是政府鼓励及扶持闲暇产业及闲暇消费各项政策的出台,将开辟体育消费的新领域。从社会体育人口不断增加来看,随着"全民健身计划"第二期工程的启动与实施,大众的体育意识将不断增强,我国的体育人口将不断壮大,社会对体育产品的市场需求也将不断增加,能够有效拉动体育消费,体育产业经营与管理者应该抓住这个良好的发展机会。

二、我国体育产业经营与管理的科学化发展策略

伴随着全球经济一体化的趋势,现代体育产业正越来越多的走向国际化经营,体育市场经济是开放型经济,也是公平竞争经济,不管主观上是否做好准备,如果不能及时从战略的高度制定体育产业经营与管理发展战略,尽早与国际接轨,并不断提升我国体育产业的综合竞争力。

（一）坚持科学化发展理念

现代体育产业经营与管理必须坚持科学化的发展理念,树立品牌意识、服务意识、创新意识,协调处理好体育产业与体育事业之间的关系,以及体育产业内部各要素之间的关系。

现阶段,我国体育产业发展在国际竞争中取得了一定的成绩,如我国已经发展成为世界体育生产制造的第一大国,但要想实现体育强国的战略目标,还有很长的一段路要走,这就要求必须要坚持全面协调、科学化发展的理念,促进我国体育产业经营与管理的科学化发展。

（1）要促进体育产业经营管理与国家重大方针政策、经济建设、政治建设、精神文明建设等各个方面协调发展。

（2）在体育产业经营与管理发展过程中还要注重大众体育、学校体育和社区体育的共同发展。

（3）重视体育产业经营与管理过程中的技术创新、组织创新,建立良好的企业形象与品牌文化。

（二）重视政府的宏观调控

一个国家、地区或行业的政府领导是推动该国家、地区或行业可持续发展的第一位力量。如果没有政府部门的鼎力支持，可持续发展的实践会有效地运行起来。加强政府对体育产业经营与管理的宏观调控是体育产业经营与管理可持续发展战略的重要内容。

现阶段，发挥政府在体育产业经营与管理科学化发展中的宏观调控作用应做到以下几点。

（1）政府依靠完善的法律体系、政策体系、行业法规和强有力的执法监督，建立体育产业经营与管理科学化发展的综合决策机制和协调管理机制。从整个体育事业发展的全局出发，综合运用法律、政策等各种手段把体育产业中的微观活动进行宏观调控，使之符合体育产业发展的目标，保障体育产业持续、稳定、高效、健康的发展。

（2）政府通过制定倾斜性政策和措施提供产业导向，吸引社会各界力量参与或独自开发体育产业，打破部门、行业、所有制、地域界限，为体育产业注入资金，建立多元化的投资渠道。

（3）政府应制定体育产业发展战略和规划，优化体育产业结构，克服市场资源配置过程中可能出现的弊端。

（三）完善社会体育法制建设

社会经济的发展和社会文明程度的提高，使得法制社会的建设成为一个必然趋势，社会的发展与进步，我国建设社会主义法治国家的进程正在加快，依法治国成为我国的治国之本。

国家法律体系的逐步建立与完善，有助于促进各种体育政策、法规体系将会更加完善，同时能有效加快体育活动自身的法制建设，社会体育活动的开展将有法可依、有章可循，人们的体育权利将得到法律的有力保障，人们的体育法制意识、维权意识将不断增强，从而为我国体育产业的发展创造一个良好的社会法制环境。

（四）提高体育企业自治能力

当前我国体育产业发展迅速，各类体育企业如雨后春笋层出不穷，这些企业共同构成了体育产业市场的主体，是体育产业化经营开发的重要细胞组织。与可持续发展相适应的体育产业经营与管理组织应该是追求内部经济性和外部经济性双重目标的组织。体育产业经营与管理的可持续发展，应该在观念层次上建立公正为本的发展理念，为企业自身和竞争者创造良好的竞争环境,这也是规范企业行为,将经营管理重点放在产品技术革新、企业组织结构完善的正确道路上的重要和有效途径。

提高体育企业自制力、创造良好竞争环境、规范科学竞争途径,应重视以下三个方面。

(1)企业在自身建设方面要注意与产业化经营开发的竞争环境之间的公正。

(2)注意与他人和其他竞争者之间的公正。

(3)注意与后人之间的公正。

(五)有组织地开放体育场馆

体育场馆是我国体育产业的重要组成部分,我国体育场馆在自我经营管理方面还存在许多不足之处,自我造血能力不足。

目前,我国大部分的体育场馆都对外开放,不论是收费的、不收费的,参加体育活动的人很多,但大都是自由锻炼者,无计划、无组织,在很大程度上造成了体育场馆场地资源和设备、器材资源的浪费。针对此类普遍现象,应加大宣传力度,重视对体育场馆在赛事举办之余积极开展各种社会文化活动,增加体育场馆收入,并将体育场馆的体育活动由自由组合型转变为有组织、有计划型,使广大群众有一个较为稳定的运动项目、有一个固定的健身活动场所,保证体育场馆的长期、持续增收营利。

(六)优化体育物力和财力资源配置

1.树立资源集约配置意识

体育产业经营与管理者应充分认识到,"以经济建设为中心"不等于"以速度为中心",要改变粗放式体育发展思路,避免盲目地追求体育场管规模和金牌数量,低水平重复建设或重复劳动,要重视成本控制和收益调整,实现企业自身的良性调整、制度革新,避免体育物力和财力资源的浪费。

2.改革体育产权制度

资源配置和资源流转的本质就是产权交易,因此,必须明晰产权,建立和完善合理的产权制度,建立有效的市场交易平台,明确产权归属。避免体育产权交易的行政性垄断、交易双方信息的不对称、交易效率低下、产权交易不规范等现象。具体来说,应做好以下几方面的工作。

(1)促进体育产权清晰:明确不同产权主体的权利和责任,建立起有效的市场激励和约束机制,充分发挥体育资源配置的市场作用。

（2）促进体育产权流动：产权流动是产权交易的基础与前提，只有产权具备流动性，才能真正实现资源的优化配置，才能真正提高体育资源的配置效率。企业应在产权合理流动方面与政府积极协调并达成一致。

（3）促进体育产权主体结构多元化：体育产权主体结构多元化是衡量体育商业化和产业化的一个重要指标。目前，我国体育市场主体众多，为了促进体育资源产权主体的多元化，政府应大力鼓励非国有体育经济组织（企业）的发展，使更多的个体、私营以及外资等体育经济组织参与到体育资源配置中来，将体育产业的资源流动与配置及体育经济组织的经营与管理交给市场。

（七）重视体育人力资源培养与保留

体育人力资源管理（Sport Human Resource Management）是对体育人力资源的选拔、培养、使用等方面进行有效整合，以发挥人才价值，促进组织目标实现的过程。[1]

体育产业市场竞争激烈，而归根结底，企业之间的竞争最终取决于人才之间的竞争。在体育产业经营与管理中，体育产业经营与管理人才发挥着至关重要的作用，也是体育产业经营与管理中不可或缺的一个组成部分。不管是一个体育组织，还是简单的体育部分，其管理者的水平、素质高低，都将直接决定着这些组织和部门的人才的工作成效和发展前途。近些年，我国在体育管理人才队伍的建设上有了长足的进步，体育产业经营与管理人员的整体素质也得到了很大的提高。但相比于其他发达国家，我国在体育产业经营与管理人员的培养上还是存在较大差距的，而且在体育管理人才队伍中也存在不少问题。例如，人员思想素质不高、事业心不强，文化水平较低，专业基础较差等，对此，应重视做好以下两个方面的工作。

1. 重视体育人力资源的培养

学校教育是培养体育人力资源的重要类型之一，学校教育比较正规，注重理论，教学效果较好，学员和各种教育资料集中，可节省教育经费，经济效益也较好。我国专门的体育院校以及其他大学的体育类专业的教育均属于学校教育。

校外教育是直接面向人力资源市场的，针对性强，与就业直接挂钩，注重人力资源所在的劳动岗位的实际技能的培育，具有时间短、形式灵活的特点，能为社会提供大量的对口的体育人力资源，如社会体育指导员、

---

[1]　肖林鹏.体育管理学[M].北京：北京师范大学出版社，2011.

体育经纪人等。

在职人力资源的"继续教育"也是培养体育人力资源的重要和有效途径,就业后培育大多由体育组织和体育部门举办,一般包括新成员入职教育、在职人员养护教育以及在职人员提高教育等。

2. 重视体育人力资源的保留

体育产业经营与管理的科学化发展不仅要培养人才,还要留住人才,避免人才的大量外流,对此,应注意以下几点。

(1)提供适宜的物质待遇:市场经济条件下,经济收入的高低往往是一个人的地位、成就、能力、身份的象征,只有满足体育人力资源的物质需求,才有可能保证体育人力资源的保留。

(2)提升体育的社会地位:社会地位越高,职业声望也就越高,可带来的心理满足感、工作成就感、自豪感,会促进员工积极工作并不断增强自身的竞争力。

(3)事业发展留人:随着体育人力资源物质待遇层次满足的实现,体育人力资源会产生更高层次的需要,要想充分发挥其工作积极性、主动性和创造性,可以通过事业的发展来留住人才。

(4)以规范的制度留人:制度是用人单位之间存在区别的重要标志。某一部门和单位的用人制度、留人制度等是否优越于其他部门和单位,是决定其能否引得进人才,能否使用好人才、能否留得住人才的重要保证。

(5)以深厚的感情投资留人:增强人的归属感,通过人文关怀激发员工的内心情感,消除其存在的不良情绪,安心工作。

(八)经济效益和社会效益的有机统一

追求经济效益是体育产业经营与管理者决策和落实各种市场行为的重要目标和前提,但是,在体育产业的科学化发展过程中,必须重视体育产品和服务的特殊属性和功能,人们对体育产品(或服务)的需求,不仅有利于体质健康水平的提高,还有利于智力和情感的发展,同时,还有助于人们道德情操的培养,具有重要的社会发展价值,因此应坚持把社会效益放在首位,力求实现体育产业的社会效益和经济效益二者的有机统一。

(九)坚持继承借鉴和创新的相结合

我国体育产业化起步较晚,和体育产业发达国家相比水平不高,我国体育产业经营与管理还处于一个摸索和探索的阶段,经过几代人的努力取得了一些进步,但也存在许多不足。

　　新时期,体育产业经营与管理的科学化发展,应结合我国市场经济发展的客观规律和基本国情,继承我国体育事业的成功模式,大胆创新并吸取国外成功经验,并结合企业自身发展特点与条件,寻求一条既符合社会主义市场经济体制的客观要求、又符合体育产业自身发展规律的科学化发展道路。

第七章 体育俱乐部的发展及经营管理研究

如今,各种类别的体育俱乐部都在朝着专业化的方向不断发展,体育俱乐部的数量与规模也在不断增长。而体育俱乐部是体育产业的重要组成部分,推动体育俱乐部的科学经营与管理对于我国体育产业的发展具有非常重要的意义。体育俱乐部的形式多种多样,本章将主要对职业体育俱乐部、商业健身体育俱乐部以及青少年体育俱乐部的发展与经营管理进行研究。

第一节 职业体育俱乐部的发展与经营管理

一、职业体育俱乐部的发展

（一）国外职业体育俱乐部的发展

在 20 世纪 70 年代之前,职业体育主要是在美国、英国等西方发达国家开展,其他国家尽管也不同程度地开展了职业体育,但由于社会经济条件的制约而发展缓慢。长期以来,以国际奥委会为代表的国际体育组织对职业体育所采取的都是隔离、歧视和排挤政策,大多数职业体育项目无国际组织,局限于国内的活动空间,只有网球、足球、拳击、高尔夫等个别项目的职业化超过国家或地区的范围。20 世纪 80 年代开始,国际奥委会对职业体育的态度有了根本性转变。1980 年,国际奥委会从《奥林匹克宪章》中把"业余原则"的规定删除;1986 年至 1989 年期间,足球、田径、马术、冰球、网球、篮球等国际体育组织先后允许职业运动员参加奥运会。随后,一些项目的职业运动员参加了奥运会,标志着职业体育已开始被纳入奥林匹克运动体系,成为国际体育运动的一个重要组成部分,这在很大程度上促进了职业体育的发展,使职业体育成为竞技体育发展的新趋势。

（二）我国职业体育俱乐部的发展

从新中国成立到 20 世纪 80 年代,我国的竞技体育管理模式一直采取的是政府体育行政主管部门直接管理的方式,高水平的竞技体育主要由国家体委和各省市体委的体工队来运作。因此,我国在这一时期只有高水平运动队而没有高水平的职业体育俱乐部。发展到 20 世纪 80 年代中后期,虽然在我国的体育界中出现了一股运动队与企业"联姻"的热潮,但是这一时期体委与企业联办往往是省长、市长或部长从中撮合,其主要目的也是为了解决各级体委办队经费不足的问题,企业出资的主要目的并不是希望从运动队获得回报,而是想要从政府方面获得各种各样的优惠政策。因此,这一时期我国仍然没有真正意义上的职业体育俱乐部。

1992 年,国家体委召开了研讨体育体制改革的中山会议,在会议之后发布了《关于深化体育改革的决定》,提出体育改革的总目标:"改变原来在计划经济体制下,单纯依靠国家和主要依靠行政手段办体育的高度集中的体育体制,建立与社会主义市场经济相适应的,符合现代体育运动规律,国家调控,依托社会,有自我发展活力的体育体制和良性循环的运行机制,形成国家办与社会办相结合、集中与分散相结合的格局。力争在 20 世纪末初步建立具有中国特色的社会主义体育新体制。"体育改革的基本任务是实现体育的生活化、普遍化、科学化、社会化、产业化和法制化,提出竞技体育要推进运动项目协会实体化,以足球为突破口,部分项目向职业化过渡,逐步与国际惯例接轨。

1992 年 6 月,在北京红山口召开全国足球工作会议之后,足球项目率先进入以"体制改革与机制转换为核心,以协会实体化、俱乐部制和产业开发为重点"的历史阶段,并成为整个体育改革的突破口。1993 年,大连、上海、广州等 11 个足球试点城市以体委与企业联办的形式建立了职业足球俱乐部。上海大众汽车有限公司、广东健力宝有限公司、广州奇星药业厂等第一批企业投资足球俱乐部,投资金额都超过百万元,有的高达数百万元,注册资金达千万元。同年,中国足协尝试举办了首次采用主客场制的中国足球俱乐部锦标赛;对各俱乐部和半职业、职业运动员及教练员实行了注册登记;讨论并颁发了《中国足协俱乐部章程》《中国足协章程》《关于人才交流的若干规定》《关于竞赛管理的规定》等法规性文件。这些文件涉及俱乐部会员制度、转会、运动员工作合同、比赛许可证、注册、保险制度以及俱乐部财务管理制度等方面。根据这些制度,职业足球俱乐部的性质为具有独立法人资格的经济实体或具有相对独立法人资格的事业实体;用运动员合同来体现社会主义市场经济条件下俱乐部与运动员之间的关系,明确"运动员以自己的技能作为有价商品投入足球市场,这种特殊商品的价值,以运动员个人在比赛中的影响力和实用技能高低为尺度";利用运动员转会作为俱乐部运作机制转换,增强内在发展动力的重要手段,制定转会规则与转会费计算办法,实行有限度地转会,如每一赛季允许国内转会人员最多为 5 人,吸收国外转会人员最多限定注册为 5 人,上场 3 人;设置俱乐部会计机构,建立财务制度,制定俱乐部资金筹集、利润与分配以及终止清算等规定;制定运动员保险、赛场观众意外伤害保险等制度。这些制度的建立与实施标志着中国职业足球俱乐部开始走上了与专业运动队有本质区别的崭新的发展轨道,也反映出在社会转型期的历史条件下推行职业体育俱乐部制是一项极其艰苦的制度创新。

以推行职业足球俱乐部制度为突破的足球体制改革,是对传统竞技体育体制的根本性改革与机制转换,它与以往的体制相比发生了非常明显的变化,主要体现在:以职业俱乐部为基础的足球管理体制初步建立;足球训练和组织体制发生了根本性变化;初步建立了相对完整的竞赛体制;足球产业和市场开发初见成效;有可以遵循的一定的规章制度;运行机制发生了深刻变化。先行一步的足球俱乐部,尤其是甲 A 足球俱乐部,在 7 年努力中所取得的成功与教训,事实上已成为我国其他运动项目推行职业俱乐部过程中极其可贵的经验和依据。

二、职业体育俱乐部的组织机构

职业体育俱乐部作为职业体育最基础的形式,对其经济实体的要求是具备法人资格,可以独立承担民事责任,因此职业体育俱乐部具有一定的组织形式与结构。

(一)国外职业体育俱乐部的组织机构

在大多数情况下,职业体育俱乐部的组织结构是其董事会,由俱乐部主席领导,俱乐部总经理负责管理运动员、财务部、经营部、办公室等,俱乐部总经理对董事会直接负责。职业体育俱乐部的组织结构会受到国情、项目特点、俱乐部规模与性质等因素的影响,因此这些不同的影响因素会使得俱乐部在组织结构上有所不同。

在国外的职业体育俱乐部中,董事会一般是由投资者或者代表组成,当俱乐部遇到重大发展问题时也由投资者或者代表进行相关决策。职业体育俱乐部的主席由董事会进行指派或推选。在大多数情况下,出资最多的一方担任主席,或者由其指派或推选相应人选。董事会聘任总经理的主要目的是让总经理负责和管理职业体育俱乐部的日常事务与经营。国外职业体育俱乐部也会设立主管具体业务活动职能部门,这些具体业务活动职能部门由总经理直接负责。

（二）我国职业体育俱乐部的组织机构

具体来讲,我国职业体育俱乐部主要包括以下三种组织形式。

1. 股份有限公司

股份有限公司这一类形式职业体育俱乐部的设立是以《公司法》的有关规定为依据进行的。

2. 有限责任公司

有限责任公司这一类形式职业体育俱乐部由一家企业一次性出资从体育行政部门买断运动队以及相关场地设施而独资组建的。

3. 政企联办型

我国竞技运动项目由之前的专业队专项职业队的过程中最常见的一种模式就是政企联办型的职业体育俱乐部。虽然我国的职业体育俱乐部存在多种不同的组织形式,但是这些形式在管理方面是较为一致的,即按照董事会—董事长—总经理—职能机构来对俱乐部的组织机构进行设置。

三、职业体育俱乐部经营管理的内容与方式

（一）职业体育俱乐部经营管理的内容

一般来讲,职业体育俱乐部经营管理的内容主要包括冠名权经营、广告权和电视转播权等无形资产的经营、观众产品经营、门票经营、商业性赛事经营、运动员转会六方面的内容,下面就对这些经营管理的具体内容进行分析。

1. 冠名权经营

职业体育俱乐部经营内容中最主要的一项内容就是冠名权经营。在当前阶段,我国各项目职业俱乐部冠名权转让收入一般都占到俱乐部经营收入的 50% 以上,中超足球俱乐部除了对俱乐部冠名权进行开发利用之外,还对城市冠名和球队冠名经营进行了进一步的开发与利用。从根

本上来讲,冠名权经营其实就是职业俱乐部对冠名赞助商进行寻找的过程。开发与利用以及经营冠名权的过程和技巧基本上等同于体育组织对赞助商进行寻找的过程及运作技巧。

2.广告权、电视转播权等无形资产的经营

职业体育俱乐部经营的重要内容中包括广告权与转播权的经营,其主要原因具体表现在两个方面:一方面,由于职业体育俱乐部中重要无形资产主要是转播权与广告权;另一方面,职业体育俱乐部的主要收入来源中,广告与转播收入是重要来源之一。

职业体育俱乐部对无形资产如广告权和电视转播权进行转让离不开体育转播媒体(包括广播、电视、互联网等)的发展这一基本的条件。在当前阶段,我国体育电视转播的主要机构见表7-1。

表7-1　中国体育电视转播的主要机构

类别	机构
国际转播机构	卫视、ESPN、NBC、BBC
全国性转播机构	中央电视台
全国性体育转播机构	中央电视台5频道
地方性转播机构	各省、市、区等地方电视台
有线电视体育转播机构	全国有线电视网、各地方有线电视台

职业体育俱乐部对于广告权和电视转播权进行转让,一定是一些有着深远影响力和广阔观众市场的比赛。将转播期间的广告时段出售给广告商是转播商的主要收入,一个节目是不是可以吸引足够多数量的观众是广告商对广告时段进行购买的重要依据。因此,如果职业体育俱乐部的比赛不具备足够的社会影响力,没有足够的观众参与其中,转播机构以及广告商就不会花费资金去购买广告权与电视转播权。

3.观众产品经营

观众产品经营是指俱乐部向观众提供产品和服务,其主要目的是让广大观众对俱乐部产生一种归属感。观众产品经营主要包括两方面的内容:一方面,包括酒吧、各类主题餐厅、会员俱乐部、训练营观摩以及咖啡店等服务性产品的经营生产;另一方面,包括纪念品、围巾、队服、鞋帽以及明星卡等生产和经营俱乐部标志产品。

观众产品的经营是对俱乐部财源进行拓展的一种重要渠道。此外,职业体育俱乐部品牌形象树立和对观众产生对俱乐部归属感进行引导需

要实行观众产品的经营。

4. 门票经营

在职业体育俱乐部的各项收入来源当中,门票收入是其中一项重要的内容。广大观众对于比赛的满意度也可以在一定程度上从门票收入方面反映出来,通过门票收入可以对俱乐部经营状况的优劣进行衡量,因而对观众的数量和门票收入情况进行研究是各职业体育俱乐部都非常重视的工作,而且俱乐部也会采取各种有效措施来吸引更多的观众观看比赛。这些措施主要包括将各种便利与服务提供给观众,对主客场制加以实行,创造各种有利条件使观众参与比赛,创造出更好的赛场氛围,对门票价格进行科学的调控,适当采取一些优惠的政策,让广大观众获得更加满意的体验。

5. 商业性赛事经营

商业性赛事经营是指俱乐部通过对联赛间歇期的利用,将运动队和队员组织起来,使其参加各种赛事,如表演赛、对抗赛等,通过参赛为俱乐部增加收入。商业性赛事的经营可委托给相应的经纪机构,俱乐部也可以自己经营商业性赛事,具体由市场开发部门进行负责。

在经营过程中还需要注意一些重要问题,具体应该做到:第一,尽量选择能够获得很高收益的比赛,对比赛收益的测算要引入机会成本的概念,争取以最小的成本获取最大的收益;第二,在安排商业性比赛时,要注意通过比赛能够促进俱乐部的影响力的提高,促进俱乐部社会形象的美化,促进对营销渠道及市场空间的拓展;第三,注意将比赛与训练的关系处理好。

总之,社会效益、经济效益以及球队备战三者之间的关系是俱乐部商业性比赛的经营中应该重点处理的一个问题,主要是为了获取最佳的综合效益。

6. 运动员转会

运动员转会的经营主要指的是俱乐部以自身经营目标和球队成绩的实际状况为根据,通过最合理的价格进行运动员买卖的经济活动。对于体育俱乐部而言,对转入或转出运动员价格的估算方法的掌握是运动员转会经营最重要的也是最需要考虑的问题,并以此为底价设计相应的谈判方案,尽可能以最合理的价格与俱乐部对方达成一致的协议。买卖出运动员的价格质量比是运动员转会经营的核心,就是根据体育俱乐部自身的实际情况,对应该转入或者转出运动员的质量水平进行确定,在使质量得到保证的前提下用最适宜的价格达成交易。

（二）职业体育俱乐部经营管理的方式

一般来讲，职业体育俱乐部的经营方式主要包括自营代理与委托两种方式。自营一般是指职业体育俱乐部对一切商业活动进行自主开发与经营，俱乐部主管市场开发的职能部门及俱乐部分支机构都可以担任经营的主体。而委托代理经营通常指的是中介机构代理经营俱乐部部分或者全部经营活动，中介机构是经营的主体，但是前提是被授权。

在发达国家，通过调查其职业体育俱乐部的经营状况发现，自营模式是欧洲国家主要采取的经营模式，自营和委托相结合的复合经营模式是北美职业体育俱乐部主要采取的经营模式。从发达国家职业体育俱乐部的发展趋势上来分析，大多数的职业体育俱乐部的经营方式都正在从自营方式向复合经营方式转变。造成这一趋势的原因主要包括以下几个方面：第一，职业体育市场的不断拓展；第二，职业体育俱乐部的商务活动不断繁忙；第三，营销方式和经营内容的创新对俱乐部经营业绩有一定的决定作用。

职业体育俱乐部通过委托的经营方式对自身的业务活动进行开展，主要是通过授权中介机构，从而使中介代理经营本俱乐部开发无形资产的经营活动，即俱乐部和中介机构有各自明确的分工，在此基础上充分发挥各自的优势，从而争取经营的最大效益化。因此，职业体育俱乐部要以自身的实际情况为客观根据，通过委托中介机构，使其代理经营部分有很强专业性的商务活动，这一经营方式具有很大的优势。

与此同时，职业体育俱乐部在采用委托这一方式进行经营时，可能会遇到的问题主要就是中介机构为了谋取自身的利益，而通过一些不恰当的方法或手段来对俱乐部的利益造成危害。这时，俱乐部就要通过以下两个方面来加以防范：一方面，要对中介机构做出慎重的选择，要全面考察与评估中介结构在行业内的声誉、业绩和资信情况；另一方面，签约谨慎。要对代理契约进行科学设计，对中介结构的权利、义务和违约责任进行明确，同时还可以根据中介结构的代理情况，对一些奖励条款进行设置，以加强对中介结构创造最大价值的激励与鼓舞，使其能够为了俱乐部的利益而发挥自己的优势。

四、职业体育俱乐部经营管理的模式

（一）一般经营管理模式

职业体育俱乐部与业余体育俱乐部两大类型是经常被提到的两种体育俱乐部形式，这两种类型体育俱乐部在本质上是存在着明显的区别的。另外，即使是同一类型的俱乐部，也会由于各方面如经营对象、社会环境、国家制度以及管理目标等的不同而产生不同的经营管理模式和方法，这些模式与方法各具特色，适用于不同的俱乐部。

三级经营管理体制是当前国际上比较常用的职业体育俱乐部经营管理模式。如图 7-1 所示，全国性质的项目协会在最上层，本国项目职业体育俱乐部联盟在中层，各地方职业体育俱乐部在基层。可以看出，这种模式不仅有着特别分明的三个管理层次，同时还具有非常明确的分工。

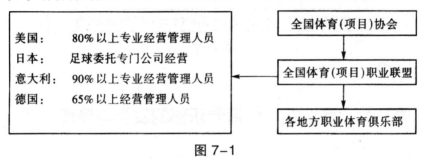

美国：　　80% 以上专业经营管理人员
日本：　　足球委托专门公司经营
意大利：　90% 以上专业经营管理人员
德国：　　65% 以上经营管理人员

全国体育(项目)协会
全国体育(项目)职业联盟
各地方职业体育俱乐部

图 7-1

全国性质的项目协会的主要任务是提出各种法规、政策，本国项目职业体育俱乐部联盟的主要任务是负责具体操作、运营，各地方职业体育俱乐部的主要任务是怎样提高运动技术水平、增强联赛吸引力。

通常"独资、合资、股份制"等是世界各国的职业体育俱乐部出现的主要经济形态。大多数情况下，各个职业体育俱乐部都直接由全国职业体育联盟（或联合会）管理。由于社会化管理模式和管理体制是世界经济发达国家中的体育产业所普遍推行的模式与机制，因此全国性的官方行政体育管理机构或者部门就很少。

（二）我国职业体育俱乐部的经营管理模式

从 1994 年的中国足球职业俱乐部联赛发展至今，我国已经进行了二十多年的职业体育俱乐部联赛，虽然没有成立职业的体育联盟，但是我国职业体育俱乐部的经营管理模式已经基本形成（图 7-2 ）。

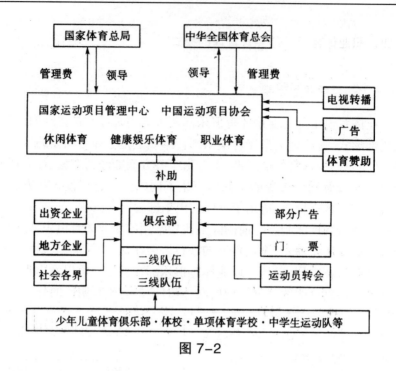

图 7-2

第二节　商业健身体育俱乐部的发展与经营管理

一、商业健身体育俱乐部的发展

（一）国外商业健身体育俱乐部的发展

1. 商业健身体育俱乐部初步建立

1950—1969 年是商业健身体育俱乐部初步建立时期。商业健身体育俱乐部最早出现于美国,之后逐渐传播到欧洲以及日本等其他的国家。在这一过程中,商业健身体育俱乐部的具体形式只有单一运动项目的俱乐部与健康水疗连锁店。当时,人们并没有形成完整的健身理念与健身意识,再加上健身项目较为单一,社会上参与健身的人数也非常有限,俱乐部并没有引起太大的社会反响。

2. 商业健身体育俱乐部快速发展时期

1970—1979 年是商业健身体育俱乐部快速发展时期。20 世纪 70 年代中期,美国在全国范围内开展并实施了大众体育健身计划。全美保健福利部发布了"进健康,预防疾病"的国家目标,这是美国政府 20 世纪发表的最重要的推动国民身体健康方面的施政纲领,在 15 项应最优先考虑的课题中加进了"体质与运动"一项,同时还在这项课题中提出了 1990 年应该完成的 11 项具体指标,这就为俱乐部的发展提供了很好的参考依据。20 世纪 70 年代,很多大型企业为了促进公司员工的健康发展,在企业内部设立了健身中心,跑步等有氧运动是其主要运动项目。1970 年,世界上第一个有氧运动研究中心在美国成立,从此之后运动逐渐与医学相结合。1974 年,美国空军飞行员原本用来进行体能训练的有氧运动配上音乐被编制成为有氧舞蹈,运动者随着音乐的节奏进行相应的舞蹈动作,有氧健身运动开始在美国广大地区传播开来。

3. 商业健身体育俱乐部功能转变时期

1980—1989 年是商业健身体育俱乐部功能转变时期。20 世纪 80 年代之后,商业健身俱乐部在继续发展,俱乐部的会员对于健身也有了更高的要求,以往只有单一运动项目的俱乐部逐渐加入了很多新型的运动项目。原本功能较为单一的健康体适能俱乐部逐渐朝着多功能的方向不断发展,一些大规模的连锁健身俱乐部也在此后不断出现。

1986—1988 年,"简方达"有氧健身操在社会上非常流行,并且逐渐发展成为很多健康体适能俱乐部的重要经营项目,运动录像带在社会上非常流行,与健身相关的各种附属产品不断涌现。在健身产业持续发展的过程中,来自欧洲以及澳大利亚等地的商业公司逐渐将自身的业务涉足美国本土,大型连锁健身俱乐部逐渐在美国出现,消费者与俱乐部之间的矛盾也不断激化。1990 年,美国政府开始通过立法手段对健身市场领域进行相应的规范。

随着健身行业的不断发展以及健身群体的不断壮大,健康体适能俱乐部对于健身教练员以及相关工作人员的需求也在不断增加。为了更好地保证健身教练员健身指导的科学性,健身从业人员的资格鉴定考试逐渐开始实施,商业俱乐部的发展也更加正规化。

4. 多功能商业健身体育俱乐部普及与推广时期

1990—1999 年是多功能商业健身体育俱乐部的普及与推广时期。进入 20 世纪 90 年代,随着社会生活压力的不断增加,社会中的人们对于形式单调、强度过高的有氧健身运动的兴趣不断下降,而开始对一些较小强度、有益身心的运动类型逐渐产生兴趣。健康体适能俱乐部强调交叉训练的观念,这使得东方运动逐渐成为健康体适能俱乐部的热门项目。

在此时期,适合各种群体运动的健身项目在健康体适能俱乐部中逐渐开设,这也使得更多的群体加入到了健康体适能俱乐部当中,其中包括老年人群体与儿童群体。而一些健身爱好者由于没有足够的业余时间参与到健身俱乐部之中,于是就购置了健身器械置在自己家中开展健身活动,这也使得家庭健身的形式逐渐成为一种时尚。

1990 年,美国保健福利部在征求 10 000 多名专家以及 300 多个民间机构意见的基础上出台了新的全民健身 10 年规划,该规划也获得了美国政府的批准。1996 年,美国体育人口占总人口的 64%,全国平均每天有 7 000 多个场馆举行赛事,每天有 2 560 万人在工作之后去到健身活动中心进行健身活动。到了 1999 年,美国健身产业发展成为了美国的支柱产业。20 世纪 90 年代,美国提出了"与其依赖药物,不如靠体育锻炼"的口号,商业俱乐部的多功能此时也得到了充分的发挥。

5. 多功能健身体育俱乐部深入发展时期

从 2000 年至今是多功能健身体育俱乐部的深入发展时期。在这一历史阶段,世界范围内健身俱乐部的规模持续在壮大,其中欧美地区的大型连锁俱乐部还实现了跨国、上市形式的发展,俱乐部之间的差异不断增大,各种各样的创新品牌也不断出现。

西方健身俱乐部的市场已经发展得相当成熟。在美国,综合性体育健身俱乐部不仅数量很多,而且具有很大的规模。此外,健身市场同时还设有单项健身俱乐部,该形式健身俱乐部的主要目的是更好地满足不同社会群体对于体育健身活动的特殊需求,从而使健身服务的对象获得更加全面的服务。

欧洲很多发达国家的健身行业也获得了很大程度的发展,如德国、意大利等,在这些国家不仅成立了大量的体育健身俱乐部,同时还在健身行业的多个领域形成了较为先进的发展模式,这就在一定程度上推动了相关行业的进步。与此同时,与健身有关的各种金融产品也不断产生,健身行业的服务日益齐全,人们获得了更加多样化的专业健身服务。

近些年来,亚洲很多国家的健身事业也有了长足的发展,如新加坡、日本、韩国等国家。

(二)我国商业健身体育俱乐部的发展

1. 商业健身体育俱乐部的发展初期

20 世纪 80 年代中期到 90 年代初期,我国公众的健身意识还非常薄弱,当时参与公众健身的人数非常有限。以改善投资环境、完善城市功能为目的而建立的少量体育健身俱乐部,主要是针对男性群体的力量型健身。这些体育俱乐部大多是高档次、高消费、为少数人服务,主要分布在北京、上海等一线城市以及一些沿海地区的发达城市,一般附属于高档星级酒店,如希尔顿饭店健身俱乐部。在改革开放之后,随着简方达有氧健身操在全国范围内的传播与流行,我国的健身市场逐渐开始形成,我国的健身产业开始萌芽。

2.商业健身体育俱乐都的发展普及与推广时期

1993—1994年是我国健身俱乐部发展的积蓄期。在《关于加快发展第三产业的决定》的文件出台之后,体育产业被正式归为第三产业的第三层次,国内开始出现了对于中档体育经营项目的开发与经营的需求,服务对象也由一小部分的社会群体逐渐转变为国内的一些先富起来的群体,健身俱乐部的分布范围也从沿海发达地区逐渐向广大的内陆地区扩展开来。与此同时,国外有氧运动的不断兴起也有效促进了国内健身俱乐部规模的不断发展壮大。健身产业的投资者原本只有一些体育行业的内部人士参与其中,之后逐渐扩展到具有大量资金与器材的多种类型的投资群体,这使得我国健身产业的商业化进程不断加快。另外,可观的资金收益也促使国内广大的健身器材相关企业参与其中。1994年,马华成立了马华健身俱乐部,连锁经营模式也由马华引入到了中国,该健身俱乐部促进了人们的健身意识,国内的健身市场也逐渐形成,各个类型的健身俱乐部纷纷成立。全国范围内各种小型的健身房不断兴起,四星级、三星级酒店俱乐部不断涌现,俱乐部在很多住宅区逐渐出现。

这一时期,我国的健身业开始展现出巨大的发展潜力,健身俱乐部的发展初具雏形。

3.商业健身体育俱乐部发展的高速成长期

近些年来,我国健身俱乐部的发展已经进入到了一个高速成长期,国内一些大型的健身俱乐部已经形成了一定的规模,连锁性的经营模式在全国范围内不断推广。在这一时期,我国商业俱乐部的经营管理水平不断得到提升,俱乐部的发展方式也逐渐向管理型的方向转变,产业的经营方式与手段不断创新,行业内的竞争也日趋激烈,经营项目越来越多,经营的对象越来越广泛,广大民众的体育消费意识逐步提高,同时也显示出巨大的发展前景。

（1）商业健身体育俱乐部管理内容的多元化
①俱乐部的场地、设施和器材管理。健身运动锻炼建立在各种完善的场地、器材、设施等基础之上,要获得更好的健身锻炼效果就需要对这

些进行科学化的全面管理。对于场地管理而言,首先应该有场地简介、使用须知以及相关的使用注意事项,这样可以很好地保证健身场地的完好及其基本功能的完善;对于器材管理而言,它是健身运动者进行健身锻炼的必要工具,科学化的运动器材管理能够有效保证健身者的人身安全,同时还可以有效降低器械维修的成本,因此应该对运动器材的使用方法、领取方式以及放置和摆放等方面进行具体的规定;对于健身运动的基础设施而言,不但应该有功能性的规定,同时还要有相关使用说明与明显的指示标志等。

②人力资源管理。人力资源管理的对象主要有管理人员、师资队伍以及后勤人员等。其中,管理人员主要包括经理、客服、销售、教练、市场、后勤等。商业健身体育俱乐部的师资队伍主要包括私人教练、助理教练、团课教练三种类型的人员,他们对于商业健身体育俱乐部的运营具有非常重要的管理作用。而后勤人员主要包括场地器材维护人员、水暖供给人员等。

③商业健身体育俱乐部会员的管理。会员的管理一般包括建立会员档案与会员分类管理两方面。会员档案的内容主要包括会员的基本情况,如姓名、年龄、性别、个人病史等,以及会员参与健身的主要目标。会员的分类管理主要是将健身活动的参与者依据所参与的项目进行分类并进行相应的记录。

④教学管理。教学管理的内容主要有集体课程种类与课程数量的设置、教学时间的具体安排等。

⑤市场营销管理。市场营销管理的主要工作内容是对市场调查、营销策略制定实施以及营销策略效果评估等进行管理。

(2)商业健身体育俱乐部开始实现连锁经营管理

直营与加盟连锁的经营方式已经成为我国商业健身体育俱乐部发展的一种主流趋势,同一品牌在不同地域的网络化分布对于健身企业更好地发展会员并提供统一优质的专业服务具有非常重要的作用。

(3)电子商务在商业健身体育俱乐部管理中逐步应用

健身俱乐部的运营与电子商务结合对于商业健身体育俱乐部的发展非常有帮助。一般来讲,电子商务对于商业健身体育俱乐部发展的作用主要表现在广告宣传、咨询洽谈、意见征询几个方面。

(4)商业健身体育俱乐部管理组织结构多种类型共存

我国商业健身体育俱乐部的管理组织结构出现了直线组织结构与直线职能式管理组织结构等组织结构并存的现象。我国不断增长的经济水平所带来的生活水平的提高是我国健身市场发展的重要基础,我国民众的健身意识不断提高,对于健身的需求也更加旺盛,不管是国际健身连锁店还是本土健身俱乐部都认清楚了我国这种健身行业发展的大环境,健身市场作为我国的朝阳产业已经被越来越多的投资者看好。

二、商业健身体育俱乐部的组织结构

(一)组织结构概述

1.组织结构的概念与类型

所谓组织结构是组织在管理分工协作的基础上形成的职务范围、责任、权力等方面的结构体系,是表现组织各部分排列顺序、空间位置、聚集状态、联络方式及各要素之间相互关系的一种模式,是执行管理与经营任务的体制。组织结构会随着社会生产力的不断发展而发生相应的变化,由组织的不同特性而形成不同的组织结构形式与特点。下面主要对两种常见的组织结构类型进行分析。

(1)直线型组织结构

直线型组织结构又称"军队式结构",这是一种较为简易的集权式组织结构形式。直线型组织结构中的各种职务根据垂直系统进行直线排列,各级行政主管对于直属的下级进行直接管理,具有相应的管理职权,不设专门的职能机构,多数情况不需要参谋人员或者其他的服务性群体,组织中每一个人只能向一个直接上级报告。在直线管理模式中,需要执行的任务一般是最清楚的,工作可高度结构化。直线型组织结构如图7-3所示。

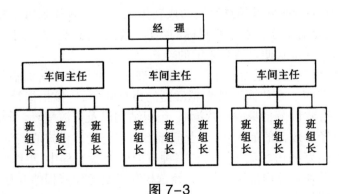

图7-3

(2)直线职能型组织结构

直线职能型组织结构的特点就是将直线制与职能制组织结构结合,

其基础与前提是进行直线指挥,在各级行政负责人下面设置相应的职能部门,分别从事专业管理,实行主管统一指挥与职能部门参谋、指导相结合的组织结构形式。职能部门拟订的计划、方案以及相关的指令由直线管理者统一批准下达,职能部门没有权利发布命令或者直接指挥,它们只对相应的业务进行指导,各级行政领导逐级进行负责。另外,当面对某些特殊的任务时,直线主管还可以将某些特定的权利交由相应的职能部门来行使(图 7-4)。

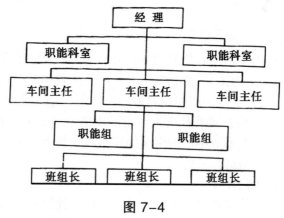

图 7-4

2. 组织设计的作用与任务

具体采用哪种组织结构是与企业的组织目标以及活动特点相联系的,生产力、技术水平以及企业目标的变化性决定了企业组织是一个动态平衡的系统。企业不同,相应的生产力水平、组织目标、活动方式也会存在一定的不同,因此从这一方面来讲,并没有一种最优秀的组织形式存在,也不存在一种可以随意套用的成功组织模式。具体到每个特定的企业而言,凡是有助于企业组织目标的实现与效率的提高、有助于企业内外环境相适应的形式便是适合采纳的。

如今,世界经济逐渐一体化,企业发展在这种形势下所面临的生存环境也更加严峻。企业面对越来越激烈的市场竞争,应该根据社会环境的不断变化有效调节自身的经营策略、组织结构以及资源配置。同时,为了实现自身经济效益的最大化,企业应该不断进行运营模式的调整,从而使自身具有更好的市场竞争力。在多种方面的调整过程中,组织结构方面的调整关系到企业内部运行机制、经营权利以及运作流程的变化,促进了企业内部控制变革。

具体来讲,企业组织结构通常包括以下几个方面的内容。

(1)把为实现管理目标所必须进行的各项业务活动,根据其内在的联系以及工作量进行适当的分类,按活动功能划分及整合,形成活动子集。

（2）规定各个组织机构以及不同工作职位的具体工作职责以及相应的权利,同时以组织系统图与责任制度、职责条例、工作守则等形式进行必要的说明。

（3）选拔有能力的人员负责相应的职务,让每个职能部门都能够发挥各自的职能,从而实现科学的管理。

（4）通过合理安排职权的关系与信息系统,使不同的组织机构结合成为一个有活力的整体,实现相互的有效配合与协调。

（5）对所有系统当中的职工进行专业培训,有效促进他们不断地丰富自己的知识储备,从而更好地完成所承担的工作。

（二）商业健身体育俱乐部的组织结构

1. 国内商业健身体育俱乐部组织结构概况

组织结构是管理者根据组织目标的要求,根据一定的原则对组织的管理幅度、管理层次、部门以及职位进行设计的结果。商业健身体育俱乐部通过长时间的发展已经逐步完善,但仍存在经营项目模式单一、综合性经营项目偏少等问题。

通过调查发现,总经理负责制是我国商业健身体育俱乐部通常所采取的管理形式,然后由总经理聘请技术总监,技术总监再负责指导员(教练)的招聘工作,除此之外的工作由俱乐部总经理、总教练负责。在组织结构与管理层次方面,一般存在四个层次:一是高层管理者,包括总经理和副总经理,也有设置为董事长、总经理或总办经理的情况;二是中层管理者,包括各部门经理、区域经理等;三是基层管理者,包括各项目主管、领班、设备运行主管等;四是一般工作人员,包括各项目的服务人员及勤杂人员等。

从当前国内各地商业健身体育俱乐部的发展情况来看,小型健身俱乐部一般没有完善的组织结构,主要是由管理层以及运营部(销售部)组成,主要工作人员包括教练员、场地维护管理人员、销售人员等;而大型健身俱乐部组织结构较为完善,职责分工也比较明确。

2. 商业健身体育俱乐部组织变革与发展

商业健身体育俱乐部的组织结构并不是固定的,也并不存在一种最佳的结构模式。随着商业健身体育俱乐部经营项目、经营规模以及经营环境的不断变化,俱乐部要想实现自身更好的发展,拥有更好的市场活力,应该不断适应内外部环境的各种变化,对俱乐部发展目标、结构及组成要素等进行适时的调整与修正,即进行组织的变革。

对于组织变革所采取的程序,不同学者所持有的观点也有所不同,我们大致将组织变革归纳为一个简单程序:确定存在的问题—进行组织诊断—计划并执行组织变革—组织变革的效果评估。

三、商业健身体育俱乐部的经营管理

(一)商业健身体育俱乐部的服务管理

作为一个新兴的行业,商业健身体育俱乐部需要进行创新型的管理,应该将创新贯穿于管理的各个环节,从而建设成一支专业性的服务团队,提供不断创新的个性化、定制化服务,培育健身俱乐部的核心竞争力,以高附加值的服务获得更大的市场。

所谓服务质量就是俱乐部所提供的服务是否符合消费者的期望,服务质量的好坏主要体现在硬件设施与软件服务两个方面。商业健身体育俱乐部的服务质量管理通常以会员的需求为目标,主要依据会员调查问卷开发新的服务项目。为了提高健身俱乐部的服务质量、满足广大会员多样化的消费需求,需要不断加强对俱乐部服务人员的专业技能与服务规范的培训,授权一线员工相应的判断范围与处理权,有效提高服务质量与绩效。对会员身心健康的各个方面进行相应的管理与监控,为会员提供更加优质的服务,并使这种服务深入到会员与从业人员的心中。

硬件服务与软件服务是相辅相成的,良好的硬件设施是综合管理水平的重要体现,而俱乐部服务水平的提升又以精良的健身设备为依托(图7–5)。

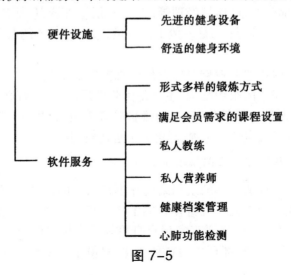

图 7–5

1. 商业健身体育俱乐部的设备管理

可以说，商业健身体育俱乐部销售的产品是一种健康服务，而作为其重要依托的设备设施也需要保持"健康"的状态。在商业健身体育俱乐部的日常工作中遇到的投诉很多时候并不是服务人员的态度问题，而是健身设备的问题。对设备设施进行科学化的管理非常重要，其具体内容主要包括以下几个方面。

（1）把好设备选购关。商业健身体育俱乐部有着不同的档次，其所需要设备档次也有所不同。应该合理选择设备和设备配置与俱乐部的等级、规模相适应，充分发挥设备的实用价值，同时还应该确保产品的质量，尤其是产品的安全性能，要做到绝对可靠。

（2）确保制度的落实。商业健身体育俱乐部会涉及很多设备设施，因此应该制定规范、全面的规章制度，同时在日常维护保养中对此进行落实，提高设备的完好率与有效使用率，降低设备损耗，使俱乐部的经济效益实现最大化。

（3）做好更新改造。在做好日常维修工作的同时，还应该定期对设备进行大修，通过系统的维护保养提高设备的使用年限。同时，还应该做好设备的更新改造，不断提升企业的形象与市场竞争力。

2. 商业健身体育俱乐部的顾客服务管理

如今，商业健身体育俱乐部所面临的行业竞争日趋激烈，服务水平比硬件设施更为重要。在硬件配套设施基本相同的情况下，人员素质、服务意识以及配套服务等方面起着决定性的作用。高质量的服务是抓住顾客心理的重要手段，只有更好地满足消费者的需求才能够为俱乐部的持续健康发展打下良好的基础。

具体来讲，顾客服务管理的基本要求主要包括以下几个方面。

（1）及时性。俱乐部的服务工作应该及时、到位，为了使顾客的合理需求获得更好地满足，所有服务信息必须及时提供给会员。

（2）便利性。俱乐部的设施设计应该合理，尽量为会员提供最便利的课程时间段安排，如俱乐部应尽量在会员方便或愿意的时间段为他们提供服务。

（3）专业性。俱乐部应当具备高水平的教练员队伍、管理队伍、后勤保障队伍以及公共服务人员队伍，同时注意对他们的培养，这样就能够满足不同层面会员的各种需求，从而树立俱乐部良好的品牌形象。

（4）周到性。俱乐部的服务必须充分考虑到可能遇到的所有问题，能够妥善处理并解决所遇到的各种问题，如浴室的热水水温、健身区域的环境、文化氛围等。

3. 商业健身体育俱乐部的会籍顾问的管理

在商业健身体育俱乐部的服务管理中,会籍顾问的管理是一项非常重要的内容。会籍顾问是面向会员的管理与服务,是一种新的工作形式,它其实是一种销售行为。需要说明的是,会籍的工作不单是推销会员健身卡,会籍顾问通常进行的是一对一的服务,会具体负责包括预约体测、停卡、请假、投诉、意见等各种工作。如果有顾客想到俱乐部进行相关的服务体验,会籍顾问就应该做具体的安排;如果会员遇到特殊情况而不能参与健身,会籍顾问需要打电话给顾客了解具体的情况,同时提醒会员进行有规律的健身锻炼;如果会员在俱乐部健身过程中遇到了一些困难,会籍顾问会帮助会员处理各种问题,直到会员满意为止。

对于会籍顾问的管理,健身俱乐部首先应该准确认识到会籍顾问对于俱乐部的重要性,应该对其有一个准确的定位,同时建立一套完整、有激励性的薪金制度;应该培养健身顾问的专业性、健身常识、服务技巧、沟通能力、销售技巧、心态培训以及对俱乐部的忠诚度。会籍顾问的培养并不是短时间就能够做到的,需要在培训过程中不断发现问题,同时对其进行鼓励,给优秀的会籍顾问提供更加广阔的发展空间,让会籍顾问在俱乐部内不断获得新的东西,让员工更有归属感与存在感。

(二)商业健身体育俱乐部的教练员管理

通过二十多年的发展,我国如今的健身行业已经逐渐发展成熟,很多方面都实现了较大的发展。但是相对于国外健身行业的发展情况来说,我国当前健身行业的规范管理仍然比较落后,尤其是在商业健身体育俱乐部的教练员管理方面。

教练员是商业健身体育俱乐部发展不可或缺的重要因素,他们与顾客进行直接的沟通与接触,是俱乐部最好的"代言人",他们的运动技能与健身方法是健身服务中不可分割的一部分。高水平的健身教练能够稳定体育俱乐部现有的会员,提高会员的健身兴趣,同时还能够通过良好的声誉发展更多的新会员加入其中。由此可见,教练员是健身俱乐部的宝贵资源。

1. 健身教练员的管理

健身教练员是指在各类健身健美组织中从事健身技能传授、指导会员训练、组织健身者做计划中的健身运动或健身操的工作人员。健身教练员最重要的工作任务就是帮助顾客保持健康。

商业健身体育俱乐部的教练员不但应该掌握带领顾客跳操、练肌肉的基本技能,同时还应该掌握发挥顾客潜能、提升健康水平、体现力与美的管理技术。教练员通过有针对性、策略性的过程仔细观察被训练者的心智模式,充分挖掘其潜能,从而使被训练者有效达到预定的目标。

当前,我国商业健身体育俱乐部健身教练的性别比例总体来讲较为合理,其中男性教练员稍多于女性。健身俱乐部的顾客需要的都是科学的健身指导,因此健身教练应该具有专业的健身、健美知识和器械或操课的指导能力,同时还应该掌握人体解剖、生理、医学等方面的技能知识。为了使健身运动者获得更好的效果,教练还应该掌握一定的健康知识,了解会员的饮食状况、工作性质等多方面的情况。

2. 私人健身教练的管理

私人教练是指一个教练在约定时间针对一位固定的健身者,根据其身体状况、生活习惯以及健身的个人需求制定出个性化的训练计划,从而对健身者的运动健身进行有效引导。私人教练一般是根据小时来收取相关的费用,采取的是一对一的健身服务,具有互动性、针对性等方面的特点。商业健身体育俱乐部私人健身教练最重要的职责就是有针对性地帮助会员获得健康,对会员进行系统科学的健身指导。

私人教练有着自身特殊的职业特点,具体表现在以下两个方面。

(1)私人教练需要丰富的知识与技能。私人健身教练不仅应该具备非常专业的心理、医学、营养与运动技能知识、良好的沟通能力,同时还应该有高尚的职业道德。在会员完成课程的过程中,私人教练应该观察他们并对其进行适当的鼓励,对练习过程中出现的不规范动作进行纠正,指导会员科学消耗过剩的热量、掌握运动与营养知识,使会员在日常生活中能够更加灵活地运用。私人教练不仅应该指导会员有效地完成整套的运动计划,同时还应该为会员建立健康生活方式进行积极的引导。

(2)私人教练具有相当广阔的市场。当前健身市场的发展十分迅速,除了国内的一些健身中心,很多国外的大型健身连锁机构也不断进军到国内,而与此紧密联系的行业专业人才却相当紧缺。大部分健身俱乐部主要依靠从其他行业转行来的"业内精英",而这类群体往往不具备系统的健身专业知识。在当前的健身行业领域当中,持证健身教练的人数并不多,很多健身教练资质的颁发也非常不正规,因此私人教练的市场具有非常广阔的发展前景。

第三节　青少年体育俱乐部的发展与经营管理

一、青少年体育俱乐部的发展

（一）国外青少年体育俱乐部的发展

俱乐部制是美国大众体育发展的基本组织形式。目前，美国高校中各类俱乐部的数量已经达到 12 000 ~ 16 000 家，同时表现出多样性的特点，如大学休闲中心、社区健身中心、医院体育康复中心等。根据相关调查统计表明，美国共有 2.1 万个登记注册的俱乐部。在美国，青少年具有较强的竞技意识，这也使得竞技运动受到广大美国大、中学生的喜爱。据统计，美国每年大约有 520 万中学生参加约 30 种不同的竞技运动项目，参与人数占到整个中学生总人数的 1/3。

教学制和会员制是日本体育俱乐部两种主要的经营方式。教学制俱乐部主要的运动项目是以娱乐性体育活动为主；而会员制俱乐部的主要运动项目是以健身活动为主。在日本，大多数体育俱乐部都是公司下设的，并委托相关单位指派指导员来开展活动并提供指导。日本小学生参加的体育俱乐部形式主要有体育少年团、道场、学校的运动部、体育俱乐部学校等。

对于欧洲国家来说，除了法国、英国、意大利、西班牙、葡萄牙外，其他国家的体育俱乐部会员数占到全国总人数的 20% 以上，其中北欧国家，如芬兰、丹麦等的体育俱乐部会员数占全国总人口比例高达 40% 以上。

（二）我国青少年体育俱乐部的开展

国家、各省、地（市）三级体育行政部门自 2000 年起便开始使用彩票所获得的公益资金来建立各类青少年体育俱乐部，其各个试点在资金投入方面比例为 4 : 4 : 2，也就是说，由国家体育总局出资 4 万元，省级体育行政部分出资 4 万元，地市体育行政部门出资 2 万元，每年投入 10 万元，两年共投入 20 万元，在经过相应的检查评估之后再继续进行投入。

俱乐部是一种新型的社会化青少年体育组织，它是指试点单位通过利用自身所拥有的社会体育资源（如人才、体育场馆等）构建起来的，具有社会主义公益性特征。国家未来所提倡发展和引导的，从事青少年体育日常健身活动广泛开展的社会性组织，即俱乐部。俱乐部的建立需要相关体育行政部门的积极资助与扶持,通过进行市场运作收取相应的培训费用等,只有这样才能够维持自身的正常运行与发展。

1. 我国青少年体育俱乐部开展活动的要求

(1)对于周边的学校以及青少年学生,俱乐部实行个人会员制和团体会员制来进行活动的开展,以确保个人会员能够在俱乐部中每周接受2～3次的体育活动指导,并保证每次活动在1小时以上,同时还要保证每年针对俱乐部团体会员组织不少于2～3次的集体体育活动。

(2)在假期、双休日和节假日期间,俱乐部应该积极组织各种体育竞赛、培训、交流活动以及夏令营、冬令营等,从而吸引周边更多的青少年学生能够参与到体育活动之中。

(3)俱乐部每次组织青少年活动的规模应不少于1 000人,并且每年所组织的活动应在20万人次以上。

(4)俱乐部可以向周边地区进行辐射,在周边有条件的学校建立活动网店,来开展青少年体育活动。

2. 统一标志

凡是通过正规审核成为创办俱乐部试点单位的,都应该悬挂统一的"国家青少年体育俱乐部试点单位——中国体育彩票资助"的牌匾;体育器材、服装统一标志"中国体育彩票捐赠"。

3. 扶持资金使用

各级体育行政部门所投入的体育彩票公益资金是专门用来扶持创办俱乐部的资源。为了确保俱乐部能够健康发展,并对其进行引导,体育彩票公益金扶持俱乐部2年。第一年是为了创办俱乐部所提供的启动资助资金;第二年根据俱乐部具体开展青少年体育活动的情况进行适当的资金再扶持,两年之后,俱乐部需要自我寻求生存和发展。

4. 青少年体育俱乐部财务工作管理制度

(1)要严格贯彻和执行国家所制定出的相关的财务规章制度及法规,加强财务监督,要秉公守法,对于财政纪律要进行严格遵守。

(2)对于单位的经济活动要进行严格的监督和控制,科学进行俱乐部相关资源的合理配置。

(3)如实记录和反映单位的财务状况,尽量节俭不必要支出,以达到提高资金使用效益的目的。

(4)对于单位相应的会计监督制度要尽快建立和健全,制定出合法的会计账簿,并进行真实、完整的登记。

（5）单位所进行的财务会计表、会计凭证、会计账簿以及其他的会计资料，必须要符合国家统一制定的会计制度相关规定。

（6）要如实登记所有的财务账目，对月结要进行按时核对，以做到所有账款都相符合，对于相关的阅读、年度报表要按照相应的时间规定及时进行编制和报送。

二、青少年体育俱乐部组织与管理的体系

（一）青少年体育俱乐部的组织结构

1.青少年体育俱乐部的组织结构现状

组织结构是指组织中正式确定的将工作任务进行分解、组合、协调的框架体系，一个组织的结构是否合理在很大程度上决定了这个组织的绩效。现代组织理论认为，组织的行为受到组织结构的影响，同时也会对组织成员的行为方式产生影响，并影响着其服务对象。理性设计组织的结构能够以有效率和效能的方式来实现目标。

对于青少年体育俱乐部来说，适宜的组织结构是顺利开展各项相关工作的前提条件，可以为组织使命的实现提供有效保证。国外非营利性组织主要是由董事会、监事会等组织机构来负责监督。对经理人员进行选择和监督并制定战略决策是董事会最为重要的职能，而监事会的职能主要是对董事和管理者的经营行为进行监督。根据国家体育总局的要求，我国青少年体育俱乐部均有自己的组织管理机构体系，均设立俱乐部常务机构，有办公室、宣传部、财务部、教练部、场地器材部等部门；制定各种规章制度，如教练员职责制度、岗位职责制度、财务管理制度、会议制度等；拥有自己的场地设施、办公地点、专兼职工作人员、独立的账号、独立法人资格。

根据调查研究表明，在青少年体育俱乐部中，董事会制和理事会制所占的比例都非常低，主任负责制是俱乐部的主要组织形式，占到51.20%（图7-6）。其组织结构特点是俱乐部依托单位指派专门人员来负责日常管理，在进行日常管理的同时，俱乐部主任还要接受俱乐部依托单位的监督。

由于俱乐部与依托单位之间密切相连，这就很可能导致这种监督流于形式，青少年体育俱乐部内部监督主体存在缺位。科学的管理需要有专门的管理人才，这些人才要具备专业的管理知识和管理经验，但大多数俱乐部的组织机构与依托单位本身的行政机构之间存在着不同程度的重

叠。对于俱乐部的发展而言,这种重叠的好处与不足同时存在。

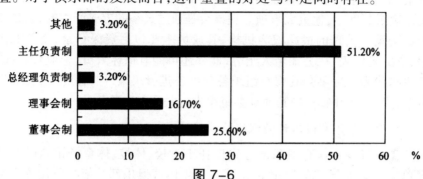

图 7-6

主任负责制主要是以提供行政管理方式,依托单位指派负责人为主。根据有关各类型青少年体育俱乐部所采用的组织结构类型对比分析的研究可知,目前,综合性俱乐部和单项俱乐部采用主任负责制这种组织结构类型的分别占到 52.93%、40.95%(图 7-7)。这种组织机构的特点是青少年体育俱乐部的依托单位直接或指派负责人进行管理,俱乐部本身没有独立的决策机构,并且没有独立的人事任免权。这种组织形式既能凸显出依托单位对青少年体育俱乐部创建工作的重视,同时也能表明行政管理仍然是当前大多数青少年体育俱乐部工作实践中的主要管理方式,青少年体育俱乐部自身组织的独立性不佳,而这种先天独立性不足会对青少年体育俱乐部的持续健康发展产生消极作用。

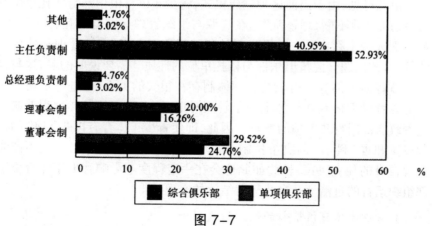

图 7-7

通常来讲,董事会是由在第一次股东大会中所选举出来的董事组成的,主要负责管理内部组织事务,同时对外代表组织的权利与执行的机构。青少年体育俱乐部董事会的决定权主要有业务活动计划;对开办资金的方案进行增加或减少;年度财务预决算方案;解散、合并、变更、分立方案；设置内部机构；聘任或解聘俱乐部主管人员；从业人员工资报酬；制定规章制度，其他重大事项。理事会是通过选举的方式产生的，它是该组织决策与治理的最高权力机构，其成员主要包括资深专家、受益者代表、资助者代表、社会知名人士等，此外还可能有退休人员、企业代表、政府机构代表。理事会既要对组织各项事务进行决策，同时还要负责筹集资金，建立社会网络，与其他社会组织进行联系与沟通等。

2. 青少年体育俱乐部的组织结构困境

我国青少年体育俱乐部分别依托于学校、体校、体育场馆、社区、基层单项运动协会而成立，这注定了青少年体育俱乐部与依托单位关系密切，组织的独立性先天不足。调研发现，青少年体育俱乐部的组织结构常常是几种机制的混合类型，这主要与依托单位有关。比较常见的如唐山十六中青少年体育俱乐部的组织与决策机制，俱乐部注册为民办非企业单位，常务副校长任主任，分管副校长任副主任，下设秘书处、竞训处、财务处等，虽作为法人实体，该俱乐部依然表现出了与依托单位相互交织的关系。而沈阳 120 中学的培养青少年体育俱乐部则选择了表现出复合型机制，由校长任俱乐部总经理，副校长任副总经理，设俱乐部主任 1 名，下设俱乐部工作人员、教练员。虽然俱乐部属于总经理负责制，但总经理基本履行监督职责，俱乐部主任负责执行管理，由于这个俱乐部到调查时还没有注册为法人实体，所以组织与决策完全依赖于学校这个依托单位。

由此可见，由于当前这种创建模式，青少年体育俱乐部与依托单位的关系总是"剪不断，理还乱"。在资源与组织管理上它们既互补又矛盾，如负责人身上存在的"角色冲突"、利益分配不合理、产权管理和使用不清等，这些问题会混淆俱乐部与依托单位的性质。需要说明的是，这与青少年体育俱乐部这类组织的管理体制存在很大的关系，更进一步说明我国的体育管理体制在整体上处于转型时期，社会组织的发展过程普遍渗透着政府部门行政干预的影响。因此，即使青少年体育有再"合理"的机构设置和再"科学"的决策机制，由于对行政力量的依附性，仍然不能够实现自身的独立决策，长此如此也会在一定程度上影响青少年体育俱乐部组织运行的自治性及自我运营绩效的实现。

3. 青少年体育俱乐部的组织结构创新

一个组织的绩效在很大程度上取决于适宜的组织结构，根据组织结构设计的权变理论，合适的组织结构主要取决于四个方面的要素，即组织的战略、规模、技术及环境的不确定性。因此，尽管不同类型的青少年体育俱乐部并不存在固定的组织结构模式，但是在设计俱乐部的组织结构时有必要借鉴先进的组织设计理念。也就是说,在对俱乐部战略进行服从与贯彻的基础上,应该对俱乐部自身所面临的环境因素以及自身组织规律进行充分的考虑,将充分调动俱乐部成员的主动性和积极性作为前提,来理性地设计俱乐部的各个组织结构。

一般认为,组织创新可以通过以下两种途径来实现:一是通过对组织结构、规章制度和程序细则进行修正以改变组织自身,二是通过改变组织本身来影响组织中人员的行为。其中,后者是一种以人为中心的组织创新方式,它所强调的是若想顺利达到组织目的就必须要进行人员训练。对于这种方式来说,管理人员在使用时首先要对人员的态度进行改变,通过改变人员的态度来更好地修正人员的行为,从而更好地达到组织绩效的目的。这种以改变组织作为中心的创新方式,开始要从组织结构的修正,工作环境的改善、奖励制度的建立以及进行经常性沟通等方面着手,管理者希望随着工作环境的改变,组织中的人员会自动修正其行为。可见,两种创新方式虽略有差异,但是都强调通过调动组织成员的积极性来实现改进组织绩效、提高组织效率的目的。

就青少年体育俱乐部而言,只有对其组织结构进行创新才能够对其单一的组织结构模式进行根本上的改变,从而促使其资源配置的效率获得大幅度提升。具体来讲,过于行政化的青少年体育俱乐部组织结构与俱乐部自身的具体发展实际是完全不相符的。在对青少年体育俱乐部的组织结构进行设计的过程中,应该将传统的思维摒弃掉,进一步加强各个部门之间的相互合作。青少年体育俱乐部活动的开展最好采用组织团队的方式,使俱乐部的全体工作人员都能积极地参与到各个相关工作之中。在团队工作中,各个员工对于各项活动需要执行并完成,并且在团队中这些员工也都被授予制定与各自工作相关的各种决策,以解决工作中遇到的诸多问题。俱乐部中的管理人员其职责主要是促使组织发展的共同愿景能够形成,以使俱乐部中能够建立起一种对于学习和协作有利的氛围,以促使青少年俱乐部能够成为具有变革能力和持续适应能力的"学习型组织"。

（二）青少年体育俱乐部的管理体系

1.业务主管部门对俱乐部的管理

从国家一级来看,国家体育总局是青少年俱乐部的上级主管部门。从各个省市级各地(市)来看,各省(区、市)、地(市)体育局群众体育处(科)是主管部门。根据相关规定,国家体育总局主管部门既要审核俱乐部的创建工作,还要对其所开展的活动进行检查绩效评估,并确定第二年的扶持资金,对于不符合创建条件要求的俱乐部除了停拨扶持金外,要限期整改,如果整改后仍未达到要求,取消其俱乐部资格。

国家、省(区、市)、地(市)三级体育行政部门,对俱乐部体育彩票公益金的使用实行共同监管,并负责指导俱乐部开展青少年体育活动。在进行两年资金扶持之后,俱乐部要能够自我运营和生存,还要接受各级体育行政主管部门的检查和指导。

据调查研究表明,在目前独立运营的俱乐部中,每年都接受上级业务主管部门进行年度检查的占到96%。主管部门年度检查的内容选择率从大到小分为是:开展活动情况、组织管理的实施情况、会员的发展情况、资金管理及使用、场馆设施的使用、创收和扩大资金来源、组织的形象宣传等。另有,88.2%的业务主管部门对俱乐部所接受的资助和捐赠使用的具体情况进行监督管理;75.0%的业务主管部门对俱乐部年终财务报告进行审计。这些都表明体育行政部门对青少年体育俱乐部履行了其管理职能。需要注意的是,84.45%的业务主管部门都要求其所辖的俱乐部要到民政部门进行登记注册,以使俱乐部获得独立的、民间组织的法人地位,这表明了我国大部门地区的体育行政部门能够引导和鼓励青少年体育俱乐部的独立发展。

另外,对于青少年体育俱乐部的管理,很多省市的体育行政部门也都探索出了一些具体的、切实有效的管理方式。在相关管理制度完善方面,大多数省份也都相继出台了《青少年体育俱乐部管理办法》,在对国家体育总局创建管理方案进行执行的同时,也根据各个省的具体实际制定出了有针对性的实施方法。在管理方式上,2002年河北石家庄市成立了石家庄市青少年体育俱乐部联合会,据目前了解可知,这个联合会是我国国内成立最高的有关青少年体育俱乐部协会性质的组织,该组织由各俱乐部轮流负责,制定固定的章程,并组织集体参观学习,承办俱乐部之间以及全面健身周的比赛,并就收费标准达成协议,引导行业规范;四川省经民政部门批注,成立了四川省青少年体育俱乐部联合会,并在该组织机构下设有若干的工作部门,来负责整个省内俱乐部的日常事务管理工作。这些方法既能够有效减轻体育行政部门的事务工作压力,同时还能搭建平台来加强俱乐部之间的横向沟通,开展活动,并扩大了青少年体育俱乐部的影响力,这种通过依靠社会力量来实现自我管理、自我服务的观念和做法,是我国青少年体育俱乐部管理社会化发展的必然趋势。

2. 依托单位对俱乐部的管理

青少年体育俱乐部是依托于体育事业单位现有的物力、财力、人力的基础上创办发展起来的。因此,无论青少年体育俱乐部是否已经注册成为独立的法人实体,它都与依托单位存在着密切的关联。根据相关调查显示,青少年体育俱乐部的依托单位,如学校、体校、其他场馆等,很多都是由校长等主要负责人来担任俱乐部的主任、经理或法人代表。

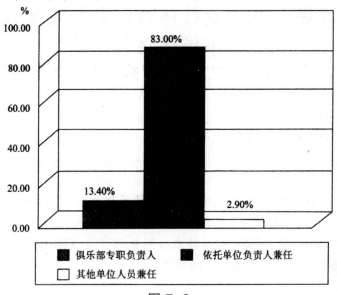

图 7-8

如图 7-8 所示,在我国青少年体育俱乐部负责人中,俱乐部专职负责人只占 13%,由依托单位负责人兼任的达到 84%,占到其中的绝大部分。从本质上来讲,青少年体育俱乐部与依托单位属于两个不同法人实体,在发展过程中应该有自己的独立组织机构。俱乐部负责人由依托单位负责人兼任,在日常工作中,往往也是同样的管理人员来兼顾俱乐部的组织管理,这样会得到依托单位的重视,为俱乐部的发挥发展提供财力、物力、人力等方面的最大支持,同时也会影响到俱乐部本身的独立性,从而出现一系列的问题。

目前,尚未完全理顺体育部门、依托单位与创建单位的关系,俱乐部法人与所依托单位的关系等,产权使用目的、利益分配都不明确,事实上存在着青少年体育俱乐部租借国有资产并且每年都要上缴一定数额的资金,依托单位将俱乐部作为一个创收部门的现象。一些教练还借用俱乐部的名义来举办各种类型的竞技体育培训班,一方面向外招收青少年培训,另一方面对培训对象的身高、年龄等标准进行限定,将青少年的体育健身变相为纯业余运动员选材培训。此外,体育行政主管部门对于俱乐部的监督和指导工作还不够到位。

第八章 竞技体育产业的发展及市场化运营研究

我国体育产业正在蓬勃发展,并已经成为国民经济中一个新的经济增长点,竞技体育产业以其独特的魅力在体育产业中占据着重要的地位,发挥着举足轻重的作用。竞技体育产业的发展与市场化运营对整个体育产业的发展及运营产生关键的影响。因此,加强对竞技体育产业的经营和管理,促进竞技体育产业的发展是当前发展体育产业的主要着手点。本章就竞技体育产业的发展及市场化运营进行研究,主要从竞技体育产业的基本理论、发展现状、竞技体育服务业的运营、职业体育服务业的运营以及体育经纪人的管理等方面展开。

第一节 竞技体育产业的基本理论

一、竞技体育产业的属性

通常,人们将竞技体育产业理解为以竞技体育为核心,围绕运动项目进行产业开发的结果。可以说,赛事是竞技体育产业提供的产品,服务是竞技体育产业的本质属性。一般而言,高质量高水平的大型体育赛事可以对大众的体育消费产生积极的刺激作用,从而带动整个体育产业的发展。

在体育产业的发展过程中,竞技体育产业以其巨大的经济收益和社会效应逐渐成为体育产业中的重要内容,并且奠定了一定的主体地位。下面我们主要从竞技体育产业的概念、基本要素及经营阶段的划分三方面内容来阐述竞技体育产业的属性。

(一)竞技体育产业的概念

目前,有关竞技体育产业的概念还没有一个统一的界定,不同的学者对其进行了不同的界定。其中,较为典型的当属张庆春、马国义两位学者对竞技体育产业下的定义了,即竞技体育服务消费品的生产链条双向延伸、要素优化组合、三个效益统一的经济体系,就是所谓的竞技体育产业,换句话说,竞技体育产业就是以俱乐部为实体,以运动员的竞技表演为基本商品,以利润最大化为目的的经营体系。从竞技体育产业的概念可以看出,竞技体育产业是体育产业的重要组成部分,其在整个体育产业中居于主体地位。

（二）竞技体育产业的基本要素

辛利、郑立志等学者对竞技体育产业化经营的要素进行了研究,他们提出,竞技体育产业是一个十分复杂的系统工程,其中包含着很多环节,通过对其内涵进行分析,了解到其主要的构成因素包括龙头竞技体育项目、竞技体育项目基地、竞技体育俱乐部、消费者等几个方面。

（三）竞技体育产业经营的阶段划分

从竞技体育发展的角度来看,可以大致将我国竞技体育产业经营分为以下三个阶段。

1. 酝酿阶段（1979—1991 年）

酝酿阶段是竞技体育产业化经营的第一个阶段,改革开放和体育社会化是这一阶段促进竞技体育产业经营的指导方针。从经营方面来说,竞技体育的产业化发展已经开始由国家包办向社会承办转变了。

2. 起步阶段（1992—1997 年）

起步阶段是竞技体育产业化经营的第二个阶段,这一阶段的主要特点表现为:社会主义市场经济体制确定,竞技体育发展也逐渐向市场化、职业化和实体化的趋势转变。

3. 发展阶段（1997 年至今）

发展阶段是竞技体育产业化经营的第二个阶段,这一时期,政府和社会对竞技体育产业发展的重视程度日益提高,这主要是由于其是国民经济新的增长点。除此之外,这一时期通过各种形式的资本运作,体育产业的发展速度进一步得到了加快,体育产业的经营管理规范程度也越来越高。

二、竞技体育产业形成的条件

（一）基本条件

1. 竞技体育消费和商业价值是竞技体育产业形成的重要前提

竞技表演服务是竞技体育产业的产品供给主体，竞技体育消费者则是竞技体育市场的重要构成因素，而竞技体育市场则是竞技体育产业运行和发展的基础。对竞技体育消费需求的研究是对竞技体育消费市场进行研究的关键。竞技体育消费需求的多少对竞技体育市场容量的大小具有重要的决定作用。因此，这就要求对竞技体育消费者的消费行为进行积极正确的引导，同时使其需求得到充分的满足，这不仅能够为竞技体育的发展奠定坚实的基础，同时也能够促进竞技体育发展目标的不断明确。

关于体育消费与体育产业发展之间的关系，学者卢元镇对其进行了科学的分析，同时也从这一方面出发，对 21 世纪体育产业将成为新的经济增长点的可行性和基本条件进行了有效的论证。学者王娜从体育消费的经济价值、社会价值、体育消费的市场容量等方面出发，将体育消费将成为我国国民经济新的增长点的观点提了出来。学者李雷对体育消费和体育产业的关系进行了分析和论述：作为体育产业的出发点和归宿，体育消费是生产、分配和交换的结构，同时又对交换、分配和生产产生一定的影响；作为体育消费的重要推动力，体育产业的兴起对体育消费的增长具有积极的促进作用。

当前，无论是国内还是国外，有关竞技体育价值的研究都比较少，有些研究也仅仅是对竞技体育的直接效应进行的研究，对价值层面的研究很少。从现有的对竞技体育价值的研究中能够发现，研究中的核心观点主要有以下几点：首先，运动员是竞技体育的价值主体；其次，竞技体育的价值表现为目的价值和工具价值；最后，竞技体育的价值具有主体性、客观性、多维性和一元性、社会性、时效性等特点。

2. 市场经济体制是竞技体育产业形成的基础平台

在社会主义市场经济体制产生后，体育产业化的概念也逐渐明确。竞技体育能否发展成为一种产业，受到多方面因素的影响，其中，根本和核心的影响要素是需求和商业价值。除此之外，国家的基本经济体制也是非常重要的影响因素之一。体育产业化的发展、竞技体育产业的成长壮大都离不开不断完善的市场经济体制这一重要制度保障。究其原因，主要是由于在市场经济体制中,社会资源得到了充分利用,竞技体育的需求能更有效地集聚,从而将其商业价值更充分地发挥出来。

3.产业化是竞技体育产业形成的发展取向

将体育事业的基本运作方式向市场经济的基本要求方向转化就是所谓的体育产业化。从某种意义上来说,产业化就是竞技体育产业形成的制度条件。从当前体育产业化发展的形势来看,体育产业化是一种观念的更新,这就对一些相关内容提出了相应的要求。比如,体育部门应该是具有生产性质的社会福利部门;体育事业是投入与产出共存的结合体;体育部门所追求的是社会效益与经济效益的综合;政府主管机构要使国家的投入形成国有资产并争取保值增值,并使企业及民间对体育的投入的经济效益和投资回报得到有力的保证。整体来说,体育事业的投入具有公共产品或半公共产品的性质(包括竞技体育类),但与此同时,赢利性质也是客观存在的。

体育产业化是一种机制的转化,这就将竞技体育产业形成的基础条件充分体现了出来。需要强调的是,体育的发展与市场经济的一般规律、运行机制之间存在着非常紧密的联系,经济手段、法律手段则是发展体育产业必然会采用的重要手段。体育产业通过市场来使自身的造血功能得到进一步的增强,从而使自身应有价值和商业价值的实现得到保证。需要注意的是,在体育产业的发展过程中,政府和企业要对各自的功能准确加以定位。

(二)具体条件

竞技体育产业的形成仅仅依靠上述几个基本条件是不够的,还应该具备一定的具体条件,具体如下。

1.竞技体育的需求量要达到一定标准

社会对竞技体育的需求量能否足够使竞技体育生产发展成独立的产业,决定着竞技体育产业的生存状况。对竞技体育需求量的理解,可以从以下三个方面入手。

首先,要使竞技体育在运作上实现收支平衡。

其次,要使需求者的参与量能够将运动员的激情充分激发出来。

最后,受竞技体育的影响,需求者由观赏者逐渐转化为参与者。

从某种意义上来说,竞技体育产业具有较为鲜明的观众与运动员的互动性特点,而竞技体育消费者的观赏需求与参与需求也存在着相互促进的关系,这会在很大程度上影响竞技体育的观赏需求。这种循环影响如图 8-1 所示。

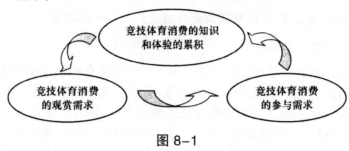

图 8-1

2. 向竞技体育投入的经济资源要达到一定的标准

要使竞技体育成为一个独立的产业,就必须使最低量的投入和产出得到保证,从而形成一定的规模。这至少要满足两个条件,一是维持产业本身运行的资源整合要求,二是维持竞技体育市场运行的必要支付。只有满足这两个条件,才能说对竞技体育产业的经济资源投入是有效的。

通常而言,竞技体育在产业化发展过程中往往会呈现出三种状态,即职业化、半职业化、非职业化,这三种状态就将竞技体育产业中的三种形态充分体现了出来,它们具体对应的是竞技体育产业中自身盈利能力强、市场化比较早的项目;具备一定规模、能够弥补部分支出但目前还无法完全独立的项目;需求量不大,但仍有比赛价值,通过市场化运作特别是消费市场开拓之后可能实现职业化的竞技项目。

3. 竞技体育的水平和规模要达到一定标准

从竞技体育产品提供者的角度看,竞技体育产业的形成对竞技体育的水平表现和规模表现都有相应的要求。具体来说,就是不仅要求竞技体育产业提供的产品有足够的吸引力、观赏价值,而且还必须具备一定的需求规模。而从竞技体育产品消费者的角度看,竞技体育产业的形成在消费基础方面也有一定的要求,需要有"热情者""成熟者"和"保守者"的共同行为来将竞技体育产业持续的生命力有效支撑起来。图 8-2 将竞技体育产业产品的提供者和消费者之间的关系充分体现了出来。

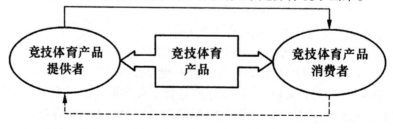

图 8-2

三、竞技体育产业的体系及发展模式

（一）竞技体育产业的体系

竞技体育产业作为体育产业的核心部分,对整个体育产业的发展起着重要的影响。具体来说,竞技体育产业的体系构成如图 8-3 所示。

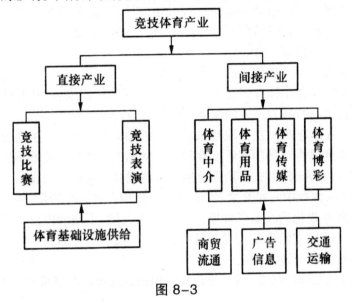

图 8-3

（二）竞技体育产业发展的主要模式

从经济体制的角度来看,基本可以将竞技体育产业的发展模式分为两类,即市场主导型和政府参与型。这两种模式各有自己的特性。

1. 市场主导型模式

市场主导型是指竞技体育产业发展的原动力来自市场主体自身对商业利润的追求,以及不同市场主体间相互竞争所产生的压力和动力。[①] 通常来说,这种发展模式在原发的市场经济国家中较为常见,其中,美国、英国是采用这种发展模式的国家中最为突出与典型的两个国家。

市场主导型发展模式具有如下几方面的特征。

第一,从政府在竞技体育产业发展过程中发挥的作用来看,采用市场主导型发展模式的国家,政府一般会对体育产业中各类市场主体实行"市

---

① 王海娜. 竞技体育产业发展研究——以山东省为例 [D]. 山东农业大学,2012.

场决定"的放任政策。

第二,从体育产业的组织架构来看,采用市场主导型发展模式的国家,其俱乐部体制和职业联盟体制往往都较为完善,并且面向市场的法人治理结构通常较为合理。

2.政府参与型模式

政府对本国竞技体育产业的发展目标进行设定,并且利用多种手段对体育市场主体的组建和运作进行引导、调控和规范,则属于政府参与型模式。[①]一般来说,韩国、日本、法国等后发市场经济国家会采用这种模式来发展竞技体育产业。

政府参与型发展模式的基本特征如下。

(1)从政府在体育产业发展过程中发挥的作用来看,政府通过多种手段来促进竞技体育产业的发展,并对其进行积极引导。

(2)从体育产业发展战略来看,后发的市场经济国家往往会以本国体育消费和体育市场的实际发育程度为依据来对体育产业的发展重点进行确定,以此来有计划、有步骤地推动本国竞技体育产业的发展。

(3)从体育中间媒介来看,体育中介机构发育程度较低,体育企业在业务拓展专业化的决策咨询服务方面较为欠缺,不同的体育市场主体在有效沟通手段方面也是较为欠缺的,体育产品和服务的创新以及营销手段的创新普遍不够。

(4)从发展的状态来看,非营利机构正在逐步向营利机构转变。

四、竞技体育产业在体育产业中的地位解析

体育产业的发展往往是以竞技体育为切入点和中心环节的,这主要是因为竞技体育具有独特魅力,并已经成为许多国家国民经济中新的产业增长点。总的来说,竞技体育产业在体育产业中占据着非常重要的地位,发挥着关键的作用,具体表现如下。

(一)竞技体育市场与健身娱乐市场

竞技体育业与健身娱乐市场不是相互独立的,它们相互交叉,存在着非常密切的关系。从一定意义上来说,竞技体育产业的发展能对健身娱乐市场的繁荣起到积极的促进作用。除此之外,竞赛表演市场与体育无形资产市场、体育媒体市场、体育博彩市场、体育广告市场及体育旅游市

---

① 王海娜.竞技体育产业发展研究——以山东省为例 [D].山东农业大学,2012.

场之间都有着密切的联系，因此，如果在竞技体育产业的发展中，能够将竞赛表演市场占领，那也就意味着其将体育无形资产市场、体育媒体市场、体育广告市场的主动权占领了。除此之外，要想促进竞技体育市场占有率的提高，可利用体育比赛来对产品进行有效的宣传，利用优秀运动员的"明星效应"来使产品的知名度得到有效的提升，从而达到以体促销、以销助体的效果。

（二）竞技体育市场与产权市场

随着竞技体育产业化的不断推进，竞技体育的社会化发展也有了突破性的进步，其主要表现为：经营范围不断扩大，以体育竞赛为名义开展的各类经营集资活动、体育特许使用权、纪念品的开发经营同时兼备。这方面比较典型的就是健力宝集团对中国青少年足球的支持，以及第十一届亚运会中国体育代表团专用标志和称号的特许使用权的出售等。这些都促进了体育产业的不断成熟，促进了体育市场中竞技体育优势的充分发挥。由此可以看出，竞技体育业在体育产业中占据着龙头地位。

（三）竞技体育市场的职业化优势

当前，竞技体育市场的职业化发展趋势越来越明显，同时，也将适合社会主义市场经济体制的体育主体产业相继确定了下来，这对于竞技体育产业的发展具有积极的促进作用。"现代企业＋俱乐部＋体育协会"的一体化经营组织已经逐渐形成，这也在一定程度上推动了竞技体育比赛市场的进一步繁荣。可以说，这种形式的竞技体育业是严格按照现代企业的管理制度来运行的，具有活力大的特点，在体育产业中占据重要的主导地位。因此，竞技体育产业能够有效带动体育产业市场的快速发展与繁荣。

五、竞技体育产业的学科研究

（一）竞技体育产业的经济学研究

从经济学的角度对竞技体育产业进行分析和研究，不仅要遵循产品—市场—产业这个基本思路和框架，还要从体育赛事（产品）和竞技体育表演项目出发，来对体育产品、服务的需求进行相应的分析。具体来说，分析的内容主要涉及需求的属性、特点、潜容量以及变化趋势等几个方面。同时，还要对包括供给种类、能力以及提升态势等在内的体育产品、服务的供给进行分析,并且在此基础上对竞技体育如何形成一个完整的市场、产业所需的载体条件进行深入的分析。对上述内容的分析为对构成竞技体育或体育产业的企业群的现状进行描述和评价,以及对其态势进行判断奠定了坚实的理论基础,具有重要的理论意义。

（二）竞技体育产业的营销学研究

从营销学视角来看,对竞技体育产业的研究,应当遵循顾客—市场—产品—产业这个基本思路和框架。换句话说,就是针对竞技体育消费的顾客规模创建企业(体育组织)可运转的市场,同时在该市场上提供顾客需要的产品(赛事),进而达到有效带动竞技体育产业发展的目的。由此可以看出,顾客是市场的重要因素,而市场又是产业的重要组成部分,这就将竞技体育产业持续发展的本源和层次充分体现了出来。

第二节　我国竞技体育产业的发展现状分析

一、当前我国竞技体育产业发展面临的主要问题

当前,我国竞技体育产业蓬勃发展,并且呈现出了良好的发展势头,竞技体育产业投资和产值不断增加,体育资源日益丰富,经济效益和社会效益也有了不断的提升。然而,目前我国竞技体育产业的发展因为一些因素的影响而面临着几个突出的问题,这些问题严重影响了竞技体育产业的发展水平,因此有必要全面深入地分析这些问题,从而方便"对症下药",有针对性地解决问题。

现阶段我国竞技体育产业发展中面临的问题与瓶颈主要表现在以下四个方面。

（一）竞技体育产业结构的合理性有待提升

在发展较为成熟的竞技体育产业中,竞技体育竞赛业往往处于核心地位,比如欧美竞技体育产业中竞赛业就是居于主导的。但是对于我国的竞技体育产业来说,由于其兴起的时间较晚,运作的规范性较为欠缺,尤其是市场开发价值较高的足球、篮球联赛,其竞技水平相对较低,从而对产业的进一步开发和发展造成了一定的限制。除此之外,在我国竞技体育产业中占据较大比重的往往是体育用品制造业,这就使体育产业结构的不合理性充分体现了出来,鉴于此,要求对竞技体育竞赛业进行进一

步有针对性的开发,从而使其在体育产业中的比重进一步增加。从某种意义上来说,这一举措与我国转变经济发展方式、优化经济结构、大力发展以服务业为主的第三产业的经济发展方针是相符的,因此,一定要将这方面的工作高度重视起来。

(二)地区间竞技体育产业的发展失衡

地区间经济发展的不平衡性往往是导致各地区竞技体育产业发展不平衡性的决定性因素。从竞技体育用品生产的方面来说,中国竞技体育用品的制造往往在东南沿海一带较为集中,其中福建省最为典型,很多体育用品的生产企业都汇集在此。而从竞技体育赛事方面来说,北京、上海、广州等往往是举办市场开发价值较高、影响较大的赛事的首选地区。

(三)行业垄断设置壁垒

现阶段,我国竞技体育产业的发展仍然存在着市场化程度较低,市场机制运行不畅,行业垄断、地方保护、限制经营等问题。尤其对于某些运动项目来说,其管理中心等准行政机构往往会通过行政手段,来对项目市场进行分割和垄断,这就为社会力量进入项目市场建立起了过高的壁垒,这也是项目市场无法得到进一步发展的主要限制因素。

(四)出现严重的信任危机

发展竞技体育产业的目的主要是获取最大的商业价值,使竞技体育消费者的消费需求得到满足,而服务是竞技体育的本质,只有消费者的消费需求在其提供的价值或商业价值中得到了满足,其才能实现发展的目标。目前,我国竞技体育产品的品牌形象在下滑,因此导致了大量的消费者流失,也使市场不断走向低迷,这主要是竞技体育市场中出现了严重的信任危机,具体表现在以下几方面。

1.体育经济的相关制度缺乏稳定性

现阶段我国体育经济的发展面临着转型,政府在对与市场经济体制相符的体育经济发展模式进行构建时,没有可吸取的经验,而且在对相关法律进行制定与实施法律法规时,能力也是有限的。在转型期间,要对相关制度进行大幅度的更新、增订、修订,这就在一定程度上削弱了制度的有效性。例如,在我国足球的职业化发展进程中,就针对赛制、裁判、转会等问题进行了不断的修改,对赛制的修改更是频繁,当面临国际大赛时,就要中断联赛,因此联赛长期都处于被肢解的状态。而且,制定足球联赛升降级制度后,升降级被任意取消的情况经常出现,这不仅对联赛的精彩性和企业的投入造成了影响,也使企业对联赛的制度环境产生的稳定预期受到了影响。这些都是我国体育经济制度长期性和稳定性较为缺乏的集中反映。此外,相互信任的建构是以制度为核心的,而是否拥有稳定的制度又会对制度能否发挥自身的建构信任作用具有直接的影响。当前我国体育经济制度稳定性较差,既对制度的有效性造成了破坏性的影响,又使制度难以充分发挥其对经济行为进行规范的功能。

2. 产权制度权责没有明晰

目前,产权制度权责不明的问题在我国体育企业中仍然普遍存在,这主要是因为一些代理者获得了允许他人对所有制安排做出改变的权利,从而使权利常常处于不明确且较为残缺的状态,而国家的管制和干预是产权制度权责不明的根源。例如,体育企业投入一定的财力、人力与物力来开展经营活动,因为政府的介入,企业无法占有全部收益,企业和政府对收益进行共享。作为联赛的投资者,俱乐部却没有收益权,其投入与收益严重失衡,因而打击了体育产权主体对利益进行追求的积极性,使产权主体失去了为长远利益建立良好信誉的耐心。

3. 政府过分管制,且管制效率较低

政府像一只"看不见的手"对市场的运作进行不断的调节。讲信誉、重合同是体育企业生存与发展的根本,因为目前我国还处在社会转型期,因此政府会过分介入来干预竞技体育产业的经营发展。受传统观念的影响,人们希望市场秩序由政府通过管制来进行规范,但是如果政府过分管制,那么不按市场规律行事、市场交易不稳定、不和谐、行政色彩过浓等问题就会随之出现。目前我国竞技体育产业发展中出现的问题并不是仅仅依靠政府管制就可以解决的,政府无节制地管制或管制效率低反而还会带来许多新的问题,而政府过分干预市场行为导致的一个后果就是使经济主体失去了对信誉进行建立的积极性。所以,要严格规制政府行为,促进政府管制效率的提高,以此来鼓励竞技体育产业经济主体建立信誉。

二、推动我国竞技体育产业发展的主要对策

(一)促进竞技体育市场运行体系和机制的不断完善

在计划经济时代,我国竞技体育发展模式逐步形成,并一直沿用至今,虽然进入社会主义市场经济时代后,相应地调整了竞技体育的发展模

式,但仍然在行政指令下对社会体育资源进行计划配置,并进行相应的管理,竞技体育发展模式在本质上并没有改变。市场经济下,市场在资源配置中发挥着很重要的作用。因此,必须以社会主义市场经济的运行机制为依据,对当前的竞技体育资源配置方式进行转变,在资源配置中实施"市场为主,计划为辅"的政策。我们必须更新管理意识与手段,并对符合"市场为主,计划为辅"这一新资源配置方针的竞技体育市场运行机制和管理体制进行科学建构。

（二）促进竞技体育俱乐部运作机制的不断完善

推动竞技体育产业的发展还需要对俱乐部管理体制进行建立并加以完善,促进良性循环的运行机制的形成。俱乐部管理体制是否完备,主要看其是否具备以前几个条件。

第一,法人地位独立。

第二,有自主经营的产品。

第三,组织结构、名称和场所健全。

第四,能对民事责任独立加以承担,明确分离投资者所有权和法人财产权。

第五,对资本金制度和资产经营责任制进行了建立。

竞技俱乐部要走企业化管理之路,逐步向市场的方向发展,对市场经济的游戏规则加以遵循,按照市场经济三要素（竞争、价格、需求）来实施经营与管理,对相互依托、相互制约的运行机制进行建立,对投资机制（产权分明）和约束机制（制度健全）进行科学建构。

（三）树立经营开发意识

树立创新观念,积极打造品牌效应也是促进我国竞技体育产业发展的一个重要措施。因此要正确认识产业化经营开发,对市场风险意识加以树立,促进市场运行体系和机制的不断完善,促进竞技运动水平的提高,加强对竞技体育产业发展模式、对策的创新,在对他国的经验加以借鉴时,充分结合我国国情,走具有中国特色的竞技体育产业发展道路。

（四）加强政府宏观调控功能的发挥

我国竞技体育产业的发展与社会主义市场经济的发展基本上是同步的。因为体育产业化、体育俱乐部在一定时期内会继续将公共物品提供到社会中,因此在推动市场经济发展的同时,还要加强政府宏观调控职能的发挥,从而促进竞技体育的产业化发展。市场机制作用的充分发挥是政府实施宏观调控职能的前提,政府介入不是否定市场机制,而是对市场机制的缺陷进行弥补,使其更好地发挥自己的作用。政府可对法律体系、政策体系进行科学建构,加强执法监督的力度,并对科学有效的协调管理机制、综合决策机制加以制定,使市场机制的缺陷得到有效的弥补。竞技体育俱乐部的发展不能完全依赖政府投入的资金,因此要割断这一依赖关系,并对俱乐部实行相应的补贴,具体的补贴额度要以俱乐部向社会提供的公共物品的数量来定。

（五）促进社会公众参与程度的提高

竞技体育产业的发展离不开广泛的群众基础,因而需要激励社会公众的参与。社会公众可以通过多种形式来参与竞技体育,如积极参与竞技体育活动、监督不利于竞技体育产业发展的行动、对科学的竞技体育产业化活动加以支持、通过媒体来监控竞技体育俱乐部的训练、竞赛等活动,等等。社会公众对竞技体育的参与具体包括群众性运动项目的广泛开展、广大球迷的参与、体育经纪人的发展、竞技体育俱乐部专业人员的培养等内容。只有提高社会公众对竞技体育的参与度,提高其对竞技体育经营活动的重视,才有可能实现竞技体育产业的持续健康发展。

第三节　竞技体育服务业的运营研究

一、竞技体育服务业概述

（一）竞技体育服务业的经济特点

现代竞技体育服务业的经济特点较为突出,其具体表现在以下三个方面。

1. 规模大，耗资多

当前,生产的社会化、现代化和国际化逐渐成为我国社会经济发展的主要趋势。受此影响,体育领域中体育运动的规模、速度和竞技水平也相应地得到了不同程度发展。从运动竞赛的角度来说,不论是国际性、洲际性的运动竞赛,还是全国性、地区性的运动竞赛;无论是计划内的正规比赛,还是商业性的运动竞赛,都呈现出规模越来越大的特点与趋势。特别是在一些世界性的体育大赛中,其竞赛项目设置、参赛国家以及参赛运动员数量等都呈现出显著上升的趋势。

现代运动竞赛规模不断扩大,同时,所设置项目及运动员人数也在不断增加,这就使得大型的运动赛事需要大量的资金支持才能顺利举办。通常情况下,用于大赛的资金主要有两个方面的用途:一方面是用来建设竞赛场地、设施,这部分资金所占的比重往往比较大;另一方面是用于对运动竞赛的组织,这部分资金所占比重相对要小一些。尽管举办大型赛事所需的费用较多,但是所获得的回报也是不可估量的。从整体上来说,举办大型的运动竞赛,不仅能够有效吸引全世界的关注,而且还能够对本国的形象进行积极的宣传,从而获得无法估量的无形资产。

2. 经费来源与经济实体的结合越来越密切

随着现代运动竞赛规模的不断扩大,对经费的需求也在不断增加,政府的财政拨款已经不能满足开展大型运动竞赛的资金需求了,因此,这就要求将众多的社会企业公司和商业机构、财团等的捐赠和赞助作为筹措经费的重要途径,以此来保证现代运动竞赛的顺利开展。

由于运动竞赛具有独特性和无穷的魅力,因此竞赛的举办会吸引全世界的目光,这也是众多的商家企业愿意出资赞助运动竞赛的主要原因。由此可以看出,现代运动竞赛经费来源与经济实体的密切结合已成为竞技体育服务业的一个显著经济特点了。

3. 运动竞赛经营手段的市场化程度较高

由于现代运动竞赛具有规模大、耗资多的特点,这就要求各运动竞赛管理部门在政府财政投入一定甚至减弱的情况下,必须采取相关有效措施,对运动竞赛的经济价值和附加价值进行充分的挖掘,并使其充分发挥出来。而且,还要在遵循市场经济基本原则的条件下,利用运行机制来对运动竞赛的经营活动进行筹划、组织、市场开发和运作管理。

(二)竞技体育服务业相关要素的分类

主体、运动赛事是竞技体育服务业的主要构成因素,依据不同的标准,可以对这两个要素进行不同类型的划分,具体分析如下。

1. 竞技体育服务业主体要素的分类

按照市场主体的不同,可以将竞技体育服务业的主体分为供给主体和需求主体两个方面。其中,供给主体包括体育赛事组织机器所属的运动员、教练员和经营管理人员等;需求主体包括观众、新闻媒体和相关的公司企业等。

2. 竞技体育服务业竞赛要素的分类

（1）以赛事性质为依据的分类

按照赛事性质，可以将竞技体育服务业的赛事分为职业联赛、商业性体育比赛、各项目单项竞赛和综合性比赛以及社会体育竞赛。

（2）以赛事经营管理权限为依据的分类

按照赛事经营管理权限，可以将运动竞赛分为正规比赛、商业性比赛和群众性体育比赛等几个方面。

二、竞技体育服务业的经营管理

（一）竞技体育服务业的发展概况

竞技体育服务业的发展，主要在职业体育赛事、商业性体育赛事、大型综合性运动会和社会体育竞赛等方面体现出来，具体分析如下。

1. 职业体育赛事

职业体育赛事是运动竞赛市场的重要组成部分，随着世界范围内体育职业化和商业化的快速发展，许多体育赛事已经家喻户晓，成为人们日常生活中关注的热点。目前，我国以四大职业联赛（足球、篮球、排球、乒乓球）为首的职业体育俱乐部数量已接近150个。各俱乐部逐步形成了由冠名、赞助、门票、转会和电视转播权等构成的收入结构。

从当前我国体育运动项目进入市场的发展情况来看，发展不平衡是一个非常突出的问题。具体来说，可以大致将进入市场的体育项目分为三大类。第一类是四大职业联赛为首的少数项目等，这些项目的特点主要表现为：具有一定的市场规模，有相对稳定的观众和球迷群体，被新闻媒体和企业界所看好。第二类是约有三分之一的项目，如体操、跳水、散打和摔跤等。通过对这些项目进行有选择的开发，从而对竞赛市场的管理模式进行初步建立。还有一类是将近三分之二的项目，比较典型的有射击、棒垒球、举重等，尽管这类项目也试图开展市场化的运作，但是市场发展速度缓慢。

2. 商业性体育赛事

竞技体育服务业的另一个重要组成部分是商业性体育赛事，人们通过赛事资源开发、策划包装和经营实施等手段，能够促进竞技体育比赛的商业性价值的实现。近年来，我国商业性赛事正在快速进入体育市场，体育比赛逐渐成为一种商品，进入市场领域进行交换，这为我国的竞赛表演体育服务业的发展提供了极大的空间。需要强调的是,随着我国经济体制改革的进一步深化,市场与我国体育赛事相结合,使体育比赛逐步成为一种商品,实现了自身价值。

近年来,我国成功举办了一些令全球关注的商业性体育赛事,比如皇马中国行、NBA 篮球季前赛、F1 汽车大奖赛、ATP 网球大师杯赛等,这些商业性体育赛事的成功运作,使得相关的项目通过商业化的运作方式进入国内的竞技表演体育服务市场,并且使国内民众对高水平体育比赛进行观赏的需要得到了较好的满足,而且对我国竞技表演体育服务业的快速发展也起到了积极的促进作用。但是当前我国重大体育赛事的市场运作大都采用的是行政主导模式,这主要是因为受我国举国体制的影响,然而这种现存的运作模式对于我国竞赛表演体育服务业的长期市场化发展是不利的。因此,这就要求我们要在今后积极引导体育赛事从行政主导模式向市场主导模式转变。

3. 社会体育竞赛

社会体育竞赛作为大众竞技体育运动的一个重要方面,其与职业体育竞赛、高水平竞技运动竞赛、学校体育竞赛和军队体育竞赛等还是存在着一定的差别的。具体来说,社会成员中广泛开展的、自愿参与的以身体运动作为主要手段,比赛身体运动技术和能力的身体娱乐活动,就是所谓的社会体育竞赛。随着我国社会经济的快速发展,人们生活水平的不断提高,人们从事体育活动的意愿越来越强烈,而社会体育竞赛正是满足社会大众参与体育竞赛的重要形式。由此可以看出,社会体育竞赛不仅已经成为社会体育的重要组成部分,同时也是实施全民健身计划的重要载体。

各种类型社会体育竞赛服务的提供具有重要的作用,它可以让更多的普通百姓关注、参与健身活动,从而进一步推动全民健身活动的开展。因此,社会体育竞赛在我国正处在前所未有的发展机遇期。目前我国的社会体育竞赛项目主要有竞技类项目(足球、篮球、乒乓球、羽毛球等)、传统趣味性项目("九子"、扯铃等)、气功保健类项目(太极拳、秧歌、健身操等)、社交类项目(门球、家庭体育竞赛等)、休闲类体育项目(钓鱼等)等,而政府主管部门、体育中介机构、街道及社区相关组织等是参与社会体育竞赛服务运作的主要机构。

4. 大型综合性运动会

大型综合运动会是促进我国体育事业发展、体育竞技水平提高的重要环节,其具有推动经济发展和社会进步的多元化功能。加大大型综合性运动会的市场开发力度,是社会主义市场经济发展与体育体制改革的必然要求。

全运会是大型综合型运动会的典型代表,其除由国家定额的财政拨款外,其余经费则由承办地政府自行筹集。近年来,各个省市承办地积极进行市场开发,向社会筹措资金,并取得了一定的成效,等级赞助商、专有权、赛事与活动冠名、代表团赞助、电视转播权等市场开发手段已被广泛运用。

加大以全运会为代表的大型综合性运动会的市场开发力度,实现大型综合性运动会自身的可持续发展,是社会主义市场经济发展与体育体制改革的必然要求,这也会在一定程度上促进竞技体育服务业的发展,促进竞技表演体育服务市场的繁荣以及赛事无形资产价值的增加。

（二）竞技体育服务业经营管理的内容

进入市场以后,我国竞技体育服务业运作资金的来源,一部分来自政府或社会的资助,其余资金需要赛事承办者通过自己的经营活动来获得。通常情况下,体育竞赛表演市场经营的内容主要包括以下几个方面。

1. 组织门票收入

作为运动竞赛资金来源的重要渠道,门票收入是非常重要的一个方面。奥运会、各大足球职业联赛、各单项体育运动赛事等无不如此。对门票收入产生影响的因素有很多,其中,社会经济发展水平、大众体育消费意识和门票价格的高低是最重要的因素。为了保证门票收入,要求各运动竞赛组织或部门在组织门票收入时,要注意以下几个方面。

首先,根据运动竞赛的级别和水平来设定门票价格。

其次,根据承办国社会经济发展水平来制定门票销售价格。

最后,以体育市场需求状况来选择合理的门票销售渠道。

2. 出售媒体转播权

大型运动竞技市场经营和管理的重要内容之一,就是媒体转播权经营,同时,其也是资金来源的一个重要渠道。由于现代大型运动竞赛竞技水平高,观赏价值大,对世界的吸引力较大,因此,往往有各国数亿甚至数十亿的电视观众关注这些赛事。一般来说,体育竞技媒体转播权包括的内容主要有电视转播权、广播电台转播权和互联网转播权,其中,居于主导地位的当属电视转播权。

随着电视网络的兴起,社会各界对竞技体育的关注程度越来越高,电视机构为争夺竞技体育的转播权而互相竞争,这也在一定程度上对电视转播费的迅猛增长产生了积极的刺激作用。从 1936 年第 11 届奥运会，奥运会开始电视实况转播，随着 1964 年东京奥运会利用地球卫星开始全球直播，电视转播权的售价不断上升，并成为奥运会的最主要经济支柱。1993—1996 年间，整个奥林匹克运动有 25 亿美元的总收入，这部分收入中出让电视转播权得到的经费占 48%；赞助收入占 32%；门票收入占 10%；其他收入（颁发许可证、纪念币、邮票等）占 10%。此后几届奥运会的电视转播权售价不断提高。[①] 但是，对于一些职业体育俱乐部来说，电视转播权的收入是要比门票的收入高一些的。电视转播权等媒体收入的不断增长，对竞技体育市场的发展和繁荣起到了非常大的刺激作用。从体育服务业发展趋势来看，媒体转播权经营在体育竞赛表演市场的经营中占据的地位会越来越重要。

3. 开发运动竞赛的无形资产

没有实物形态的资产或经济来源，就是所谓的无形资产，从某种意义上来说，它属于一种体育经济资源，可以产生经济效益，能够为企业获得经营收入提供有利的补充。无形资产转化为有形资产是无形资产获得经济效益的原理。运动竞赛本身可开发的无形资产有很多，其中，比较重要的有运动竞赛的名称、会标、吉祥物、标志和图案等。运动竞赛无形资产的市场开发可以采用的手段主要有招标、竞拍等，以此来使运动竞赛无形资产的最大价值得以实现。

4. 赞助与广告经营

赞助与广告经营也是运动竞赛经营管理的重要内容。运动竞赛可经营的广告业务包括的内容有很多，其中较为重要的有：运动竞赛赛场内外的广告牌，运动竞赛的秩序册、成绩册、赛场通讯、各种宣传物品等。从经营形式来看，可以大致分为两种形式：一种是自主经营；一种是委托中介公司代理。

从实质上来说，赞助与广告经营是广告特许权的经营，换句话说，就是为运动竞赛寻找广告赞助商的经营活动。各大企业力图通过赞助体育竞赛来提高知名度，促销自己的产品，赢得商业上的利益。体育竞赛表演具有独特的宣传效果，可以使企业通过赞助和广告实现宣传企业的目的，因此众多企业为运动竞赛提供高额的赞助费用。

---

① 钟天朗.体育服务业导论 [M].上海：复旦大学出版社，2008.

5.发行运动竞赛纪念品

运动竞赛可开发的纪念品有很多,其中,比较主要的有:各种纪念邮品(包括纪念邮票、纪念邮折、首日封、极限封等)、纪念磁卡、电话磁卡、纪念章、纪念金币、会徽、吉祥物造型等。

运动竞赛纪念品的经营开发采用的形式有很多,其中,比较常见的有以下三种形式。

第一,由竞赛组委会自己经营开发。

第二,委托或和其他商家企业合作进行经营开发。

第三,通过出让许可证的方法由社会上对此有兴趣的商家企业来进行经营开发等。

通过以上方式对纪念品进行开发后,通过出售纪念品,获得的经济效益往往是比较客观的。需要注意的是,在运动竞赛纪念品的定价、销售方面要给予足够的重视,尽可能地通过多种策略和多种渠道的运用来进行销售,以保证良好的经济效益。另外,在销售纪念品时,要对纪念品的精神价值进行充分考虑,既可以在赛场周围出售,也可以在运动竞赛所在地区组织销售,还可以拿到其他地区甚至其他国家进行销售,通过多种销售方式来提高销售利益。还有,在对运动竞赛纪念品进行经营开发的过程中,还要对市场定时决策的研究和分析进行综合考虑,从而对切实可行的经营策略进行制定。

第四节　职业体育服务业的运营研究

一、职业体育服务业概述

(一)职业体育服务业的含义

职业体育运动已有100多年的发展历史了,它是体育发展到一定阶段的必然产物。随着生产力的快速发展,人们对竞赛表演体育服务产品的需求不断增加,现代传媒的介入使得运动项目的职业化进程在世界范围内日益加快,职业体育服务业因此而成为体育服务业的重要组成部分。

要对职业体育服务业进行了解,首先要对职业运动员与职业体育有一定的认识。专门从事体育竞赛训练与表演,从中获取报酬,并以此作为生活来源的人,就是所谓的职业运动员;职业体育指的是遵循市场经济的基本规律,将职业运动员高水平体育竞赛及其相关产品作为商品来经营,从中获得经济利益的一种体育经济活动。

根据职业运动员与职业体育的概念,我们可以将职业体育服务业的概念界定为:由各种类型的职业体育俱乐部构成,以体育竞技、表演的方式向市场提供观赏型体育服务产品的组织机构与活动的集合体。

（二）职业体育服务业的特征

职业体育服务业是市场经济发展到一定阶段的产物,其具有如下几方面的特征。

（1）进入职业化运作的体育项目具有高度的技艺性与观赏性。

（2）拥有庞大的体育市场消费需求。

（3）有严密健全的体育经营集团或体育中介公司参与运作。

（4）建立了以营利为目的、以雇佣劳动为基础、以运动员高收入为导向的运作机制。

（三）职业体育服务业的构成

1. 运动项目

运动项目是职业体育服务业经营管理的基础。市场价值对一个运动项目能否成为职业体育服务业的运动项目具有重要的决定作用。通常情况下,职业体育服务业的运动项目的市场价值主要从两个方面来体现:一方面是比赛比较紧张激烈,富有吸引力;另一方面是具有一定的民族传统和较广泛的群众基础,为广大群众所喜闻乐见。这两方面的市场价值决定了运动项目的电视转播价值和广告价值。世界上目前所开展的运动项目有 100 项左右,其中,比较流行的职业运动项目有足球、高尔夫球、网球、冰球、篮球、拳击、赛车和公路自行车等,橄榄球、棒球、排球、乒乓球、羽毛球、相扑等只是在部分国家和地区流行。

2. 运作机构

在职业体育服务业的活动中,职业体育经营机构(职业体育联盟和职业体育俱乐部)、职业运动员(包括球星)、裁判员、教练员、广告商、中介机构、赞助商、观众(球迷)、电视转播机构等都是其重要的因素。其中职业体育经营机构是职业体育服务业的市场主体,也是职业体育服务业的主要运作机构。职业体育服务业主要包括职业体育联盟和职业体育俱乐部两种运作机构,具体阐述如下。

（1）职业体育联盟

职业队的业主为追求自身利益最大化,把经营权委托给一些专家或组织,让其代表自己的利益来对联盟进行经营和管理的制度就是所谓的职业体育联盟。这是以现代企业制度规范为依据建立的一种经济上的合资企业,具有法律上的合作实体、所有权和经营权相分离等特征。通过垄断经营来获取最大利益则是这一运作机构的实质。所以,职业体育联盟在美国商界往往被称为"体育卡特尔"。

（2）职业体育俱乐部

职业体育俱乐部是具有独立法人资格的体育经济实体,它自主经营、自负盈亏,将职业体育竞赛及其相关产品作为商品来组织生产经营并追求盈利,其能够使人们对体育竞赛表演的观赏需要得到满足。职业体育俱乐部一般具有企业的性质和企业运作的机制。以性质为依据,可以将其分为两种类型,即营利性职业体育俱乐部、非营利性职业体育俱乐部。

①营利性职业体育俱乐部

营利性职业体育俱乐部完全是按市场机制来经营运作的以竞赛为手段、以营利为目的的体育商业组织。俱乐部是经营者的私人财产,经营者与运动员之间是雇佣关系,通过俱乐部的经营管理或转手倒卖,经营者可以赚钱,运动员也可以参加盈利分红,但绝大多数盈利都归经营者所有。

②非营利性职业体育俱乐部

非营利性职业体育俱乐部大都是从业余体育俱乐部中分化出来的,实行"一部两制"。它拥有一个完全按市场机制运行的职业运动队,但是其余主体部分和一般的业余体育俱乐部几乎相同。这类职业体育俱乐部将创收作为主要目的,从而使运动员的生计、训练和比赛等问题得以解决。非营利性职业体育俱乐部一般以联赛升降级为等级联赛制的前提。

二、职业体育服务业的经营管理

（一）职业体育服务业的运作管理特征

职业体育服务业是体育与商业相结合的产物,它所从事的运作管理活动实质上就是把职业运动员高水平的体育竞赛表演及相关的产品作为商品来经营,从而获取经济利益。职业体育服务业运作管理的特点主要表现在以下三个方面。

1.职业体育俱乐部是拥有必要的资产或经费的企业性法人实体

职业体育俱乐部是由投资者、经营者、管理者、运动员和教练员组成的有机整体,它有着自身经济利益的经济实体,这就决定了职业体育俱乐部应该是一个有独立管理机构和管理方式,实行企业式运作管理的独立经济实体和经营单位。在向协会登记注册后,职业体育俱乐部就享有法人的各项权利及义务。它需要在国家法律和规定范围内开展经营活动、参与竞争,在经济上自筹资金、自主经营、自负盈亏,并按国家有关规定上缴利润和税收,同时,其经营活动也受到法律的保护和约束。

任何体育俱乐部的投资者,其首要目标都是获取经济利益,追求利润的最大化,使资本在运作过程中实现不断增值。现代职业体育俱乐部的运作管理已经形成了企业化的运作管理方式,有效的运行机制也已得到了建立。对一个职业体育俱乐部的价值起决定性作用的是职业队的价值,与俱乐部签订工作合同的运动员则是职业队的价值来源。究其原因,主要是因为高水平运动员在比赛中表现出来的高竞技水平能够对更多的体育消费群体构成吸引,能够吸引更多的赞助商来赞助,从而获得更多的门票以及电视转播收入,进而促进俱乐部经济效益的提高。

2. 以体育竞赛为媒介将竞技体育服务作为商品进行生产经营

竞技体育服务作为一种体育商品,其运动员在对抗中表现出来的运动技能、人格魅力及营造的赛场氛围等都对体育消费者消费需求的产生起到了刺激作用。而职业体育俱乐部的运作管理正是通过运用各种手段来提高运动员的运动技能,改善竞赛活动的组织工作,使竞赛表演体育服务产品成为体育消费者的消费对象,从而提高经济效益和社会效益。所以,对职业体育服务业的运作管理效果起决定作用的,往往是其能否最大限度地为体育消费者提供优质体育商品服务,从而使体育消费者的心理需求得到充分满足。

3. 职业体育服务业的运营以营利为目标

在市场经济体制下,职业体育服务业的经营管理必须与市场经济规律相适应,因此,这就要求职业体育服务业在向社会提供竞技表演体育服务及其相关产品、满足社会需要的同时,重视谋求自身的经济利益,从而使自身得到更好的发展。从某种意义上说,追求投资者或自身的利益就是职业体育服务业的运作目标。

（二）职业体育服务业的经营管理模式

1. 职业体育服务业经营管理的组织结构

通常情况下,职业体育俱乐部都有自己的组织结构。具体来说,组织机构是一个能承担民事责任的、具有法人资格的经济实体。职业体育俱乐部的组织结构通常是由董事会和一些职能部门组成的。俱乐部主席对俱乐部董事会进行领导,俱乐部总经理对俱乐部中的职能部门实行管理,并直接对董事会负责。另外,俱乐部通常还会设置宣传公关部、市场开发部等一些主管具体业务活动的职能部门。这些部门有明确的分工,部门之间有密切的联系(图 8-4)。

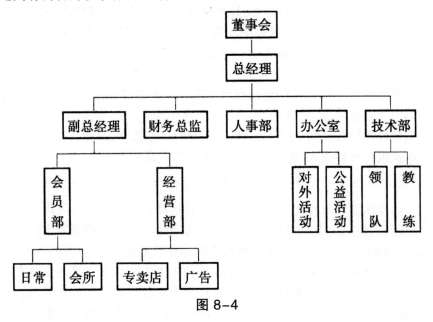

图 8-4

2. 职业体育俱乐部的人员管理

职业运动队是职业俱乐部社会和经济效益的重要来源,因此可以说,职业运动队既是职业体育俱乐部的基础,又是职业体育俱乐部的核心。对职业运动队的管理主要以合同制为主。

合同制是指聘方和受聘方通过契约的形式确立的双方之间的劳资关系,合同中明确规定了相关的责、权、利,其契约具有法律效力。合同制是对职业体育俱乐部相关人员进行管理的主要手段。职业合同是构成所属协会、俱乐部之间关系的法律基础。通常情况下,职业体育俱乐部和职业运动员所签的合同中,主要内容有运动员的工作内容、工资、体格检查、差旅费用、纪律要求等;而和职业教练员所签的合同中,主要内容包括工作内容、薪水标准、任期目标、任职期限等。

第五节　体育经纪人的管理研究

一、体育经纪人概述

（一）体育经纪人的概念

不同国家的社会制度、文化传统及经济发展水平各有差异，受此影响，体育经纪人在不同国家有不同的界定。而且，即使是在同一国家，不同地区对体育经纪人的定义也有差异。一般认为，体育经纪人是指依据国家法律法规取得合法资格，在体育领域代理他人或组织的商务活动，并按约定获取相应佣金的经济实体。[①]

（二）体育经纪人的作用

体育经纪人与体育竞赛市场的发展是相辅相成的，市场发达程度越高，经纪人就越活跃，反过来，经纪人专业水平越高，就越能促进体育市场的繁荣。体育经纪人的作用主要表现如下。

1. 对运动员加以协助

体育经济人之于运动员，就如同教练员之于运动员，可见，体育经济人的作用与教练员同等重要。体育经纪人能够吸收来自世界各地的信息，他们不但可以为运动员联系一些参与比赛的机会，而且还可以井然有序地安排运动员的食宿。比如，为运动员争取出场费、交通费，为运动员找赞助、拉广告、办签证、买机票，到机场接送运动员，包装并宣传运动员等都是体育经纪人力所能及的事。体育经纪人都有正式的聘任证书，其主要由国际各体育组织（国际足联、田联等机构）颁发，没有正式的证书，不可以担任经纪人的角色，因而也无法正常运作经营。因此，运动员可以将自己的各种事物放心地交由经纪人处理。

2. 促进体育市场矛盾的缓解

竞赛表演市场、健身娱乐市场、体育博彩市场等都属于体育服务市场的组成部分。经纪人和经纪公司对体育市场上商品的商业包装和市场运作直接影响着体育市场中供需矛盾的解决。为促进赛事市场价值的提升，

---

① 鲍明晓.体育产业：新的经济增长点[M].北京：人民体育出版社，2000.

体育组织会努力对赞助商和强势媒体的商业合作加以寻求,以对更多的媒体受众、现场观众产生强大的吸引力。此外,还可通过出售电视转播权、销售赛事门票等方式来促进体育组织收入的增加,从而将更高水平的职业选手收购或买入,如此产生良性循环的效应,促进竞赛表演市场规模的增加和品牌的提升。在对体育竞赛表演市场供需矛盾进行调节的过程中,体育经纪人和经纪公司发挥着举足轻重的作用。

3. 促进竞技水平的提高

中国要向世界体育强国的方向发展,就需要促进体育运动水平的不断提高,而提高竞技水平的一个主要途径就是对高素质体育经纪人的队伍进行建立。我国一些体育教练已经普遍认识到,我国要想真正成为世界体育强国,就必须重视对体育经纪人的培养,充分发挥体育经纪人的桥梁作用。我国运动员只有通过经纪人的运作,多参加国际大赛,多进行尝试与锻炼,才能不断丰富比赛经验,促进比赛成绩的提高。

4. 促进体育的职业化和商业化发展

世界上有些商业色彩浓厚的非常规体育比赛是由体育经纪人一手创办的。联赛是体育职业化的一个典型表现形式,转会问题随着联赛一起出现;而大奖赛、邀请赛是体育商业化的主要表现形式。不管是联赛,还是邀请赛、大奖赛等,运动员转会的办理、奖金的分配和其他事务性工作都需要由经纪人来办理。倘若经纪人没有参与其中,运动员会缺少很多参赛的机会。反过来,通过经纪人参与与科学运作,能够对很多商机、热点加以创造,并对广大民众的参与热情产生激发作用。虽然业余训练和比赛是奥林匹克倡导的关键,但从现实来看,各国体育都在向着商业化、职业化的趋势发展,这已经成为一个不争的事实。

5. 促进体育市场的繁荣

体育的产业化发展和体育市场经济的繁荣都离不开体育经纪人发挥自己的作用。在体育市场中,体育经纪人是非常重要的一个环节。体育经纪人不仅会参与各类体育比赛,而且也会参与到广告策划、电视转播、运动员和运动队的经营管理、媒体宣传等活动中。体育产业的社会化及市场化发展离不开体育经纪人的活动。现在,我国大型职业体育赛事(如全国篮球联赛、足球联赛、排球联赛等)的举办与顺利运作都需要经纪人参与并发挥其作用。

二、我国对体育经纪人的管理

作为我国的一种现代新兴职业,体育经纪人的自由化和社会化较为明显,所以,加强对体育经纪人的管理,对于繁荣体育经济市场具有重大的意义。下面主要对我国不同部门对体育经纪人的管理进行研究。

(一)国家体育总局对体育经纪人的管理

从国家体育总局来说,其对体育经纪人的管理主要从以下几方面展开。

(1)对有关下属单位进行授权,使其对体育经纪人的资格进行认证,对体育经纪人资格证书进行颁发。

(2)对相关政策法规进行组织制定与推行。

(3)对体育经纪人的培训和考试部门进行指定,并指导有关部门实施培训与考核工作。

(4)对各项目管理中心的体育经纪人业务进行协调与统筹管理。

(5)对有关体育经纪行业组织的成立进行扶持。

(6)对体育经纪活动进行监督和管理。

(二)工商行政管理部门对体育经纪人的管理

国家工商行政管理部门对体育经纪人的管理主要体现在四个方面,即对个体体育经纪人、合作体育经济组织、经纪人事务所、体育经纪公司的管理。具体见表8-1。

表8-1　国家工商行政管理部门对体育经纪人的管理

管理对象	相关法律	设立条件
个体体育经纪人	《经纪人管理办法》	(1)业务场所固定 (2)资金较为充足 (3)拥有体育经纪人资格证书 (4)具有从业经验 (5)与《城乡个体工商户管理暂行条例》的其他规定相符
合作体育经济组织	《中华人民共和国合伙企业法》	(1)合伙人为两个以上,都要对无限责任依法进行承担 (2)有书面形式的合伙协议 (3)有经营场所,且具备合伙经营的必要条件 (4)有合伙企业的名称 (5)有各合伙人实际缴付的出资

管理对象	相关法律	设立条件
经纪人事务所	《经纪人管理办法》	（1）业务场所固定 （2）资金较为充足 （3）有书面形式的合作协议 （4）发起成立的合伙人中，必须有超过2名的人员拥有经纪资格证书 （5）专门从事某种特殊行业经纪业务的，取得相应专业资格证书的专职人员需超过4名 （6）兼营特殊行业经纪业务的，取得相应专业经纪资格证书的专职人员需超过2名 （7）与相关法律规定的其他条件相符
体育经纪公司	《经纪人管理办法》	（1）有相应组织机构，业务场所固定 （2）有10万元以上的注册资金 （3）专职人员的数量要与经营规模相适应，至少有5人取得经纪资格证书 （4）专门从事某种特殊行业经纪业务的，拥有相应专业经纪资格证书的专职人员需超过4名 （5）兼营特殊行业经纪业务的，取得相应专业经纪资格证书的专职人员需超过2名 （6）与《公司法》及其他相关法律的条件相符

（三）政府职能部门对体育经纪人的管理

政府职能部门的管理具体是指国家体育总局和地方各级体育组织机构对体育经纪人的管理，其包括两个方面，即协调管理和指导管理。在从事有关体育市场的经纪活动及业务时，体育经纪人需要提前报有关政府职能部门备案，得到批准后才可从事具体活动及业务。

（四）税务部门对体育经纪人的管理

国家税务部门及地方税务机关管理体育经纪人主要是参照税法进行的，具体管理内容如下。

（1）将税务登记证核准后，发给个体体育经纪人、合作体育经济组织及体育经纪公司。

（2）体育经纪机构要向体育经纪组织缴纳税金，国家及地方税务部门对此进行监督、检查和管理。

（3）对需要减税、免税的公益性体育经纪活动进行批准等。

第九章　休闲体育产业的发展及市场化运营研究

随着现代社会逐渐进入到休闲时代,休闲体育得到了非常快速的发展,休闲体育产业作为一个新兴产业应运而生。作为现代经济发展中新的增长点,休闲体育产业的重要作用越来越受到学者和企业人士的重视。本章主要就休闲体育产业的发展及市场化运营进行研究,内容包括休闲体育产业的基本理论、发展现状以及体育健身休闲产业、体育旅游产业的发展及运营等。

第一节　休闲体育产业的基本理论

一、休闲体育产业的概念

（一）休闲与体育

休闲指的是人们在工作、劳动之余以各种"玩"的方式实现身心的调节与放松,达到生命保健、体能恢复、身心愉悦目的的一种业余生活方式。休闲处于不断的发展和流变过程中,而且不同人群的休闲方式也各不相同。在不同的社会发展阶段,休闲的意义也有所不同。但总体而言,休闲注重的是心情的放松和愉悦,压力的释放与宣泄,个人情感的满足与慰藉。合理科学的休闲行为能够使人体实现体能、智力、情感等各方面的调节。作为一种重要的生活方式,休闲表现出独特的价值与作用,它可以实现身心的全面发展、丰富人们的日常生活、提高人的生活质量。

体育是人类在生产生活中形成的以身体各方面活动为主的一种特殊的文化,它同时也有很多方面的特点与功能,如健身、搏击、游戏、娱乐等,对人体具有积极的影响,对人们的休闲生活有着重要的意义。体育活动需要人们直接参与,通过各方面的体育锻炼活动使人体的各方面素质得到恢复与提高。

体育并非是为了空闲时间的娱乐和愉快而存在的,它是以人身体和健康的发展为最终的目的。在人们的日常生活中,随着闲暇时间的不断增多,体育作为一种休闲娱乐活动在长期的生活实践中逐渐被人们所接受。体育通过休闲和娱乐的方式逐渐得以推广,并发展成为如今的休闲体育运动。

（二）休闲体育产业

1.休闲体育产业的概念及含义

在休闲产业的组成结构中,休闲体育产业是其中一个基础的组成部分。休闲体育产业的概念为,为了使人们的休闲体育消费需求得到满足而将物品、服务和设施提供给人们的组织集合体就是所谓的休闲体育产业。在一定程度上而言,也可以将休闲体育产业认为是以使人们休闲体育需要得到满足为目的的产业。

休闲体育产业的概念中包含几方面的含义,具体如下。

（1）休闲体育用品和休闲体育服务是休闲体育产业提供的两类主要产品。

（2）休闲体育产业将休闲体育产品提供给人们,主要是为了实现休闲体育消费,这表明休闲体育产业所提供的产品其指向性是明确的。

（3）人们通过支付金钱,购买休闲体育产品,以使自身的休闲体育需求得以满足的过程就是休闲体育消费。

（4）休闲体育与其他体育方式相区别的一个特殊属性就是,体育运动是对休闲体育产品进行生产和提供的基本方式和手段。

2.休闲体育产业体系构建

作为休闲产业的一个重要组成部分,休闲体育产业主要包括两大部分,即休闲体育用品产业和休闲体育服务产业(图9-1)。

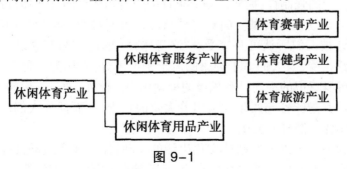

图 9-1

二、休闲体育产业的功能

作为一种新兴产业和朝阳产业,休闲体育产业的功能与作用可以从多个方面体现出来。休闲体育的内容包含在休闲体育产业中,因此休闲体育的功能也是休闲体育产业所具有的功能。此外,作为一种产业,经济功能也是休闲体育产业的重要功能。

（一）健身功能

实践证明,在闲暇时间经常进行休闲体育活动是保持身体健康、强健身体的一项有效措施。随着年龄的逐渐增长,人体会出现各种老化现象,随之而来的就是各种疾病的产生。研究发现,动脉硬化在脑力劳动者中发生的概率为 14.5%,在体力劳动者中仅为 1.3%。我国传统的养生学一直都非常强调运动对于人体的重要作用。有研究者对长期参加跑步的 40 名中老年人研究发现,他们的发病率一般都很低,心肺退行性变化推迟 10 年甚至更长时间。正是由于平时坚持参加适宜的长跑运动,才显著改善了心肺功能,调节了身心。

随着社会的不断发展,"职业病"和"文明病"逐渐增多,人们越来越意识到身体健康的重要性,"生命在于运动"的观念逐渐被人们所普遍接受。在日常的工作生活中,人们开始逐渐重视休闲体育的功能与作用,在空闲时间里参与各种休闲体育活动,以此来弥补或消除由于缺乏运动所造成的负面影响。通过参与这些内容丰富、形式多样的休闲体育活动,人们能够获得健康的身体与愉悦的心情,而作为一种能够保持并提高健康水平的体育运动,休闲体育活动是最积极、最有益、最愉快的休闲方式之一。

休闲体育之所以不断受到人们的重视,同其自身所具备的特点密切相关。总体来说,我国的竞技体育、学校体育、群众体育的发展或多或少都带有一定的强制性,而实践则要求过去的封闭体育向开放体育过度、计划体育向市场体育转型。面对这种情况,"终身体育"与"健康第一"的观念逐渐被人们所认可并接受。"终身体育"的理论与观念之所以能被人们广泛接受,与人们对于健康的需求密不可分,它作为一种理论基础,对人们健身意识的提高具有积极的推动作用。此外,通过人们的实践,休闲体育以其趣味性与娱乐性吸引着大众的目光,从而促使人们产生了强烈的休闲体育健身的欲望。

作为一种丰富人们精神文化生活的运动,休闲体育运动具有重要的作用。它能够发散人们多余的精力,消除疲劳;净化人们的情感,缓解心理的压力；使人们回报社会，获得更多的成功感和满足感；提高人们人际交往以及社会适应能力等。除此以外，休闲体育活动的内容繁多，形式多样，并不需要有高规格的场地设施与器械，对技术动作也没有硬性的要求，可以进行自娱自乐，也可以与群众互动参与。在参与休闲体育的过程中，没有身份、地位的分别，也没有职业、性别以及年龄的分别，每个人都能够从中获得休闲的乐趣，具有愉悦身心的作用。对休闲体育的参与有助于人们摆脱以工作为中心的单调生活，更好地感受生命的意义与价值，享受生活的乐趣，从而为终身体育的推广和普及创造良好的基础。

（二）文化功能

文化功能是休闲体育产业的重要功能之一，主要表现如下。

1. 促进观念的改变

休闲体育本身所具有的休闲、娱乐、健身等价值能够在休闲体育产业中充分展示出来，这些价值有利于人们对休闲体育能够提高人们生活质量这一重要意义的深入认识，有利于促进人们文化观念的改变，对人们传统的体育意识进行有效的引导，进而对人们积极参与休闲体育消费的行为给予正确的引导，这在客观上对体育经济的发展起到了推动作用。

休闲体育产业能够将健身、娱乐、休闲、教育等休闲体育的文化价值展现出来，同时，休闲体育设备本身所具有的艺术价值也可以在产业中体现出来，这就有利于吸引更多的民众，使其自觉积极地参与到体育休闲活动中来。在人民群众中，有些人的休闲体育文化价值观是相近的，甚至是相同的，这些人在受到休闲体育文化价值的吸引和诱导后，就会对某些具体的休闲体育项目产生认同并达成共识，而且他们对休闲体育文化认识不足或肤浅的现象也会因此而得到改变，这些人共同的休闲体育消费倾向就会由此而形成，这对休闲体育及其相关产品的市场份额的扩大，规模经济的形成，体育产业市场的扩大以及社会经济的发展都是十分有利的。

2. 促进人们生活的丰富

人类在对物质文明进行创造的过程中，也在对精神文明不断进行创造。随着社会文化的日益发展，人们在对物质生活加以享受的同时，也对精神文化生活尽情地享受着。文化生活的内容是多姿多彩，十分丰富的，作为一种社会文化，体育具有一定的文化韵味，休闲体育同样也是如此。人们对娱乐性、消遣性精神生活的需求能够在休闲体育中得到满足，人们对美的需求也可以通过休闲体育得到满足，进而，人们自我发展的需求同样可以得到满足。

休闲体育产业是组成社会文化生活的一个重要部分,其可以将丰富多彩的活动内容和方式提供给人们。人们的空闲时间在不断增加,休闲体育产业可以将更多的选择和机会提供给他们,使他们能够对余暇时间进行更为自由与充实的安排。在我国,人们不仅在致力于社会主义物质文明的建设,同时也在对社会主义精神文明建设进行大力提倡。休闲体育能够促进人的精神素养的提高,使人的文化知识不断增长,审美意识不断增强,促进人的整体素质的全面提高。在休闲时间参加体育活动,不但可以使人们的业余文化生活变得丰富多彩,而且对社会主义精神文明建设也有积极的促进作用。

（三）经济功能

1. 提供就业机会

休闲体育产业的发展能够将更多的就业机会提供给社会,从而有效改善现代社会中就业难的问题。在一定的社会经济条件下,劳动者从事生产经营活动或非经营性工作,并且得到了报酬,这就是就业。实质上,就业就是人们为了满足自己在物质和精神方面的需求,通过特定的方式参与到社会劳动中。社会上普遍存在一系列与就业相关的问题,这些问题直接影响了经济的发展和社会的稳定,也影响了和谐社会的构建。我国要加紧解决就业问题,以此来改善劳动者的生存与发展现状,并且使社会的稳定得到一定的保障。休闲体育产业涉及了十分广泛的内容,而且它属于一种综合性产业部门,既具服务性,又具生产性,体育休闲产业的发展必然会对相关各行业的发展起到积极的带动作用,从而使各行各业对不同类型的劳动者提出了需求,为社会提供大量的就业机会。

2. 刺激健康消费

健康的生活方式是现代社会所积极倡导的,而休闲体育自从产生之后就和一些体育活动方式有着密切的关系,这些活动方式不仅丰富多彩,而且有益于身心健康,如登山、徒步旅行、钓鱼、健身等,参加这些活动不仅能够使人们休闲与娱乐的需求得到满足,而且对人们的身心健康也是十分有利的。因此,作为人们休闲方式的主要形式,休闲体育已经融入现代社会的方方面面。休闲体育产业的发展能够将更多的健康生活方式提供给人们,将更多的休闲体育消费选择提供给人们,并对人们在休闲体育产业方面的健康消费进行积极的引导。

现阶段,我国的生产力水平高度发展,经济在持续稳定地增长,人民群众的收入也在逐渐增加,经过多年的积累与发展,人们的消费潜力已十分巨大。与此同时,人们有了越来越多的假期,因此闲暇时间也就增多了,这就意味着人们有更多的时间消费了,而且消费的空间也扩大了。消费时间与空间的增加与扩大为人们进行休闲体育消费提供了基础与便利。

随着我国与世界其他国家交流的密切,人们的视野会变得不断开阔,传统的消费观念与生活方式也会有一定的转变,进而也会导致消费需求的变化。人们基本的生存问题已经得到了解决与改善,现阶段人们的重点需求主要体现在精神层面,自愿花钱增长见识、买健康的人越来越多。而休闲体育产业是与当前国内市场需求最适应,最能促进国内消费不断扩大的新兴产业。所以促进休闲体育产业的发展能够成为使内需不断扩大的突破口。

人们都知道这样的经济学常识,消费由生产决定,但生产的最终目的还是消费。随着工业生产的快速发展,通过第二产业的发展供应大量生活资料的能力有了很大程度的提高,人们的日常消费品变得极其丰富,但因为我国有一个重要的现实问题就是人口众多,所以不可能对人们无节制的物质消费不断进行刺激。在这种情况下,有一个比较合理的可行的选择就是对人们以精神消费为主的休闲体育消费进行积极的倡导。由于人们的精神需求会在基本物质需求满足后上升为主要消费目标,所以精神产品的消费有着很大的发展空间。

三、休闲体育产业产生与发展的条件

（一）现代消费价值观的建立

马斯洛需要理论的基本观点是,人的需要具有五个不同的层次,即生理需要、安全需要、社会需要、尊重需要和自我实现需要。这五个层次的需要是有级别划分的。对于大多数人,尤其是理性的人而言,在衣食住行等基本需要得到满足之后,对休闲、娱乐等精神享受方面的需求必然会增加,人们会在休闲消费中投入自身的财力与时间,这是一种毋庸置疑的必然现象。这时,如果对大量的物质产品特别是生活必需品进行生产,就会导致供过于求的现象出现。

人的精神需求主要表现在两个方面,一方面是人实现自身自由价值的需要,另一方面是对按照现有社会关系进行结构化、等级化的符号编码的精神产品的需要。[①]这两个方面的消费有利于人们社会地位的提高,有利于人们实现自我价值程度的加强,也就是说,进行这两方面的消费,人

---

① 谢卫.休闲体育概论[M].成都:四川大学出版社,2014.

们会有一种消费档次或品位提高的意识。起初,人们认为追求奢侈品的消费是一种时尚,是一种提高自身品位与社会地位的手段,久而久之,人们在习惯消费奢侈品后,就会把它当作是一种生活必需品,从而将其纳入到休闲消费品的范围中。人们追求奢侈品,不是为了满足基本的生理需求,也不是为了满足基本的生活需要,而是为了将自我或自我价值表现出来。

现代社会中,人们的消费观已经上升为一种价值哲学或价值观。人们对休闲体育消费品的需求也是对这种价值观加以遵循的结果。所以,休闲体育商业性服务和消费品在类别、等级上都有不同的划分,与此同时,在休闲体育消费品的划分中,也有一些以品牌为依据的划分形式,表现在商业性服务中,就是以档次为依据对其进行划分。不同的人,其所处的阶段与阶层也是有区别的,他们标示自己所处的阶层与地位时,需要通过对不同层次的消费品的运用来标示。也就是说,不同档次与品牌的消费品,代表了不同阶层的人。有时候,即使是同一个档次与品牌的消费品的消费者,其社会阶层与地位也是有区别的。以高尔夫球俱乐部的会员为例进行说明,人们需要花费很多钱才可以有资格进入高尔夫球俱乐部,但是人们交纳的会费也是分等级的。交纳会员费少的会员,他们所享受的设施、教练等服务与交纳很高会费的会员是不同的。从表面来看,消费者花钱消费休闲体育产品或服务,这是花钱买健康的观念使然,但是在消费者看来,他们不仅在买健康,也在通过这一手段将自己所属阶层的文化观念宣示给他人看。

（二）个体自由本质实现的需要

在古代,因为社会生产力水平极其低下,人们要想生存,单靠个体的力量是远远不够的,所以他们需要依赖集体的力量。然而,对个体的抑制与牺牲是集体存在和发展的主要手段。对个体来说,其自身发展的过程就是不断弘扬和强化自身主体性的过程,就是其生活不断丰富多样化以及系统整体化的过程,就是其才能不断得到突破,充分体现自身本质力量以及创造性的过程。

人的主体性需要主要有两个方面,即积极主体性需要和消极主体性需要。其中,人的主观能动性、积极性以及创造性是积极主体性需要的具体体现。个体的舒适、信仰、安全、公平、善恶、尊严、个性以及自由等是消极主体性需要的具体体现。因为在人的存在与发展中,一定会有生产和消费行为,所以,生产需要主要体现为人的积极主体性需要。实质上,对消费的需要是消极主体性需要的本质。人们的消费行为,不仅是要满足自己的基本生存,也是为了实现自身的"自由"这一重要的人本属性。因此说,人们幸福的前提条件就是实现自由。

然而,对自由与幸福的绝对享有在现实中是不可能实现的,所以人们就会把这一希望寄托在艺术和体育上。人们为了获得自由而参与休闲活动,主要参与形式就是艺术活动和体育活动。就体育来说,其有着丰富多彩的形式,不仅有奥运会中正式的比赛项目,而且还有很多民间体育活动。

（三）市场经济体制是前提条件

休闲体育产业的产生经历了休闲体育活动的产生与发展这一基础阶段,这与现代市场经济发展的逻辑是相符合的。与其他一般产业部门一样,利润最大化是提供休闲体育产品的企业追求的目标。休闲体育服务劳动分工是产生休闲体育产业的基础。反过来,休闲体育产业能够促进休闲体育地域分工和服务劳动的不断深化,能够对休闲体育经济的发展提供支撑与导向作用。

休闲体育产业只有在市场经济体制下才能将自身真正的产业特点体现出来。要永无休止地使资本增值,这是众所周知的道理,休闲体育资本同样也是如此,休闲体育产业及经济的发展也需要资本的不断增值。休闲体育资本增值的主要表现是,在休闲体育的广阔领域中寻找投资与融资的机会,以此来获取更大的价值量。休闲体育资本在某种意义上是一个巨大的开放系统,它将休闲体育融入其中。从一定程度上来说,它也是一种导向力量,促进休闲体育经济结构转变的实现。

（四）休闲时间充裕与收入的增加

休闲是物质生产过程以外的活动,社会生产力的发展程度直接决定了休闲时间的多少。在不同的社会发展时期,休闲时间的差异主要由生产力的发展水平决定。在资本主义社会之前,社会的生存与发展要想得到良好的维持,就需要有大量的人和大量的时间,人们利用这些时间去耕作、采集与狩猎,这是社会生存所必需的。因此人们几乎没有闲暇时间来享受休闲的生活方式,休闲消费也就很少了,只有帝王将相和皇宫贵族才有多余的时间来过休闲的生活。

在工业革命之后,劳动生产效率因为使用了蒸汽机等动力机械而得到了大大的提高,这就极大地促进了人们生活必需品的多样性与丰富性,这时,人们可以不必把所有的时间都用于劳动,可以抽出一部分时间来参与休闲活动。然而,当时在资本主义原始积累的情况下,人们每天的工作时间长达十几个小时,闲暇时间很少,因此休闲消费依然得不到发展。

现在,社会生产力水平不断提高,人们的生活水平也在提高,收入在不断增加,产业结构和产品结构也在不断优化,有大量的多种多样的物质产品与精神文化产品能够供人们消费,这就明显地促进了休闲消费的发展。所以说,生产力水平与经济水平提高、收入增长是导致休闲消费发展的主要原因。作为众多休闲方式之一,休闲体育也随着休闲消费的大量出现而逐渐发展起来了。

第二节　我国休闲体育产业的发展现状分析

我国休闲体育产业经历了几十年的发展,已经取得了很大的成果,具体表现在扩大了市场规模,初步形成了休闲体育市场体系,体育健身服务向多元化与经营连锁化的趋势发展,体育经济法制建设不断加强,市场管理走向规范化,体育人口数量有了增加,休闲体育产业对国民经济的增长有着重大的意义等几方面。[①]

一、体育健身休闲产业的市场规模不断扩大

现阶段,我国有 20 000 多家经营性体育产业机构,这些机构将 2 000 多亿元投入到体育产业的发展中,每年这些机构总共有高达 600 多亿元的营业额。"花钱买健康"的观念已经深入人心,人们将其看作是一种时尚。目前,我国有 3 亿多人会经常参加一些不同类型的体育健身休闲活动,所有居民平均每人参加 3.45 项体育活动。据调查显示,到健身俱乐部消费健身的人,有百分之九十以上一次消费的金额在 50 ～ 100 元,北上广等发达城市的居民将家庭收入的百分之十用于体育健身消费。这些数据表明,我国休闲体育产业的市场规模正在不断扩大,并在之后也会继续扩大。

二、初步形成了体育健身休闲市场体系

对一个国家体育产业发展程度进行判断时,一个重要的指标就是这个国家是否有健全的体育市场体系。现代体育市场体系是多元化的市场体系,它主要包括两个市场,即体育用品市场和体育服务市场。具体结构

---

① 杨铁黎, 苏义民.休闲体育产业概论 [M].北京: 高等教育出版社, 2011.

包括一系列的相关市场,如体育用品市场、休闲健身市场、体育中介市场以及竞赛表演市场等。20 世纪 80 年代初,我国休闲体育市场开始萌芽,经过三十多年的发展,特别是经过近十几年来的快速发展,一个新兴的市场格局开始初步形成,这个格局的特点主要如下。

（1）各休闲体育机构是平等竞争的关系。

（2）有多种所有制并存。

（3）有来自不同行业的投资主体。

（4）健身运动营养补品市场与体育健身休闲用品市场（以体育健身市场为主体和核心）等共同发展。

（5）休闲体育市场提供低、中、高三个不同档次的体育服务产品。

具备上述特征的休闲体育市场格局为休闲体育产业的进一步发展奠定了良好的基础条件。

三、体育健身服务呈现出多元化发展的趋势

不同类型的休闲体育健身中心或健身俱乐部将各种丰富多样的体育健身服务项目和内容提供给消费者,如有氧健身操、器械健身操、体育舞蹈、形体训练、有氧搏击操、保健按摩、羽毛球、台球、保龄球、瑜伽、网球、武术以及游泳等。这些健身机构不仅对齐全的健身项目进行了多样化的设置,而且能够将多元化的服务提供给消费者。例如,休闲体育健身中心,能够将运动服务、健美服务、健身服务、美容塑身服务以及康复服务等同时提供给消费者,此外,还有一些其他的服务项目,如咖啡屋、茶馆、舞厅、书刊室以及桑拿浴等。[①] 这样,不同阶层的人其在娱乐休闲、健身健美以及交友等方面的需求都能够得到全面的满足。

四、重视体育经济法制的建设

市场经济是法制经济。休闲体育产业的可持续发展以及体育市场的有序规范运行离不开经济法制的建设,离不开对市场秩序的规范。我国体育产业自 20 世纪 90 年代以来得到了快速的发展,而且相关部门也在不断加强建设体育经济法制,许多国家体育法规和地方体育法规相继被制定,其中,《公共体育文化设施条例》《全民健身条例》《体育法》等是较为普遍的体育法规。另外,国家也在不断完善休闲体育从业人员的资质认证制度以及体育市场的准入制度,这将进一步规范与加强体育市场的管理,包括休闲健身产业在内的体育产业的发展将会得到有力的

---

① 杨铁黎,苏义民.休闲体育产业概论[M].北京:高等教育出版社,2011.

法律保障。

五、连锁化经营模式发展较快

1999 年,连锁经营模式首先被马华引进我国,其当时引进的是健身俱乐部,后来,一些发达国家的著名体育健身企业进军我国市场,为了促进市场份额的扩大,这些企业采取了连锁经营的经营管理方式,自此,连锁经营的方式被大量的健身企业开始运用,以此来促进规模的不断扩大。

国外著名体育健身企业在我国市场立足后,不断促进市场规模的扩大,采取连锁经营的方式谋求发展,很快就在我国市场产生了很大的影响力,促进了体育市场集中度的不断提高。国外体育企业之所以能够快速在我国占领市场,主要是因为其资金实力雄厚,知名度高,品牌形象良好,经营管理水平较高,健身理念先进。

六、体育产业结构不合理,且发展缓慢

在我国国民经济的发展中,体育产业做出了不可磨灭的贡献,特别是在最近几年,体育产业的发展极大地促进了国民总收入的增加,每年的增幅已超过 20%,这一速度要比整体经济增长水平高出许多。第一次全国体育及相关产业专项调查数据中,我国体育产业增加值见表 9-1。

表 9-1　第一次全国体育及相关产业专项调查数据

年份	2006	2007	2008
体育产业增加值	982.90 亿元	1 265.23 亿元	1 554.97 亿元
占当年国内生产总值的比重	0.46%	0.49%	0.52%

从调查中同时也发现,我国体育及相关产业增加值的构成存在不合理的现象,各部分发展呈现出失衡的特点,特别是体育健身休闲产业的发展明显落后于其他体育产业的发展。以 2007 年为例进行说明,在 2007 年的体育及相关产业增加值构成中,体育健身休闲业的增加值仅占 4.65%,与销售业和体育用品制造业等相比是远远落后的(表 9-2),但是正是因为发展比较落后,所以才会有很大的发展潜力需要挖掘,有很大的发展空间需要探索,相信在不久之后,我国体育健身休闲业的发展将会大大超过其他产业,将会成为国民经济发展中贡献率较大的产业。

表 9-2　2007 年我国体育及相关产业增加值占国内生产总值比重

体育及相关产业	增加值占国内生产总值比重
体育健身休闲活动	4.65%
体育中介活动	0.24%
体育场馆建筑	3.53%
体育场馆管理活动	1.82%
体育用品及服装、鞋帽制造	70.91%
体育用品及服装、鞋帽销售	8.82%
体育培训活动	0.63%
体育组织管理活动	7.06%
体育彩票销售	2.34%

七、面临日趋激烈的市场竞争和较大的经营风险

我国加入世界贸易组织之后,我国出现了国外很多知名度较高的体育健身企业,如美国倍力、英国菲力斯公司等。这些著名的企业进入我国,产生了两方面的影响,即积极影响与消极影响,具体如下。

积极影响:知名企业进军我国市场,将先进的健身理念和经营管理经验带入我国,对我国体育健身企业的发展具有积极的作用。

消极影响:知名企业进军我国,使我国体育健身市场的竞争日益激烈,而且各企业之间在服务产品上没有很明显的差异,所以对顾客的吸引力也是较为均等了,企业为了吸引消费者,果断采取价格手段,这就会造成我国体育健身市场秩序的混乱,不公平的竞争也会随之出现,这就随之增加了企业经营的风险。

第三节　体育健身休闲产业的发展及运营研究

一、体育健身休闲产业的发展

（一）国外体育健身休闲产业发展

居民可支配收入增加、人们余暇时间的增多是国外体育健身休闲产业发展的两个重要因素。西方发达国家体育健身休闲产业的发展,大体

经历了贵族化、大众化、多元化等几个阶段。以美国为例,具体分析如下。

1. 贵族化发展阶段

20世纪70年代以前,网球、高尔夫等运动在美国兴起,由于这些运动属于高档休闲体育产品,因此,参与者多为社会上层的人,而这些运动也成为典型的"贵族运动"。与其他阶层不同,由于具有较高的文化教育水平,社会上层及部分中上层群体选择休闲体育的活动方式、场所、时间及伙伴有着一定的模式化特征。比如,社会上层群体拥有更多的可支配时间、金钱参与高档休闲体育项目,网球、骑马、高尔夫等休闲体育项目几乎成为社会上层和中上层的专利。这一时期,体育健身休闲的贵族化特征明显。

2. 大众化发展阶段

20世纪70年代以后,以健身操为代表的有氧运动在美国十分流行,并迅速风靡全球,健身休闲观念和健身休闲运动促进了西方国家的体育健身休闲业的快速发展。

这一时期,普通人群的体育健身休闲需求日益增大,大众健身休闲设施和服务产品大量涌现,大众化特点表现明显。

3. 多元化发展阶段

21世纪以后,以美国等西方发达国家为代表,体育健身休闲产业发展迅速,参与休闲体育健身的体育人口不断增多。

(二)我国体育健身休闲产业发展

改革开放的宽松政策环境、国民经济的快速发展、人们健身休闲观念的改变促进了我国体育健身休闲产业的快速发展。

随着改革开放的进行,我国的经济发展水平飞速发展,国民生产总值显著提高,人们生活水平得到了一定程度的改善,我国居民的恩格尔指数也逐渐呈下降趋势。人们用于基本生存的消费比重下降,可支配收入得到了大幅度的提高,这为休闲体育在我国的快速开展提供了必要的经济基础。

思想上的解放是真正促进我国体育健身休闲产业发展的根本原因之一。在改革开放之前,我国施行计划经济,严重地挫伤了人们工作的积极性。而"文化大革命"期间,来自政治环境的压力,更是阻碍了人们参与休闲体育运动的积极性。在"文革"期间,很多体育运动、艺术等都停滞不前,严重影响和禁锢了人们的思想。随着改革开放的进行,人们的思想得到了进一步的解放,人们的个性呈多元化的发展趋势,这为休闲体育的发展提供了思想基础。

我国体育健身休闲产业的发展,从 20 世纪 80 年代初兴起到目前,大体经历了三个阶段。

1. 体育健身休闲产业萌芽阶段(1980—1991 年)

这一阶段是我国体育健身休闲产业的萌芽阶段。1978 年 12 月召开的党的十一届三中全会,做出实行改革开放的决定,工作重心转移到经济建设上来。国家体育系统开始兴办产业。

20 世纪 80 年代初,简·方达的有氧健身操传入我国并很快风靡全国,体育健身休闲活动仍在全国范围内蓬勃开展起来,参与人群越来越多,健身项目年年翻新,青年人玩飞碟、旱冰、迪斯科、呼啦圈,老年人打太极拳等,人们对体育健身场地、体育技能指导、健身知识普及等的需求越来越大。场地、器材租赁开始出现,标志着我国体育健身休闲产业的萌芽。

2. 体育健身休闲产业培育阶段(1992—2001 年)

1992 年元月,邓小平同志提出建立社会主义市场经济的伟大构想,改革开放进一步深入。同年 6 月,中共中央、国务院颁布了《关于加快发展第三产业的决定》,把体育事业划归为第三产业的第三层次,即"为提高科学文化水平和居民素质服务的部门"。

随着改革开放的深化进行,每周五天的工作制逐渐在我国得到了推广和普及,从而使得人们能够自由支配的时间逐渐增多,从而为人们参与休闲体育活动提供了时间保障。另外,随着服务产业的发展以及家用电器等的发展,使得人们从日常家务劳动中解放了出来,使得人们有了更多的闲暇时间。同时,我国的节假日制度也逐渐完善,以上这些因素都使得人们进一步摆脱了工作的束缚,相应的生活和休闲的时间逐渐增多。1995 年 6 月,国务院颁布了《全民健身计划纲要》,国家体育总局推出了第一期全民健身工程。

这一时期,随着我国对外交流逐渐增多,这在一定程度上开阔了国人的眼界,使得人们了解到了如何更好地使用闲暇的时间,也使得现代休闲体育在我国得到了快速的传播。如今,休闲体育产业已经成为我国国民经济的重要组成部分,休闲体育市场呈现出了一派繁荣的景象,台球运动在我国得到了广泛的传播,高尔夫球也在我国逐渐兴起,很多城市都开设了高尔夫球场。一些消费层次较高的体育项目开始进入健身休闲领域,体育作为一种健康投资的意识逐步被人们接受,休闲健身娱乐消费成为一种时尚。体育健身领域初步形成私营、集体、外资及中外合资等多种投资主体并存、高中低档体育服务产品共同竞争的市场格局和单店、连锁等经营模式,我国体育健身休闲产业的产业框架基本形成。

3. 体育健身休闲产业成长阶段（2002 年至今）

进入 21 世纪以来,我国人民初步实现了小康,虽然人均国民收入水平与发达国家仍有一定的差距,但是,这一差距正在逐步减小。同时,2001 年 7 月,北京申办第 29 届奥运会成功,极大地激发了全国人民的体育热情。

2003 年中国人均国内生产总值突破 1 000 美元,居民可支配收入增加,为群众体育健身消费提供了坚实的物质基础。2003 年 6 月,国务院通过了《全民健身条例》,设立了全民健身日,有力地促进和保障了体育事业和体育产业的发展。

2008 年,我国成功举办奥运会,全国人民参与体育健身活动的热情高涨。调查数据显示,2008 年,我国人均国内生产总值已经超过 3 000 美元,体育健身休闲产业发展的群众、物质基础雄厚。

2015 年之后,我国体育健身休闲产业快速发展,随着物质条件的改善、闲暇时间的增多,以及人们思想观念的转变,使得休闲体育呈现出了勃勃发展的势头。

目前,我国有体育产业经营性机构两万多家,总投资额超过 2 000 亿元人民币,年营业额 600 多亿元。"花钱买健康"正在成为一种时尚。[①]

在商业发展的促进下,休闲体育产业得到了快速发展,使得人们的运动消费观念逐渐确立,这对人们健康水平的提高以及生活质量的改善等方面都有重要的作用。产业化和设施的完善使国民从事休闲体育的人数大大增加,与那些传统的休闲项目相比,休闲体育这种方式更富有健康、活力、号召力。我国体育健身休闲产业进入逐步规范的快速成长阶段。

二、体育健身休闲产业经营的基本要求

（一）结合社会效益与经济效益

在我国,体育健身休闲产业的发展将会带来两方面的积极的影响,首先是促进消费与社会经济的发展,其次是推动全民健身运动发展,这也显示出了体育健身休闲产业在我国发挥着两方面的功能与价值,即经济功能与社会功能。所以,经营体育健身休闲产业的人应该在经营的过程中

---

① 苏义民. 我国体育健身产业发展现状与政策建议——关于加快我国体育健身休闲产业发展的思考 [J]. 西安体育学院学报,2010（06）.

充分认识到结合经济效益与社会效益的重要性。在体育健身休闲方面的各类经营活动中,经营者要依托各种不同类型体育设施,对各种体育资源进行积极的开发,将更多的项目与产品提供给消费者,满足消费者的健身休闲需求。同时,经营者通过对多项服务如场地、设施和技术指导的提供来为消费者开展健身健美、休闲娱乐以及康复等体育活动营造一个良好的氛围,这也有利于充分发挥休闲健身体育产业对我国的全民健身计划实行的积极推动。与此同时,体育健身休闲产业在将产品和服务提供给消费者的过程中,也会获得可观的经济收入。

（二）对体育健身休闲市场的发展规律进行研究

作为一个发展中国家,我国的社会经济在发展的过程中出现了不平衡的现象。作为一个新兴的行业,体育健身产业的经营者需要对体育健身休闲市场发展的规律和趋势进行积极的研究和探讨,从而对相应的有效的经营策略和手段加以制定与运用。

（三）对目标市场进行确定，将经营特色凸现出来

尽管体育健身休闲市场有着很大的容量,但从一个企业的视角来看,不可能将全部相关内容包含其中。对目标市场的确立就是对体育健身休闲企业自身的服务对象与经营范围加以确立,用经营特色将体育健身休闲的消费者吸引过来,通过提供优质服务来将消费者长期留住。

（四）对市场营销策略加以重视

买方市场是目前我国体育健身休闲产业市场的主要表现,买方市场存在着异常激烈的竞争。所以,体育健身休闲企业要想扩大市场份额,将消费者长期留住,就一定要将市场营销策略重视起来,对多样化的销售渠道和营销方法灵活加以运用。

三、体育健身休闲产业主要经营的内容

（一）体育健身休闲项目经营

随着人民生活水平的不断提高和居民收入的增加,体育健身休闲产业作为一种新型产业开始出现。目前,体育健身休闲市场正处于蓬勃发展的阶段。经过对我国健身俱乐部的调查后显示出,器械健身、体育舞蹈、保龄球、网球、台球、羽毛球、乒乓球、健身气功、游泳、跆拳道以及健美运

动等是现阶段我国体育健身休闲主要经营是项目。

从上述这些主要经营项目来看,健身体育的所有内容基本上都被包含在其中了。体育健身休闲市场健身项目的全面性能够从这一主要经营范围中反映出来,体育健身休闲产业经营项目全方位发展的总体态势也能够从这些经营项目中体现出来。经过调查表明,保龄球在我国目前体育健身休闲产业中是经营的一个"热点"项目,网球和健美运动是"次热点"项目,其他项目的经营热度与这些项目相比较差。

经营项目需要配备一定的设施才能顺利开展。现阶段,体育健身休闲市场的设施能够基本满足经营项目的需要,大体而言,设施的配置程度与经营项目是相适应的。

（二）健身休闲服务设施经营

在体育健身休闲产业的健身休闲设施经营中,健身休闲活动的基本服务是必须开展与提供的。除此之外,还要对整体观念加以树立,从整体的视角出发,加强对其他不同类型的健身服务的提供,这些健身服务必须是健身休闲消费者或参加者所需要的,而且是得到广泛认可的服务。充分地发挥健身休闲设施所具备的各种功能是健身休闲服务设施经营的核心。所以,在体育健身休闲产业的经营中,将计划服务、环境服务等设施中的构成条件纳入到最基本的服务中,可见计划与环境服务已经受到了高度的重视。

为了促进健身休闲基本服务效果的不断提高,在对健身休闲服务的范围进行规范与确立的过程中,经营者要将一些延伸服务(健身教练的素质、收费、接待、附属设施等以外的)与消费者或参加者心理方面的服务(设施的形象、舒适度、沟通等)考虑在内。从这个角度而言,健身休闲设施经营的发展会直接受到健身休闲设施中的服务构成的影响,甚至是决定性的影响。

四、体育健身休闲产业的管理

（一）物资管理

体育健身休闲产业的物资管理主要包含以下三个程序。
（1）购发物资用品。
（2）各部门负责人向总经理提交本部门所需要的物资用品制定计划。
（3）总经理对相关负责人进行指定,使其计划并预算每月物资用品,主管副总经理审批预算与计划后,总经理指定的负责人采购物资用品,然后以实际工作需要为依据将物资用品有计划地分发给各个部门,各部门负责人签字领取物资用品。

总经理指定的负责人在对物资用品进行采购与分发的过程中,需要做到以下几个基本要求,即物资品种丰富、用品齐全、数量充足、质量高、开支、库存合理、保管妥当。而且负责人还要准备一个账本,做好入库、出库手续的工作。在管理物资用品时,管理者一定要注意安全,注意整洁,严格按照规章制度办事,非工作人员进入库房要得到有关部分的允许。

（二）行政管理

将内部关系处理好,使各项管理达到标准化与制度化,促进办事效率的提高是促进体育健身休闲产业行政管理不断加强的主要目的。印鉴管理、档案管理、公文管理、库房管理、报刊及邮发管理、办公用品管理等是行政管理的主要内容。

（三）计划管理

全局、平衡、应变、群众以及效益等观点的确立需要在市场经济条件下加强对健身休闲业的经营计划管理。体育健身休闲企业中,全体职工的行动纲领就是以企业经营计划为准,对生产销售任务的安排也要以经营计划为依据。所以,休闲体育企业中,各生产环节与生产经营活动的执行都要以计划为准。

1. 制定计划的依据

制定休闲健身体育企业的经营计划时,需要采取的主要方法与遵循的基本要求是统一领导,分工负责与综合平衡。制定体育健身休闲产业经营计划的主要依据有以下几点。

（1）宏观经济环境(国家及所在地区)。

（3）市场预测及需求状况。

（3）企业经营方针和经营目标。

2. 计划制定的程序

在制定体育健身休闲产业的经营计划时,大致程序主要有以下几个。

（1）对体育健身休闲企业存在的价值进行了解与明确,不仅要以获利为目的,而且要认识到企业对社会所担负的责任,所需要付出的贡献,要采取措施促进员工生活水平的提高与收入的增加,给消费者提供更好更全面的服务。

（2）对体育健身休闲企业自身的优势与不足进行分析与了解,有针对性地弥补不足,并发挥优势。

（3）对企业周边外部环境的变化进行全面的了解,需要了解的周边环境主要包括消费者消费习惯的改变,政府相关法律法规的制定与变迁等。

（4）对企业发展的目标及方针进行明确的制定,同时尽可能地使目标能够数量化。

（5）对可能的计划执行方案进行探索。

（6）对企业发展的计划方案进行彻底的执行。

（7）对企业发展的成果进行评价,针对不足加以改进。

在对体育健身休闲企业的发展计划进行制定的过程中,目标和对策之间的关系是一个需要重点考虑的问题。不论是什么类型的体育健身休闲企业,其发展首先都需要有一个基本的发展目标,基本目标确立之后再对基本计划加以制定,各部门的个别目标与计划的制定需要以这个基本计划为前提,并受这个基本基本的决定性影响。同样,长期计划的制定需要首先对长期目标进行确立,年度目标与短期计划的确立与制定需要以长期目标与计划为基础。长期目标与计划与短期目标与计划之间的联系必须是密切相关的。换言之,开展某一行动都是为了更好地开展下次的行动,每个计划通常以下一阶段的计划作为目标,其存在不是单独或个别的。①

（四）财务管理

对重要财务管理计划的制定是财务管理的主要内容,主要包括收支计划、资金调度与周转计划等。收支计划是财务管理计划中最为重要的一项计划,它分为两方面,即收入计划和支出计划。

体育健身休闲企业的管理人员只有对财务计划进行有效的制定与掌握,从数字上对企业的实际运作状态进行明确的了解,这样才能更好地加强对企业财务的管理,才能提高管理效率与效果。

（五）服务管理

消费者对体育健身休闲服务的满足程度如何,主要衡量的标准是服务质量,也就是体育休闲健身所提供的服务是否与消费者的期望相符合。服务时间、服务设施的保养与维护、服务者的态度等是服务质量包括的主

---

① 李万来.体育经营管理概论 [M].北京：人民体育出版社，2006.

要内容。体育健身休闲企业在管理服务质量的过程中,必须以顾客的需求为根据,深入调查顾客的满意度,对全面的新的服务加以开发。为了促进体育健身休闲机构服务质量的提高,使不同类型的消费者的消费需求基本上得到满足,将消费者长期留住,服务机构必须从专业的角度培训服务人员,促进服务人员专业技能的不断提高,以教育、技术以及质量等为依据对服务人员进行严格挑选,对服务人员对业务进行接洽的服务质量与绩效进行充分的了解。

第四节　体育旅游产业的发展及运营研究

一、国外体育旅游业的发展现状

关于体育旅游的最早记录可追溯到公元前 776 年的古奥林匹克运动会。古代运动会将强化人们的文化融合观念作为主要目的,但是罗马人还是把体育与旅游结合起来,在奥林匹克运动会期间吸引数万名来自希腊各地的观众。然而在古代,由于受到社会经济发展水平以及交通运输落后等多方面原因的影响,普通人外出旅游和参加体育活动的机会非常少,如在罗马帝国时期,娱乐性旅游活动的参与者都是贵族和上流社会人士。在这种情况下,没有形成真正意义上的旅游业以及体育旅游。可以说,这是真正意义上的旅游业形成的一个重要背景和前提。

19 世纪中叶,近代旅游业开始发源,英国人托马斯·库克(1808—1892 年)在 1841 年时以一个偶然的机会开始其旅游业生涯,他不仅组建了旅游的各种经营机构,开发了多种形式的旅游活动,还以一种全新的旅行理念向旅客提供综合性旅游服务,从而开创了近代旅游业。同时,在欧洲出现了许多相似的组织,为游客提供日程安排、交通工具等服务。由于工业革命带来生产力和人们生活水平的提高,加之交通运输状况的改变,推进着旅游业的发展。旅游者的增多和出游量的增加,也在一定程度上带动了社会上为旅游提供服务的相关行业的发展。到 19 世纪后期,旅游作为一种产业已初见端倪。

欧洲的文艺复兴和工业革命,使人们的观念更新,劳动生产力也得到了解放,社会经济得到较大发展,给现代旅游业的出现奠定了基础。实际上,体育旅游与近代旅游业几乎是同步产生的,在 1857 年,英国就成立登山俱乐部,专门向登山旅游爱好者提供各种旅游服务。在 1883 年,挪威、瑞士等国成立了滑雪俱乐部,为滑雪爱好者提供各种服务。在 1885 年,英国又成立了野营(帐篷)俱乐部,主要是向喜爱野外活动的旅游者提供野外的食宿设施及相关服务。而在 1890 年,法国、德国等也相继成立了休闲观光俱乐部,向旅客提供类似的旅游服务。

19 世纪后半期,随着欧美一些国家的快速发展,极大地改善了人们的生活水平,使其闲暇时间增多,这些都为新观念和新文化的发展提供了条件。在当时,休闲、度假、疗养、健身、娱乐等活动已经成为人们追捧的时尚活动。一大批集食、宿、游、娱于一体的闲暇疗养胜地、度假中心、娱乐场所、休闲设施欣欣向荣地发展起来。室内娱乐项目开始出现骨牌、投镖、台球、桥牌、保龄球等。户外开始流行登山、滑雪、漂流等体育项目以及赛马、垂钓、打猎、棒球、垒球、网球、高尔夫球、射击等休闲体育健身活动。

20 世纪初,一些国家逐渐出现体育健身和各种闲暇娱乐为主体的休闲娱乐业,并形成了一定的规模。例如,在 1929 年,美国的休闲娱乐业占服务业国民收入的 8%,占全国国民收入总额的 0.93%。20 世纪 90 年代中期,英国已有高尔夫球场 2 350 个,每一球场拥有 1 050 名会员。法国有世界上最著名的滑雪旅游胜地,1994 年冬季该国滑雪者人数达 540 万,其中外国滑雪者 180 万,占法国滑雪营业额的 78%。截至 2001 年底,世界共有滑雪场 6 000 个,滑雪爱好者有 4 亿,年收入 500 亿美元以上。在欧美,每年约有 10%的人参与滑雪,滑雪旅游已成为许多雪资源富有国家的重点发展产业。

随着 20 世纪中后期,旅游业的快速发展和各类体育运动项目普及程度的加深,欧美一些国家的体育旅游项目得到了迅猛发展。高山滑雪、徒步登山、海边沐浴、帆船、冲浪,以及攀崖、漂流、探险等深受人们喜爱的项目不断出现在身边。例如,瑞士的小镇达沃斯,充分利用和开发其坐落在阿尔卑斯山脉的自然条件,形成了一年四季均有多种可参与性体育活动的特色,成为世界著名的体育旅游胜地。在亚洲,日本和韩国的许多旅游点还设有相应的体育娱乐项目和设施,给旅游者提供体育健身娱乐服务。在经济发达的国家,利用自然资源举办各种野营和回归大自然的活动也相当普及。

除了这些参与性的体育旅游产业外,观赏性体育旅游产业也随着人们对奥运会、世界杯足球赛等大型国际比赛与日俱增的热情而蓬勃发展起来。利用大型国际体育赛事进行体育旅游开发,已成为大赛主办国与举办城市极为重视的重要的经济收入来源,旅游行业本身也从奥运会等大型比赛的旅游商机中最大程度地受益。

例如,大量的旅游收入给每届奥运会带来稳定的商机和丰厚的经济利益。1996 年的亚特兰大奥运会锦上添花,入境游客达 35 万人,佐治亚州的旅游收入高达 35 亿美元。2000 年悉尼奥运会更是前所未有的旅游盛会,在奥运会举行的十几天里,有 25 万名外国人来悉尼观战,如果算上 1997—2000 年期间所有与奥运会有关的到访者,人数增加到了 150 万,仅在旅游业方面为澳大利亚带来的经济利益就高达 42.7 亿美元。在悉尼奥运会旅游商机的把握上,仅有几十万从业人员的澳大利亚旅游部门就分吃一个总额达 40 亿美元以上的大蛋糕。

1988 年汉城奥运会时,数十万海外观众前往观看比赛掀起了韩国的"旅游热潮"。尝到甜头的韩国人又力争到与日本共同主办 2002 年世界杯足球赛,欲借此机会东山再起。面对被称为世界第一运动、拥有 10 亿观众的足球比赛,举办世界杯最明显的好处就是可以吸引大量游客,给本国带来不菲的经济利益。据韩国有关人士估计:世界杯足球比赛期间,韩国的旅游收入达 4 亿美元以上。而 2004 年的雅典奥运会、2008 年的北京奥运会和 2012 年的伦敦奥运会更是翻开了新世纪体育旅游业发展的新篇章,不仅直接的旅游收入超过了以往的任何一届奥运会,而且所造成的影响也是非常深远的。

总的来说,体育与旅游的结合在国外已经有了 100 多年的历史,而今作为现代人生活方式的内容之一,体育旅游在世界上许多经济发达国家中已得到较深层的开发和较充分的利用,体育旅游业已成为整个社会休闲业中不可缺少的组成部分。欧美的体育旅游已经形成了巨大的市场。

（一）我国体育旅游业的产生与发展

由于我国有着广阔的地域,这就使我国具有了非常丰富的体育旅游资源,加上传统文化的影响,使得我国体育旅游更具民族特色,这些都为我国体育旅游产业的发展提供了良好的自然条件。在东北各省有天然滑雪场以及国家级森林公园数十个,是冬季滑雪旅游的胜地;在我国万里海岸线上,有诸多著名的海滨城市,如大连、秦皇岛、青岛、厦门、三亚等地,都是游泳、潜水、日光浴等理想的体育旅游场所;内陆众多的江河、湖泊和水库多可用于开展漂流、划船等体育娱乐活动;我国的许多名山大川,也为登山、攀岩等活动的开展创造了条件。

新中国成立后,由于处在重建阶段,人民的生活水平普遍较低,人们只能进行一些简单的体育健身活动,例如,跑步、打球、游泳、钓鱼、登山、骑自行车、溜冰等。而随着改革开放的逐步深入,我国的旅游业得到了较快发展,兴建了大量的星级宾馆、饭店,也引进了许多海外健身配套设施。加上交通、通讯等基础设施的极大改善,极大地方便了人们的外出旅游活动。随着人民生活水平的不断提高,传统的健身活动已经无法满足个体的需要,逐渐产生多元化的健身需求。体育旅游作为一种可供选择的健身休闲方式,因其兼有娱乐、刺激等独特的魅力,越来越受到欢迎,滑雪、漂流、攀岩、登山、沙漠探险、徒步旅游、自行车旅游、自驾车旅游、高尔夫旅游、武术健身游、海滨健身游等体育旅游项目在我国逐渐兴起。

（二）我国各地市体育旅游业的发展

近年来,发展我国的体育旅游业已开始得到国家有关部门的重视与支持。例如,国家旅游局把 2001 年定为“体育旅游年”,并在相关文件中公布了 2001 年中国体育健身游主要活动内容。政府主管部门推出这些体育旅游产品,对宣传体育旅游,促进我国体育旅游业的发展有着积极的意义。

1. 将体育旅游业的开发作为新的经济增长点

当前,国内有很多地方将开发体育旅游业作为当地旅游经济新的增长点,并对其发展进行科学的规划。其中,较为典型的当属四川、安徽、贵州以及澳门。下面就对这几个地方体育旅游业的开发与发展情况进行分析和阐述。

（1）澳门体育旅游业的发展

澳门回归后,为了能够进一步提升澳门的国际知名度,吸引外地旅客来澳门观赏及参与活动,增加澳门的旅游消费,特区政府提出了“体育旅游”的施政方针。从此,澳门的体育旅游市场在政府政策指导下得到了难得的发展机遇。近年来,澳门积极筹办体育旅游活动,致力于将澳门建设成为体育旅游业的国际模范城市。体育旅游业能够使澳门的国际知名度得到有效的提升,亦将成为澳门独特的生活特色和文化遗产。澳门以体育赛事为主、休闲健身为辅的体育旅游市场格局,不仅能够促使澳门打造成为“世界旅游休闲中心”,而且对于促进澳门经济从依靠单一的博彩业向多元的经济发展模式迈进也会产生积极的影响。

（2）安徽省体育旅游业的开发与发展

安徽省为落实省委、省政府《关于推进旅游产业大省建设的意见》,充分开发、利用体育和旅游资源,推动体育旅游产业大发展,为全省经济社会又好又快发展、实现安徽快速崛起提供有力支撑。省体育局、省旅游局决定共同推进体育旅游产业大省建设,全面推动各级体育和旅游行政部门通力合作,将体育和旅游两个产业的优势充分发挥出来,共享体育和旅游资源,在开发多种类型体育旅游产品的基础上,将安徽地方特色突出出来,打造体育旅游品牌产品,共建体育旅游产业大省。两局将通力合作,围绕《体育旅游产品发展规划》,认真落实战略合作框架协议的各项内容和要求,积极推动各级体育和旅游部门全面合作,共同开发体育和旅游两大资源。

（3）四川省体育旅游业的开发与发展

四川省在《"十一五"旅游产业发展规划》中就提到要开发"体育健康旅游产品"和"自驾车旅游产品"。具体意见是:在体育健康旅游产品开发上,依托大型体育赛事和健身运动场馆,大力发展体育旅游。充分利用中医药和少数民族医药资源,将其在康体理疗方面的特殊功效充分发挥出来,规划建设矿泉、中药康体旅游产品,开拓康体旅游市场。重视通过对山岳资源的利用来发展户外专项旅游。在自驾车旅游产品开发上适应汽车大众化和本省公路网的发展,重点推出香格里拉秘境之旅、重走长征路、剑门蜀道、攀西大裂谷探秘、南方丝绸之路、茶马古道等自驾车旅游,规划建设自驾车营地、汽车旅馆、餐馆、影院等服务设施,在自驾车旅游沿线建设厕所、加油站、服务区等配套设施。

（4）贵州省体育旅游业的发展

2008 年 1 月,贵州省发展和改革委员会对一个体育旅游开发项目——规划占地 1 218 公顷,总建筑面积 22.8 万平方米,项目建设内容分为综合服务接待区、民族风情展示区、休闲度假区、球类运动区、山地运动区、台地运动区、极限运动区七个功能区,总投资估算约 6.5 亿元的"龙里国际山地体育休闲旅游项目"给予了同意建设的批复。

2. 有针对性地提出发展当地体育旅游业

开发当地体育旅游业的建议也被许多有识之士提出。其中,较为具有代表性的有重庆、河南安阳两个地方,具体如下。

（1）重庆市体育旅游业的开发与发展

重庆政协委员建议以体育为突破口发展旅游,在市政协会议上提交了《重庆体育旅游的发展现状、问题与对策建议》的提案,该提案建议相关部门可以深入调查评估重庆的体育资源,尤其是民族民俗性体育资源,并在此基础上编制重庆市体育旅游发展规划,做好体育旅游项目策划。与此同时,当地还需要加快体育设施建设,完善现代体育设施体系和体育旅游服务配套设施体系,为开发旅游资源和塑造体育旅游品牌奠定理论和物质基础。在此基础上,重庆还可以因地制宜地开发各种旅游项目,如利用山地旅游区开发山地自行车、摩托车、汽车越野竞技性体育旅游项目,利用各地民俗资源开发竹竿舞、舞龙舞狮、划龙舟等具有观赏性、参与性的体育旅游项目,利用悬崖绝壁开发攀岩、岩降等挑战性旅游项目。针对缺乏专业人才的问题,重庆应该加快培养体育旅游人才的步伐,强化体育旅游从业人员的岗位培训和职业教育,使其不仅掌握一定的体育运动技能和相关知识,并且具备一定的组织协调能力,以满足重庆体育旅游未来的发展。

（2）河南安阳体育旅游的开发与发展

目前,河南省南阳市有5 000多名"驴友",有1 000多名车友,他们通过自己的网站自发组织登山探险旅游,他们的足迹遍布南阳人迹罕至的崇山峻岭、险滩河谷。南阳市体育局局长说,体育休闲旅游作为体育产业与旅游产业交叉渗透产生的一个新的领域,是以体育资源和旅游资源为基础,通过各种规划、设计、组合的体育活动、体育赛事吸引人们的参与,进而使人们感受体育活动与大自然情趣的互动体验形式的休闲生活方式。"体育与旅游就像连体婴儿,不仅不能分开,还要深度合作,只有这样,才能实现体育与旅游的双赢,实现最大化的国民体育休闲旅游。"

3. 各地的体育旅游发展迅速

这些年来,我国各地的体育旅游如雨后春笋般地发展起来。

（1）北京体育旅游业的发展

如2009年年初,北京市打出了"回味奥运,圆梦首都"的主题,从上半年旅游市场的整体情况看,这一主题成为最大热点。2009年7月中旬,奥林匹克公园又在北京首次举行了名为"游精彩奥园,赏亮丽夜景,享凉爽夏日"的旅游推介会。奥林匹克公园大型活动负责人说,目前正在盘活各场馆的旅游资源,融入后奥运文化元素,致力于把奥林匹克公园打造成国际现代化的时尚旅游中心和北京市民满意的日常休闲场所。奥运会后,以鸟巢、水立方为代表的奥运新旅游景点迎来了参观高峰,奥林匹克公园每天接待游客6万至7万人次。为北京市带来了丰厚的经济效益。

（2）无锡市体育旅游业的发展

2004年,无锡市旅游局与体育部门一起参加中国体育旅游展示大会。2005年年初,无锡旅游、园林、文化、体育等部门探讨合作,其合作意向一是2005年围绕太湖做文章,打造"环太湖旅游圈"和"环太湖体育圈",发展环太湖的自行车、自驾车、长跑、水上项目、极限运动等体育旅游健身活动。二是积极引进国际性比赛项目,将太湖建成中国的水上运动基地。三是通过环太湖的苏州、无锡、常州、芜湖四城市在旅游、体育等方面的合作交流,扩大旅游、体育共振效应。同时,联手举办国际性、全国性体育、文化和园林艺术活动,提高城市知名度,带动无锡会展、商务旅游发展。四是将无锡太湖旅游节与上海旅游节相呼应,办成沪、苏、浙联动,融旅游、文化、体育、园林等一体的大型品牌节庆活动。

（3）黑龙江体育旅游业的发展

黑龙江作为我国冰雪体育运动的大省,在很早的时期就形成了参与冰雪运动的热潮,特别是成功地举办了世界大冬会,极大地增强了人们对冰雪体育的热爱,掀起了新一轮冰雪体育旅游的高潮。独具特色的滑冰、冬泳、冰雪汽车拉力赛、雪地足球等冰雪体育旅游项目在国内创出了品牌,尤其是滑雪旅游更是接待人次连年呈两位数以上增长。

（4）青海体育旅游业的发展

青海省"环青海湖民族体育旅游圈"正是依托多巴国家高原体育训练基地的良好地理环境,积极开展具有高原特色的全民健身活动,创出了具有青海特色的民族文化、体育、旅游品牌。当地发挥青海湖流域自然景观壮美、文化底蕴深厚、民族特色浓郁的优势,利用环湖地区的各种自然、远古文化等资源,开展自助游(包括徒步、骑自行车、长跑、接力跑等)、射箭、赛马、赛牦牛、帆板、帆船、动力伞、滑翔、登山、攀岩、攀冰、漂流等项目。目前,青海省正在考虑利用青海湖域的优势,建设若干标志性的体育旅游基地,开发青少年体育营地、民俗民间体育、抢渡黄河极限挑战赛及水上运动等项目,以引导更多的群众进行体育旅游消费。

利用各自的资源优势,走独具特色的体育旅游的发展道路,国内许多地区已经屡试不爽。沿海地区打海洋牌,东北地区打冰雪运动牌,西北地区打登山探险牌、西南地区则把重点放在户外运动园区及赛事的开发上。新疆、内蒙古每年都要举行的那达慕大会,汇集了摔跤、赛马、射箭等诸多民族传统体育赛事,四川省规划在该省西部打造出户外运动的"天堂"景区,重庆武隆的国际山地户外公开赛、贵州荔波的全国山地户外运动锦标赛、云南玉溪的户外运动联盟大会等,都是西部各地通过体育旅游和户外运动赛事品牌的打造来带动当地经济发展的典型事例。

在2009年国务院发布的《关于加快发展旅游业的意见》中,将旅游业定位为国民经济的战略性支柱产业。在此背景下,由国家体育总局和国家旅游局共同主办的中国体育旅游发展高峰论坛于2009年12月10日在黑龙江省举行,双方联名发出了《促进中国体育旅游发展倡议书》,明确地表达了两个政府部门联合推动体育旅游发展的意向。

在这次会议上,代表们认为,随着我国经济社会的快速、健康发展,以及和谐社会建设步伐的不断加快,体育旅游作为一种全新的休闲方式已成为居民新的消费热点,体育产业与旅游产业融合发展的态势愈发明显。代表们强调,加快推进体育旅游的合作,是顺应市场需求、推进科学发展的重要举措,是实现相互促进、共同发展的重要途径,是有效拉动内需、促进产业结构调整的实际步骤。代表们希望,各地区、各部门要把推进体育旅游融合发展切实摆上议事日程,将其作为贯彻落实《国务院关于加快发展旅游业的意见》和加快发展体育产业的重要内容,相关企业要抓住机遇、顺势而上,社会各界要广泛参与、积极支持,努力开创体育旅游融合发展的全新局面。

为推进我国体育旅游业的发展,论坛还向旅游行业、体育行业和全社会提出了以下倡议。

(1)认真学习,全面领会国家关于发展体育和旅游的精神实质。旅游全行业和体育全行业进一步加强对党中央国务院精神的学习,从战略的高度进一步提高对体育旅游融合发展的认识,坚定做好工作的信心和决心。

(2)加强合作,不断开创体育旅游部门合作新局面。旅游部门和体育部门科学谋划,努力实践,创新体育旅游融合发展的体制机制,积极探索促进发展的工作方式和方法,研究相关政策措施,引导体育旅游健康发展。

(3)增加供给,大力培育体育旅游消费热点。鼓励旅游企业和体育企业以市场需求为导向,加强合作,创意策划,提供更为丰富、适销对路的体育旅游产品,不断提升体育旅游产品的文化内涵。鼓励各级政府深度挖掘、合理配置资源,培育各类要素,加大对体育旅游基础设施的投入。鼓励社会资本投资体育旅游,促进体育旅游多元化发展。

(4)提升服务,不断优化体育旅游消费环境。以人为本,鼓励企业根据游客需求创新服务,为游客提供更为放心、更加满意的消费环境。倡导健康、绿色生活理念,引导积极向上的体育旅游消费观念。关注民生、强化服务意识;加强政府对体育旅游的引导和市场监管,建立健全保障体系。

(5)进一步发挥现代传媒的优势,加强体育旅游与新闻传媒的联动,运用各种传播手段和方式,形成覆盖面更广、影响力更大的社会舆论氛围。鼓励各方面力量积极参与到体育旅游发展中,促进旅游、体育与文化、服务、电信、交通等产业的关联发展。

有政府的重视和社会各界的支持,有广大体育旅游爱好者的参与,预示着我国体育旅游业将进入一个全新的发展阶段。作为体验式的健康经济主题旅游交叉渗透所产生的新兴领域——"体育旅游"正在我国悄然兴起,并孕育着蓬勃的发展趋势。

二、体育旅游概述

（一）体育旅游的概念

以观看、欣赏和参与各种体育活动为目的的旅行游览活动就是所谓的体育旅游。

体育旅游是体育与旅游交叉结合而产生的一个新型产业。改革开放后，随着我国旅游业的发展，体育旅游业也逐步发展起来。

国家旅游业中，体育旅游业是一个重要的组成部分，体育旅游兴起的基本条件是体育资源和体育设施，其主要提供的商品形式是体育旅游商品与服务。

（二）体育旅游的要素

体育旅游资源、体育旅游设施和体育旅游服务是开展体育旅游必须具备三大要素。具体阐述如下。

1. 体育旅游资源

能够将消费者的体育旅游动机激发出来，能够运用于体育旅游产业的经营管理活动中，并能够通过这一方式创造经济价值的各种因素和条件就是所谓的体育旅游资源。[1]体育旅游产业生存与发展的基本条件与要素就是体育旅游资源。我国有着十分丰富的体育旅游资源，具体分为自然体育旅游资源、人文体育旅游资源以及可开发的体育旅游资源三类。

2. 体育旅游设施

为接待体育旅游消费者而建设和提供的所有物质设备总称为体育旅游设施。体育旅游设施有以下两种类型。

（1）由宾馆、交通、饭店及各种旅游用品商店等为体育旅游消费者的一系列活动提供服务的部门所构成。

（2）各种设备，主要是为了与体育旅游消费者不同目的及爱好相适应。体育旅游经营活动开展的前提之一就是基本的体育设备。体育旅游服务的质量会受到体育旅游设施、设备的影响，同时，体育旅游水平也会受到这一因素的影响。

---

[1]　钟天朗.体育经营管理：理论与实务[M].上海：复旦大学出版社，2004.

3. 体育旅游服务

体育旅游经营单位为了使体育旅游消费者的旅游活动能够顺利进行而提供的各种服务总称为体育旅游服务。

三、体育旅游的经营策划

（一）产品策划

一切旅游活动的开展都需要以旅游产品为基础，体育旅游产业经营的核心部分是体育旅游产品策划。体育产业的其他经营活动策略会受到产品策划的影响。以体育游览为目的的旅游活动就是所谓的体育旅游产品。体育旅游产品的专业性较强。

促进体育旅游业发展的重要举措是不断加强对体育旅游新产品的开发，这也是对体育旅游经营单位生存能力进行评定的一个重要指标。改革与创新后的体育旅游产品都属于体育旅游新产品。不管是对旅游产品进行改革，还是对其进行创新，最后的产品都要优于改革与创新前的体育旅游产品，都要与体育旅游市场需求相符合。因为不管是哪一种类型的体育旅游消费者，其进行旅游消费都是为了满足新颖与刺激的心理需求。因此，体育旅游消费者很容易被"新颖""刺激"的体育旅游项目所吸引，自然也就会为这些项目花钱消费。

所以说，体育旅游经营单位不仅要对普通的体育旅游项目进行开发，而且要对少见的新颖的体育旅游资源进行开发，尤其是开发那些民族民间特色浓厚的体育旅游项目，以此来加强对消费者的吸引力。体育旅游经营单位要重点开发与拓展的业务一定要具有区别于一般业务的特色。这样才能以奇制胜，吸引更多的消费者。

（二）促销策划

我国体育旅游产业发展的时间较短，还有大量的体育旅游资源没有被开发，也就谈不上利用了。所以体育旅游的经营单位要加强对我国的体育旅游资源、设施以及服务的大范围宣传，促进体育旅游经营业务的不断拓展，不仅要开发国内旅游市场，而且要走出去，对国际体育旅游市场进行开发。开发国际市场主要包括两方面，一方面是对国外的体育旅游消费者进行积极的组织，使其来我国参与体育旅游，实施体育旅游消费；另一方面，将我国的体育旅游消费者组织起来，使其参与国外的体育旅游活动。实行走出去的发展战略,才能不断扩大我国的体育旅游市场,也才能进一步提高我国体育旅游产业的效益。

公共关系、促销活动、宣传品以及广告等是实施体育旅游促销的主要手段与措施。要使促销方法对目标市场起作用,只有对体育旅游消费者的特征、体育旅游产品的特征等因素进行全面深入的分析,才能对促销策略做出正确的选择,也才能使以上那些促销手段对目标市场所起的作用得以实现。

四、体育旅游的经营管理

作为一个新兴产业,体育旅游产业在我国目前发展尚且不成熟,为了促使其快速与健康发展,需要加强对其的经营与管理。经营管理方法具体如下。

（一）不组织有害的体育旅游产品

现阶段,世界上已经开发出来的体育旅游项目有很多。具有很大刺激性与危险性体育旅游项目也不少,尽管这些旅游项目能够对消费者产生很大的吸引力,但是这些项目在我国的开展是尚且不可取的。除此之外,色情和赌博活动也是体育旅游经营活动中需要严防及杜绝的危险活动。

（二）在国家旅游局统一领导下开展体育旅游经营活动

国家的体育旅游资源是体育旅游产业发展的基础,国家旅游业中包括体育旅游业这一重要的组成部分。所以要在规划整个国民经济的发展过程之中纳入体育旅游的发展规划,从而充分发挥体育旅游业对国家旅游业的积极作用,最终实现国民经济的整体发展。

（三）同有关单位部门相结合开展体育旅游经营活动

因为一些国外的体育旅游消费者来我国旅游不仅是为了娱乐与休闲,而且也是为了完成一些附带任务,如科学考察和测绘、收集资料与标本等。这些体育消费者在申请办理体育旅游的同时,也要申报科学考察和测绘的计划。而且要经过我国有关部门审核批准后才能准入。如果我国有关部门没有批准附带科学考察和测绘计划任务的国外旅游爱好者进入我国旅游,则其不能够对旅游地的动植物、岩石、矿物等进行系统观测,也不能对标本进行采集,测绘活动也是不被允许的。倘若有关部门批准这部分国外旅游爱好者进入我国旅游,这些旅游者必须将其所收集的资料样品或副本提供给国家科委和国家测绘局,这主要是为了防止国有资源外流。

第十章　体育用品产业的发展及市场化运营研究

随着体育产业的发展,作为体育产业的重要组成部分,体育用品产业也取得了一定的发展成果。从某种程度上来说,体育用品产业的发展也能够在一定程度上促进体育产业的发展。因此,对体育用品产业的发展及市场化运营进行分析和研究,有助于更好地对体育产业的发展和市场化运用有所了解和认识。本章主要对体育用品产业的基本理论、发展现状、市场化运营,以及大型体育场馆的产业化运作进行分析和阐述。

第一节　体育用品产业的基本理论

一、体育用品的基本理论

（一）体育用品的概念

体育服装、体育鞋帽、体育场地、体育器材、体育设备等与体育相关的各种物品的总称,就是所谓的体育用品。这些物品具有体育特性,被用于体育活动的开展中,服务于体育运动。

体育用品具有两个重要的属性,即价值与使用价值,这是体育用品与其他用品之间的共同特征。但同时,体育用品所具有的属于体育的特殊内涵是其他一般用品所不具备的。具体来说,体育用品的特殊内涵与特征可以从以下几方面得到体现。

1.具有鲜明的体育色彩

人们参与体育运动,进行体育健身,享受体育娱乐需要具备的基本物质条件就是体育用品。体育用品与体育有着十分密切的联系,因此说其体育色彩浓厚。

2. 具有较强的专业性

体育用品和体育运动的具体项目、运动技术的发挥等有着特别紧密的联系,所以,在材料、规格、技术标准以及质量等方面对体育用品提出的要求更为严格,更为专业。

3. 体育用品为高消费品

体育用品属于消费品的范畴,这是从产品类别上而言的,具体来说,可以从以下两个方面得到体现。

首先,体育运动属于力量型活动,在活动过程中,损耗体育用品的可能性与程度都很大,所以,体育用品很快就会更新换代。

其次,体育用品不是像衣食住行一样是生活中的必需品,它属于享受性与发展性的消费品,因为人们使用体育用品的目的是追求健康,改善生活方式。

(二)体育用品的分类

当前,关于体育用品的分类在我国还没有达成统一的意见,这里主要对几种较为常见的分类方法进行分析和阐述,具体如下。

1. 以体育用品的功能和用途为依据进行分类

按照这一标准,可以将体育用品分为以下几种类型。

(1)健身器械类体育用品

运动员与体育健身爱好者在进行身体素质训练及健身康复练习的过程中,所运用的各种器材设备,就是所谓的健身器械类体育用品。跑步机,武术中用到的刀、枪、棍等各类健身器材都属于健身器械类体育用品的范畴。

(2)娱乐及场馆设备类体育用品

通常可以将娱乐及场馆设备类体育用品大致分为以下几大类:体育娱乐设备和器材(如风筝、龙舟、秋千等)、棋牌类用品(如国际象棋、中国象棋、围棋、跳棋等)、体育场地设备和器材(如球类场地的设备和器材,体育馆设备和器材等)三大类。[①]

(3)球类器械设备类体育用品

在各种球类运动中运用的球及其设备就是球类器械设备类体育用品。较为具有代表性的有:篮足排、乒羽网等球和设备。

(4)运动服装和器材类体育用品

体育活动中运用的运动服装、运动鞋帽等就是运动服装和器材类体

---

① 李万来.体育经营管理概论[M].北京:人民体育出版社,2006.

育用品。以具体的体育项目为依据,又可将这类用品细分为篮球服、体操服、游泳装等。

（5）体育科研测试仪器类体育用品

对身体形态、素质、机能状态进行测量,进行运动技术分析与评定时使用的仪器设备就是体育科研测试仪器类体育用品。较为具有代表性的有:弹跳仪、遥控心电仪、身体量高仪、运动肺活量测试仪等。

（6）户外运动品类体育用品

人们运用于户外参加休闲运动的器材设备就是户外运动品类体育用品,较为具有代表性的有:登山、攀岩、狩猎等户外运动的用品。

（7）运动装备及奖品类体育用品

运动包箱和其他运动配具等运动者在运动时使用的一些用品就是运动装备。体育竞赛中优胜者获得的奖杯、奖章以及双方为增进友谊而互相交换的队旗、队徽、纪念章、纪念卡等纪念品就是奖品类体育用品。这些纪念品具有浓厚的体育色彩。

（8）渔具系列类体育用品

钓鱼活动中使用的渔具就是渔具系列类体育用品。

（9）运动保健品类体育用品

运动员在运动时和运动结束后,为了补充机体能量与水分而食用的饮品和营养品就是运动保健品类体育用品。

（10）裁判员及教练员用品

裁判员及教练员用于发出指令、记录比赛及训练情况的用品就是裁判员及教练员用品,口哨、计时器、记分器等就是这类用品的典型代表。

2. 以体育运动项目为依据进行分类

按照这一划分标准,可以将体育用品分为球类运动用品、田径运动用品、体操运动用品、武术运动用品等几个方面。

3. 以运动竞赛为依据进行分类

按照这一划分标准,可以把体育用品分为两大类,即竞技体育运动用品和非竞技体育运动用品。

另外,体育用品在国外也有不同的分类,如欧洲国家对体育用品有比较简单与明确的分类(表10-1),在研究各国体育用品业时,通常将此分类作为参考。

表 10-1　欧洲国家体育用品分类

分类	产品名称
运动服装	田径服,防水服,游泳服,户外运动服,足球运动服装,冲浪及滑雪服装,有氧运动、健身运动、球拍运动、雪上运动及其他运动服装
体育器材	乒乓球、高尔夫、有氧运动、健身运动、球拍运动、球类运动、滑冰运动、户外运动、水上运动、冰雪运动、球杆运动、集体项目运动、飞镖、野营运动及钓鱼设备与用具
运动鞋	跑鞋,足球鞋,户外运动鞋,有氧运动、健身运动、球类运动、高尔夫、雪上运动及其他运动鞋

（三）体育用品的属性

在体育实践活动中能够得到有效的运用,是生产体育用品的主要目的所在,因此,可以将体育用品的本质属性大致归纳为以下三个方面。

1. 体育性

体育用品具有自己独特的属性,是人们从事体育活动时所使用的特殊物品,无论从其生产领域、消费领域而言,还是从使用领域等来说,都是如此。具体来说,可以从以下两个方面得到体现:一方面,从实用价值来说,体育用品具有一定的自然属性,人们通过参与体育运动能够获得实际效用;另一方面,人们参与体育运动的社会需要也能通过体育用品得到满足,表现出社会属性。

2. 专门性

人们在体育活动中使用的专门物品就是体育用品,体育运动项目不同,对体育用品的要求也会有所不同,不同的体育项目所规定使用的体育用品往往都是存在差异性的,比如,对运动器具、运动服、运动鞋等的要求都是不同的。人们在参加体育运动的过程中,其个体身体素质存在着差异,运动负荷与运动强度都与平时生活中有不同,都会超过人们一般的范围,所以,参与体育运动对体育用品的自然属性提出了严格的要求,在外观、规格、结构等方面都必须达到一定的标准。

3. 消费性

从本质上来说,人们的生活范畴中涵盖了体育运动,换句话说,就是体育用品其实就是他们在日常生活中的用品,只是这类用品具有特殊性。随着时代的进步与经济实力的增强,人们的物质文化生活内容得到了极大的改善和丰富,人们对自身身体健康的追求和生活质量的提高都表现出来极大的热情与关注,人们有着越来越强烈的欲望来从事体育运动锻炼,这些都是体育用品发展的原因。久而久之,人们的日常生活中已经与体育运动有着非常密切的关系,不可分割,因此,也就无法离开体育运动相关的运动休闲鞋、运动服装等体育用品。但值得强调的是,人们使用体育用品不是为了生存,而是为了提高生活品质,改善生活质量,达到身体健康的目的,所以其属于享受型与发展型生活消费用品,因此具有消费性特征。

（四）体育用品的作用

体育用品的显著作用主要表现在以下几个方面。

1. 对体育项目的发展起到积极的促进作用

体育用品是人们参与体育活动需要具备的最基本的物质条件,运动员竞技能力的高低,运动成绩的好坏以及运动效果如何等都在一定程度上受到体育用品的质量、规格、材料等的影响,从某种程度上来说,体育用品为体育项目的发展提供了有力的支持。

例如,世界上一些国家的体育项目负责人同时也是该体育项目的器材、设备的制造商或经销商,这就使得体育用品的制造与相关运动项目的发展从体制上有机地结合起来。体育用品不仅为项目的发展提供了有力的支持,同时也对体育项目的器材设备的生产、使用、营销等向着更加垄断的方向发展起到了积极的推动作用。

2. 对体育市场的发展起到积极的促进作用

体育用品既是经济的重要组成部分,又是体育的组成部分,而且是直接的组成部分。因此,这就赋予了体育用品两个重要属性:一个是经济属性,一个是体育属性。

伴随着体育事业的发展壮大,体育用品已经发展成为国际上最具影响力的产业——体育用品产业。与体育用品相关的行业部门中都有体育用品的生产、开发管理、营销等涉及其中,如纺织工业、橡胶工业、机械制造等相关行业。所以,体育用品的发展对于正确消费的引导、内需的有效拉动都是较为有利的,从而对就业人员的增加,经济结构的调整,经济的发展,体育用品市场积极的培育,我国体育事业的发展与壮大都起到非常积极的促进作用。

3. 对自身市场的发展起到积极的促进作用

体育用品市场上,商品种类繁多,市场竞争格局已经在体育用品生产企业之间开始形成,这对于我国体育用品业和体育用品市场的发展进行有效的推动,促进我国体育用品的质量的不断提高,对体育用品更新换代也有一定的促进作用,同时,对于民族品牌的发扬,我国体育用品市场与国际体育用品市场间的交流进一步加强等都是较为有利的。

二、体育用品业的概念和分类

(一)体育用品业的概念

众所周知,体育用品是人们进行体育活动的最基本的物质条件,主要用于体育运动,所以,我们能够通过对产品"用途关联分类法"的方式的运用来对体育用品业进行界定和划分。可以将体育用品业的概念界定为:生产体育活动中适用的专门的物品的企业集合。[①]

作为一个产业系统,体育用品业是跨系统、跨行业的,具体来说,又可以将其大致分为体育器材业、运动服装业、运动鞋制造业等一系列的子行业。

(二)体育用品业的分类

1. 对体育用品业进行分类的意义

对体育用品业进行分类具有十分重要意义,其重要意义在理论和现实两个方面都有所体现。具体来说,主要表现在以下几个方面。

(1)对于体育行政部门对体育用品的管理是较为有利的。

(2)对体育用品行业协会保持自律是十分有利的,能够使体育用品在体育活动中的合理与规范使用得到保障。

(3)对于开发、生产、经营和管理体育用品都是十分有利的。

(4)有利于对体育用品市场进行有针对性的培育和规范,从而对体育用品业的发展起到积极的促进作用。

2. 体育用品业的类别划分

以国家统计局制定的国家标准《国民经济行业分类》为主要依据,体育用品业被列入制造业门类的文教体育用品制造业大类中。以国际经济指标的统计为根据,可以将体育用品业分为以下几种类别。

(1)球类制造

球类制造指的是各种皮制、胶制、革制等可充气的运动用球的生产制

---

① 李万来.体育经营管理概论[M].北京:人民体育出版社,2006.

造,比较典型的有:足球、篮球、排球、台球、乒乓球、高尔夫球等。

（2）训练健身器材制造

训练健身器材制造指的是供给健身房、家庭、体育训练等使用的健身器材以及运动物品的制造。

（3）体育器材及配件制造

体育器材及配件制造指的是在不同运动项目的比赛和训练中所使用的体育器材及用品、体育场馆设施及其器件的生产。具体来说,又可以将这一类划分为以下几类。

比赛器材:球类器材、田径器材、体操器材、举重器材等。

比赛用品:网球拍、羽毛球拍、乒乓球拍等。

训练中使用的辅助器材:口哨、裁判用记分器。

育场馆设施及配件:举重台、拳击台、摔跤垫、柔道垫、合成跑道等。

（4）运动防护用具制造

为各项运动特制的各种材质的手套、鞋、帽以及护具的生产,就是所谓的运动防护用具制造。不同体育运动项目的训练与比赛中运动员专用的手套、帽子和护具等就是这一类型中的代表。

（5）其他体育用品制造

钓鱼专用的各种用具、用品及其他体育用品制造。

第二节　我国体育用品产业的发展现状分析

我国体育用品业的发展起步较晚,但是经过近年来的大力发展,其发展前景也被逐步看好。关于我国体育用品业的发展现状,可以从调查和分析中得到体现。

一、我国体育用品业的发展情况调查

我国体育用品业在经过不断的发展后,已经取得了较为理想的成绩,

（一）对企业区域分布情况的调查

通过对体育用品生产企业的分布区域的调查可以得知,我国共有体育用品企业 3 372 家,其中广东省所占最多,有体育用品企业 710 家,占全国体育用品企业总数的 21.06%；其后依次为上海、福建、江苏、浙江、北京、山东和天津。而其他省份体育用品生产企业共有 372 家,仅占总数

的11%。通过对体育用品业的分布区域的调查中可以发现,我国体育用品行业发展存在着明显的地域差异,主要表现为:沿海经济发达的省份、直辖市偏多,内地及边缘少数民族地区很少,颇有些南强北弱、东强西弱的局势,梯度特征较为显著。

（二）对企业所有制形式的调查

我国正处于社会主义初级阶段,市场经济体制也是处于发展和改革完善阶段,因此,这就赋予了我国的体育用品业符合社会主义初级阶段市场经济的特征。与以公有制为主体的多种经济成分并存的所有制结构的要求相符,比较常见的形式主要有国有、集体、个体经营和股份制、三资等。其中,企业经济速度增长速度最快的是个体经济、私营经济等非国有制经济企业,这是我国现阶段体育用品业发展的一大特色。至于国有企业,由于政府主导的行政指令性计划的力量比较大,市场机制的作用明显薄弱,导致国有企业的资源配置效率远远低于非国有经济企业。

参照我国的工业统计年鉴,按企业劳动力进行的企业规模分组,可以将我国的企业规模分为七个组别:10 000人以上;5 000 ~ 1 000人;3 000 ~ 5 000人;1 000 ~ 3 000;500 ~ 1 000人;100 ~ 500人和1 ~ 100人。从相关的调查中可以看出:我国的体育用品业的企业规模,一般在100 ~ 500的范围,属于工业集中度低、规模经济不明显的行业。

（三）对企业经营范围及产品的调查

我国体育用品生产企业有着多种多样的企业类型,从体育运动器材、运动饮料到运动服装、运动鞋等,几乎将体育用品的所有类型都涵盖其中,并且都具有一定的生产规模。从企业生产产品的销路来看,可以将其大致分为两大类:一是无区域型产品。指的是该产品已经具备较高的市场竞争力,产品经营范围涵盖国内外,较为具有代表性的有:李宁体育用品公司、上海制球联合公司、红双喜体育用品公司等;二是区域型产品,指该产品在一定程度上缺乏较强的市场竞争力,只在国内某一定特定区域拥有市场,较为具有代表性的有:云健体育用品厂、鹿城健身器材厂等的产品。

发展到目前为止,我国的体育用品业发展形势良好,已经成为世界上体育用品的主要出口国之一。但是,对于正式比赛中决定关键技术的高科技竞技器材的生产和研发,和国际先进水平之间仍存在着巨大的差距,需要对此引起重视。

（四）对企业营销能力的调查

企业要生存和发展，对营销能力就有非常高的要求。通常来说，企业的营销能力主要包括销售力量、市场研究、开发能力以及销售渠道等几个方面。企业要在发展过程中抢占市场，争取最大的体育消费者，就要在市场消费趋向、新产品市场潜力、市场占有率、竞争结构以及对不同年龄层次、不同性别、不同收入水平、不同职业等方面具有一定的把握，这些都会对体育用品企业的生存和发展产生不同程度的影响。通常来说，我国的国有型体育用品企业的营销能力主要体现在销售力量上，产品市场调查研究和营销管理能力相对欠缺，相对于合资、三资等私营企业重视程度较低。

（五）对企业的技术开发能力的调查

通常情况下，可以将技术开发分为四种类型：研究开发方式、技术协作方式、技术引进方式、自行开发与技术引进。体育用品行业多采用的是自行开发与技术引进方式。一般来说，企业对体育用品业开发能力的培养和提高往往都是较为重视的，但是，相较于国际先进的体育用品业来说，其仍然还有一定的差距。比如，日本的体育用品企业重点在于新产品的开发及新的生产方式和流程的开发，其关键因素是市场研究程度、研究开发部门的能力、产品成本业绩及销售能力的匹配，表现出明显的市场营销的倾向；而我国企业研究开发的重点是对原有产品的改进和改型，关键因素是最高管理层的态度、资金支持程度、开发部门的能力等，表现出企业组织及人员实力倾向。

二、我国体育用品业发展状况的分析

通过对我国体育用品企业的发展状况的调查和研究，可以发现我国体育用品企业在发展过程中存在着各种各样的问题，具体来说，主要表现在以下几个方面。

（一）产品开发的力度较小

根据我国的人口规模和经济发展现状，可以得知，我国的体育用品业的发展一开始基本上属于劳动密集型产业，发展多是"两头"在外的来料加工，将关注的重点放在了生产上，而将销售忽略掉，开拓国内市场的意识也较为欠缺。虽然近年来，一部分企业也开始生产自己的品牌产品，但是相对国外来说仍然处于低级阶段。首先,企业的产品结构和营销模式趋同,市场细分化程度低,产品的品种、规格、档次等区分度不够高,对消费者多样化的心理需求关照不够;其次,忽视对农村体育用品市场和大中小学体育用品市场的开发。我国是一个农业大国,现今我国有相当一部分的农民已经有了一定的体育用品消费需求,然而在农村体育用品开发方面,国内体育用品生产企业普遍毫无作为。由此可以得知,我国体育用品企业在开发国内市场方面存在着一定的不足,急需改进。

（二）市场不够集中

受经济发展水平的影响,当前,我国体育用品生产企业主要分布在东南沿海省份,总数有 300 多万家,就企业数量而言中国是世界之最,但是,企业数量与全行业的规模大小并不是成正比的关系,而企业的质量高低和效益好坏就更不用说了。总的来说,我国的体育用品业存在着一些问题,主要表现为:企业规模小,产品质量差,市场集中度偏低等方面。

（三）行业管理的健全程度较低

体育用品市场是一个竞争性市场,这就要求将行业协会的作用充分发挥出来,从而达到有效规范与管理这一市场的目的。中国体育用品联合会于 2001 年 1 月 17 日加入了世界体育用品联合会,但是经过这十几年的发展,我国并没有在制定行业发展规划、拟订行规行约、提供行业发展信息、协调企业间的关系以及开展国内和国际交流与合作方面发展应有的行业管理职能,实施有效的行业监管。这些年不断出现了地方保护、假冒伪劣产品、侵害知名企业的知识产权、出口产品竞相压价等一系列不正当竞争行为。从某种程度上说,导致上述问题的主要原因就在于我国的体育行业管理不健全、不规范,体育行业法规和制度也较为缺乏。

（四）没有形成出口多元化战略

我国的体育用品业中,较大部分是体育用品出口方面的,是一个出口依存度很高的行业。通过与当前体育用品业出口方面的调查可以得知,全行业的出口依存度已经达到 30%,其中运动鞋、运动服装等的出口甚至达到 50% 左右。我国的体育用品出口主要集中在欧美国家,其中对美国的出口总额已占该国体育用品进口总额的 52.3%,这种高出口依存度与单一的出口渠道并存意味着高风险并且在进行竞技贸易时难免会出现较多的摩擦。鉴于此,就要求未来我国的体育用品行业的出口战略应该完成由单纯地追求出口数量和单一出口渠道的粗放型模式向以质取胜和出口市场多元化的集约型模式转变。

（五）国际竞争力水平较低

从当前的发展形势来看,我国的体育用品市场已经步入了一个相对稳定和成熟的阶段,在今后发展过程中应该更加注重全球范围内合理的资源配置,全方位地利用好国内外两种资源、两个市场。近年来,我国部分体育用品企业的"走出去"战略取得了一定的成效,但是这种"走出去"并非是真正意义上的"走出去",只是产品的走出去,而不是企业走出去,因此缺乏一定的国际竞争力。要想在国际竞争日益激烈的环境下求生存、求发展,使我国体育用品企业的国际竞争力有实质性地提高,就必须实施"走出去"战略,积极参与世界体育用品行业的全球分工,变被动参与为主动参与。

（六）没有与体育服务市场很好地关联起来

在市场经济条件下,体育用品生产、销售与运动实践的联系通常是以各类体育服务市场为纽带的,由此可以看出,体育用品市场是为体育运动实践提供装备的专业市场。国外知名的体育用品企业设计和研发产品的要素往往有三个方面,即体育场地、体育组织和体育活动,开展产品推广和营销活动,目前我国的体育用品业这样的意识和能力是较为缺乏的。因此,我国的体育用品业要想进一步扩大企业生产规模和市场占有率,就必须提高自己的生产经营活动同体育服务市场的关联度,这一点在很大程度上影响着体育用品企业的发展前途,因此,要对此加以重视。

（七）高素质的体育人才较为缺乏

相对国外体育产业发达国家来说,我国的体育产业部门对于高素质的体育人才是较为缺乏的,具体来说,主要表现在三个方面:一是高素质的企业家较为缺乏。尽管我国体育用品生产企业的数量众多,但企业家的素质普遍不高。这是因为我国的体育用品业的主体是乡镇企业和民营企业,其发展规模较小,技术含量普遍较低;二是高素质的体育营销人才较为缺乏。其中,我国严重缺乏熟悉国际市场、能够拓展国际贸易渠道的高水平营销人才;三是专业化的产品设计和研发人才较为缺乏。产品设计和开发对一个企业来说至关重要,而关于体育产品设计和开发方面的人才,是我国的体育用品业人才结构中的薄弱环节。在我国体育用品企业由劳动密集型企业向生产和创立自己品牌的类型转变的过程中,人才问题将会对我国体育用品业发展产生严重的制约甚至阻碍作用。

第三节　体育用品产业的市场化运营研究

一、体育用品市场化运营的过程

社会发展的多元化及激烈的市场竞争,促进市场化运营越来越受到体育用品企业的重视,从事市场化运营的人一定要对产品营销中的每一个环节和流程有一定的熟悉与认识。市场化运营是由营销部门来执行实施的。下面就对营销部门的结构及职能以及市场化运营过程中的要素进行分析和阐述。

（一）营销部门的结构及职能

部门营销是针对大的集团公司的分公司而言的,对独立的企业公司而言则是营销部。营销部的核心部门是其下设的子部门,营销部同设计部门、销售部门共同负责制定和实施营销计划。营销部与销售部之间的关系如图 10-1 所示。

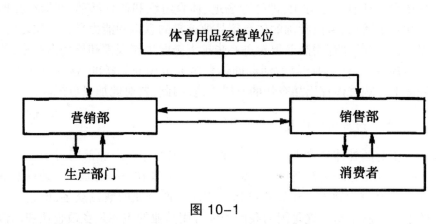

图 10-1

体育用品企业的销售部门应该以功能为根据来将内部分工工作做好,不过,如果体育用品企业有很多员工,而且业务量大的话,也可以考虑在功能分工的基础上进行划片。近年来,拓展与开发非传统体育用品受到一些体育企业的重视。在体育用品的营销过程中,体育用品专卖店是从事直接销售人员的主要活动场所,负责大众销售、特色销售的销售人员则活跃在大众生活中进行促销。

（二）市场化运营过程的要素及管理

在体育用品流程的全过程中,企业市场运营部始终会参与其中,对决策进行设计,对营销计划进行制定和实施,与销售部门合作销售产品、减少退货等是企业市场运营部的主要工作。具体来说,市场化运营的过程如下。

1. 对市场化运营计划进行制定

通常情况下,将一个工作年分为上半年和下半年,即 1～6 月为上半年,7～12 月为下半年,制定企业的市场化运营计划时间表时要以这两个阶段为依据进行。

2. 对市场化运营策略进行确定

体育用品的种类不同,该产品的生产过程,促销流程、目标消费者也不同,体育用品的销售渠道、销售措施等也有区别。因此,市场运营部在对市场化运营计划做出制定时要与实际产品有机结合起来对不同的策略灵活加以采用。

3. 对合理的市场化运营预算进行确定

对合理的市场化运营预算进行确定应以销售预期为重要参考依据,一般的,按实际销售收入的 10% 对营销活动进行组织。产品的市场化运营预算可参考以下公式。

产品市场化运营预算＝市场零售价＋生产厂收入＋特色店平均折扣＋特色店进价＋从零售价中减去特色店折后价

平均市场化运营投入＝（预计销售收入＋单位产品的市场化运营预算额）×产量

市场化运营预算应不仅要给出总的市场化运营额度,还应根据总的预算额度来将每一个分项的预算计划表制定出来。

4. 对产品的生产日期加以确定

在市场化运营中,产品的生产日期这一概念非常重要。

体育产品的真正生产日期并非这里所提到的产品生产日期,体育产品正式上市的销售日期才是这里所说的产品生产日期,从某种意义而言,实现市场化运营预期的关键在于体育用品的生产日期,所以企业要特别重视体育产品的销售日期。

要对体育用品的生产日期进行确定是一项十分复杂的工作,一些确定或不确定的因素都会对其造成影响与制约,企业应该以客观实际情况为依据,对此进行认真的分析,在此基础上再确定,以使所确定的销售时期是最佳的。

总之,市场营销部的工作就是在对体育用品的每一个特点进行认真分析的基础上,加强与有关部门之间的协商与合作,对包含上述全部市场化运营要素的、可操作性强的、表述明确的市场化运营方案进行科学合理的制定。然后,对市场化运营计划的实施过程进行严格的审核,最后对其执行进行督促,以使企业的市场化运营合理到位,使大众受益。

二、体育用品市场化运营的模式

体育用品的市场化运营模式主要是指营销模式,这里重点对三种较为常见的体育用品营销模式进行分析和阐述。

(一)连锁营销模式

在集团公司(或总公司)的统一经营方针指导下,各连锁店分散经营的经营模式就是所谓的连锁营销模式。[①]

1. 连锁营销的形式

连锁营销的形式主要有三种,即自由连锁、正规连锁、特许连锁,具体如下。

（1）自由连锁

一批所有权独立的商店自愿归属同一个采购联营组织和一个管理中心领导。其特点主要表现为:各分店的所有权、经营权是独立的;成员店单独核算,自愿联合,统一管理。

（2）正规连锁

正规连锁也称"直营连锁""公司连锁""联号商店""所有权连锁"。其特点主要表现为:各分店的所有权与经营权是统一的,总部(或总公司)集中导和统一管理各分店。[②]

（3）特许连锁

特许连锁也称"加盟连锁""合同连锁""契约联合店",是一种以契约为基础的零售经营。其特点主要表现为:各分店有独立的财产,法律上也是独立的,没有经营管理的自主权。[③]

---

① 李万来.体育经营管理概论 [M].北京:人民体育出版社,2006.
② 同上.
③ 同上.

2.连锁营销的支持系统

连锁营销的支持系统主要有两个：一个是物流系统，一个是信息系统。

（1）物流系统

物流系统能够尽可能地使连锁企业与市场运作相贴近，使企业的推动业务运行模式转变为拉动式业务模式，使产品库存不断减少，而经营品种不断增加，对企业运行灵活程度的提高起到积极的促进作用，从而使顾客对其服务感到满意。

（2）信息系统

集团公司和经销商共同对信息系统进行投资与建设，在整个供应链的信息体系中将其纳入其中。

（二）专卖营销模式

某一品牌（某一类）的体育用品在专营零售店销售的模式就是所谓的专卖营销模式。

1.专卖店管理运作系统及其职责

组成体育用品专卖店的管理运作系统的主要有物流系统、信息系统、管理系统几个部分，每个系统都有其各自的职责，具体如下。

（1）物流系统的职责

对货品进行采购与供应。

（2）信息系统的职责

对货品进销存分析，以顾客的实际情况为根据将商品推广建议提出。

（3）管理系统的职责

将专卖店的管理责任、考核标准明确下来，对约束措施进行有效的制定。

2.店铺管理

系统化的店铺管理不仅能够有效提高员工工作效率，而且还能使营业效益得到有效增加。一般来说，店铺管理主要包括以下三个方面。

（1）货品管理

货品管理的宗旨是，为了客户方便挑选货品做好准备，使每件货品自始至终处于最良好的状况。产品状况良好，对顾客继续购物是有很大吸引力的，而且能够使次货发生减少，使产品最高价值得以保持。

（2）顾客管理

一般来说,顾客普遍具有的一种消费心理就是从众心理。顾客从众性会导致其感性、盲目与好奇。在店铺管理中,应以对顾客造成影响的因素为依据对舒适的购物环境进行合理的创造。

（3）人事管理

专卖店工作人员与顾客直接面对,产品销售及店铺形象会受到其行为举止的直接影响。认识管理的目标就是对员工工作进行妥善的安排,从而促进员工工作效率的提高。

（三）品牌授权营销模式

1.品牌授权营销模式的基本发展

作为世界体育用品的生产大国,我国发展授权业的优势主要表现在对高质量、低成本的体育用品加以生产。由于对授权经营缺乏了解,国内一些体育用品企业未经授权就通过对国内外著名品牌的借用来对体育用品进行生产,使企业侵权的现象发生。因此,要想使中国体育用品企业在激烈的竞争中长期生存和发展下去,需要具备一个重要的前提,就是对授权经营模式有详细的了解。

2.品牌授权方式

以自身的实际情况为主要依据,被授权商可与授权商采用不同的合作方式来获取品牌授权。不同的品牌授权商(代理商)的品牌特点以及授权方式都会有一定的差异性。一般来说,较为常用的品牌授权方式主要有以下几种。

（1）主题授权

主题授权是被授权商可以对品牌的人物、商标、造型等主题进行运用,对主题项目进行策划与经营。[1]

（2）商品授权

商品授权是指被授权商可以在设计与开发体育用品中使用授权品牌的商标、人物、造型等,取得销售权。

（3）通路授权

通路授权是指被授权商加入授权品牌的连锁专卖店和连锁专卖专柜,对授权品牌的产品进行统一销售。

---

[1] 李万来.体育经营管理概论[M].北京:人民体育出版社,2006.

（4）促销授权

促销授权通常可以分为以下两种。

图案形象授权：是指被授权商通过促销活动，对授权品牌的人物、商标、造型等加以利用，对广告与创意主题活动进行策划，以此作为销售的主要策略。

促销赠品授权：是指被授权商结合促销活动，通过对授权品牌的人物、商标、造型等的运用，对赠品加以规划，以此作为销售的主要策略。

三、体育用品市场化运营的方法

要做好体育用品市场化运营工作，可以从以下几个方面着手。

（一）为顾客提供周到的服务和便利

为顾客提供周到的服务，使顾客享受到便利，具体来说，主要体现在两个方面。一方面，从市场营销学的角度来说，在消费者对商品做出选择时，往往是以他们自身的兴趣及消费习惯为依据而对固定的商品品牌或企业产品加以选择，愿意不停地更换和适应新的产品供应商的消费者是很少的。另一方面，随着人民生活节奏的加快，消费者外出购物的时间越来越少，这就要求企业能够通过快捷、方便的购物方式和服务来使消费者的消费需求得到满足。

在激烈的市场竞争中，企业要想在最快的时间内将顾客的注意力吸引过来，使顾客忠诚于本产品，并养成长期消费本产品的行为习惯，就必须将方便的购物方式提供给消费者，在消费者面前直接展示商品，对顾客的疑问做出回答并接受顾客订单。一个成功的企业就在于它具有形成重复购买的忠实顾客群体的能力，并做好前期推广和售后服务（如体育用品的安装、保养、维修等）。

（二）对关系营销方式进行合理的采用

企业对与其利益相关者之间的关系进行建立、维护与巩固，以使在与各方的协调关系中实现企业的营销目标。

对于一个单个的体育用品企业而言，影响和制约企业发展的外部社会及经济环境主要是由企业与利益相关者共同构成，企业不仅仅是要对外部环境加以适应，而且还要对外部环境进行不断改善，把企业的营销和管理作为一种关系行为来看待。[①]

---

① 李万来.体育经营管理概论[M].北京：人民体育出版社，2006.

在关系营销中,与企业有着紧密关系的利益相关者主要有供应商、中间商、竞争者、政府、社会组织、消费者等,这种关系格局模糊了企业与其外部环境间的界限,这有助于企业更好地融入外部关系组织服务中。

（三）使消费者的个性需求得到较好的满足

传统体育用品的市场营销中,体育用品从企业向消费者手中流动的过程很单纯。首先,企业对所要生产的产品进行市场调查,以市场调查与统计结果为依据对产品进行设计与生产,最终通过广泛的销售渠道将产品向各个细分市场推广。使消费者的选择处于很被动的位置,是这种营销模式的最大弊端。造成这一情况的主要原因有两个方面。一方面,由于企业的技术水平有限,企业对消费者的独特需求无法了解,也就无法使其得到满足;另一方面,由于传统的体育用品市场中,消费者的需求还停留在比较低的层次上,具有自身特点的,对体育用品的个性需求尚未形成。

信息化时代中的体育用品营销中,企业所面对的消费者与传统体育用品市场营销中的消费者之间存在着本质的区别。这一时期,消费者在体育用品市场中处于主动地位,要求企业为之提供能能够使其个性化需求得到满足的商品,要求企业以消费者的意愿为依据来对产品进行有针对性的设计与生产。

网络营销的发展使得消费者不但能够对信息进行接收,而且能够对信息进行传达,这样生产者与消费者之间积极的双向沟通和交流关系就形成了,从而使企业在产品的设计、生产中可以切实地将消费者的利益体现出来,使消费者的合理的个性需求得到较好的满足。

（四）选择与体育相关的经营场所

在对商业经营场所地点进行选择的过程中,城市繁华地带的商业圈或者居民居住比较集中的社区是商家特别青睐的选址,这样能够对地方优越的商业氛围和便利的购物条件进行充分的利用,也为消费者提供了方便。

在体育用品市场营销中,应对与体育相关的经营口岸加以选址。换句话说,就是在选择体育用品的经营口岸时,应该在经常开展体育活动和体育活动人群比较集中的体育活动圈内设立经营场所,与体育相关的经营场所主要有体育场、体育馆、体育院校等。

第四节　大型体育场馆的产业化运作研究

一、大型体育场馆产业化运作机制建设

（一）进一步深化经营管理体制改革

进一步深化经营管理体制改革具有一定的必然性和及时性，这就要求从产权方面入手，来达到使经营管理体制得到进一步改革的目的。

1. 进行国有大型体育场馆产权改革的必然性和及时性

我国国有大型体育场馆在过去国家集中统一经营管理体制下，没有独立的产权，只有国家的产权。在近几年的改革过程中，逐渐有了自己的产权。进行产权改革，主要是为了把其国有资产存量盘活，国有大型体育场馆改革应走大型体育场馆存量资本和增量资本的良性循环、有序的市场化运作道路，通过股份制、合作制等形式的改革，使产权清晰得到有效的保证，通过科学管理，对国有体育场馆的经济效益和社会效益进行最大限度的开发。

在明晰了所有者的基础上，还要将场馆的投资主体明确下来，明晰产权与产权结构，使投资者能够做到自负盈亏、自主决策、自主经营和自我发展。

国有大型体育场馆属于产权国家所有制形式，国家作为投资主体是具有一定的优势的，具体来说，主要表现为：免费为群众服务，为重大活动、训练赛事服务。但同时也不能忽视的是，其也存在着一定的不足，具体来说，主要表现在三个方面：一方面，"国家"无论如何不是一个"自然人"，而是一种政府组织、一种机构，它的任何一种职能的执行，包括作为所有者的职能，总是要通过一种政府机构来实现。这样很容易导致政企不分。另一方面，财产国家所有制解决不了国家集权与实际存在的地方、企业和其他集团维护其独立利益之间的矛盾。还有一方面，国有制是计划经济的基础，国有大型体育场馆属于计划经济的微观基础。我国要由计划经济向市场经济转轨，就必须通过改革，使国有体育场馆转变为市场经济的微观基础。

从当前的形势来看，国有大型体育场馆还一直存在着一定的产权问题，具体来说，主要表现在以下几个方面：第一，产权关系一直不清晰；第

二,所有权的责任主体不清晰。所有权和经营权的界限不清楚,导致所有权干预经营权,经营权侵蚀所有权;第三,没有落实好有关法规条例作了明确规定的经营权,使场馆的产权处于不稳定的状态。由此可以看出,产权改革是国有体育场馆改革的关键所在。

2. 要将大型体育场馆的产权明确下来

(1)当前大型体育场馆产权问题的调查

采用市场手段达到大型体育场馆资源合理配置的目标,要靠市场力量通过自由竞争来实现。为此,它需要达到一定的条件,具体来说,这些条件主要有以下几个方面:第一,是自由竞争,不存在垄断;第二,是价格灵活变动,由不受干扰的供求关系决定的;第三,是资源通畅流动,没有壁垒或垄断障碍;第四,是信号灵活传递。需要强调的是,这些条件的运转还需要具备一个重要的基本前提,那就是产权明晰,具体来说,就是我国大型体育场馆的产业化运作与其国有资产管理的模式选择前提是所有权与经营权分离。通过相关的调查可以得知,大多数大型体育场馆支持所有权与经营权分离(表10-2),同时,从表10-2中还可以看出一些问题,比如,部分场馆经营管理者的改革意识不够强烈,产业化经营理念不强等。

表10-2　我国大型体育场馆的产业化运作与其国有资产管理的模式选择

选　项	选择场馆数	选择率（%）
所有权、财产权、经营权分离	14	66.7
所有权、财产权、经营权不分离	6	28.6
其他	1	4.7

(2)大型体育场馆产权的现状分析

权作为一种权利,产权可以分为两大类:一类是产权人对实物资产的所有权,也就是有形资产产权;一种是产权人对非实物形态的信息、知识等的处置权、拥有权,也就是所谓的无形资产产权。明晰的产权界定是资源进行市场化配置的根本,或者说产权明晰度最优能够为资源市场配置效率最优奠定坚实的基础。

从当前的形势来看,许多大型体育场馆的造价都在数千万元甚至几亿元、十几亿元,绝大多数的大型体育场馆的经营者,所面临的最大问题就是产权不明晰,没有法人财产权,这就难免出现产权的主体虚置和缺位,所以,无论是资产增值或流失,还是经营活动中的成功或失误,其后果与责任都难以落实到具体的单位或个人,由此形成了人人都负责,人人都负不了责的局面。假如产权明晰,经营者赢得了法人产权所有者身份,那么,产权虚置或缺位的现象将得以解决,经营获利则受益并确保国有体育资产增值,经营亏损则受损并承担损失。这就使得体育产业经营者自觉地站在了资产经营的主体地位上。而若要成为承担产权主体角色,唯有经过现代企业制度改造的公司制国有体育产业经营实体,才适于承担国有经营性体育资产的产权主体,享有法人财产权权利。

（3）要将市场机制明确下来

无论是理论,还是市场经济国家的实践,都对市场机制确实是社会资源配置中作用最为广泛和有效的机制进行了充分的证明。但是需要注意的是,要明确市场机制是建立在交换的基础上的。所谓交换实质是所有权交换。所有权是产权一般概念中的一类,按照现代所有权理论,所有权可以区分为最终所有权和经营权所有权。公用事业资产的所有权是指资产的占有权、使用权、收益权和处分权。对于产权不转移的项目,这些权利可以分离,例如在经营性租赁情况下,承租人将拥有资产的占有权、使用权和部分收益权,而剩余收益权和处分权则归所有者拥有。公用事业资产的经营权是指资产的占有权、使用权和部分收益权之和,是资产权益的组成部分,从实质上来说,这种经营权的转让就是经营性租赁。

（4）要明晰大型体育场馆产权关系

管理产权制度也属于公有制经济的产权制度的范畴。资源配置转换过程,实质上就是配置主体产权(配置力量)不断调整与选择的过程。这一过程主要是原有政府管制的资源在一定条件下让渡给其他配置主体。这一让渡与选择的过程充满了多个产权博弈和利益制衡,如果产权不明确,交换就无法进行,资源的优化组合和利用也会受到一定的制约甚至阻碍。因此,体育场馆的产权关系明晰化具有非常重要的意义,主要表现在三个方面:一方面,是实现体育部门政事分开、政企分开的关键;另一方面,是体育部门转换职能,从办体育向管体育转变的必然要求;还有一方面,是体育场馆进行产业化运作的前提条件。因此,要对此加以重视。

3. 努力实施大型体育场馆所有权、经营权的分离

随着我国经济体制的转轨,国家对行政事业型资产管理提出了新办法：有条件实行企业化管理的事业单位要按照现代企业制度的要求进行改革,实行经营性管理。由此,也将我国体育场馆将由事业型转变为产业型确立了下来。而所有权与经营权分离则是这一转变的核心问题所在。所有权是以归属权为核心的权能体系,经营权是以使用权为核心的权能体系。所有权属于出资者,出资者又凭借对资产的价值形态的所有权来取得股权及其收益;经营权为产业实体所拥有,法人可凭借对资产使用价值形态的经营权来取得相应收益。所有权和经营权是一种关于资产权利的社会分工,提高资产权利运用的效率是它们有效分离的主要目的所在。政府的体育行政部门长期以来承担着大型体育场馆所有者的职能,各场馆的经营权虽然源于所有权,但法人产权一旦形成,所有者便不能再直接参与产业实体,干预各场馆的活动。从当前的形势来看,大部分的场馆虽已实行产业化运作,但所有权与经营权并不明晰,因此,权力的虚置和错位就难免会出现。因此可以说,"所有权与经营权没有分离"仍然是当今我国大型体育场馆经营管理中存在的一个主要问题。

（二）大型体育场馆产业化运作协调机制构建

大型体育场馆在经营管理体制上实现所有权、经营权分离的同时,还应将市场机制积极引入进来,要想使大型体育场馆更加充满活力,成为体育产业发展的重要支撑,就需要通过制度创新和管理创新。

1. 大型体育场馆产业化运作协调机制建立的意义

通过对我国一些经济发达地区大型体育场馆未来的市场管理模式的了解和认识,可以得知,还是一种基于现实国情和未来发展的准行政机构主导的管理模式,因此,其运行主体就是作为管理主体的经营组织,通过组织化、网络化的管理,更有效地推进大型体育场馆的发展,更扎实地落实全民健身计划是它的运行目标。市场运行目标定位是经营者对目标消费者或者说目标消费市场的选择,市场运行目标定位要对各种因素进行充分的考虑,具体来说,主要包括地理因素、行为因素、人口统计因素、心理因素等几个方面。因此,建立起大型体育场馆的产业化运作协调机制就更为重要。

2. 大型体育场馆产业化运作协调机制模式

我国大型体育场馆所采用的运行机制主要有三种。一种是少数采用封闭式管理,全额预算拨款,统收、统支、统管。这种运行机制的特点主要表现为:没有与市场接轨,主要承担上级机关分配的体育训练和比赛任务,造成大量国有资产闲置。一种是大多数采用经济责任制和承包经营责任制,但承包经营责任制的经济指标在科学依据和客观标准方面较为缺乏,对于健全和完善经营方自主经营、自负盈亏、自我发展的运行机制以及国有资产的保值增值都是较为不利的。还有一种是采取资本多元化的运作方式,如股份制、合作形式等,可以突破单纯靠自身创收增资的运行模式,比较具有代表性的有:长春的五环休闲城,它完全按照国家规定标准的股份制形式运作,有较为显著的收益。

通过对我国大型体育场馆经营管理模式选择的分析以及影响我国大型体育场馆经营模式选择的主要因素的分析可以得知,建构大型体育场馆产业化运作协调机制,首先要将基本动力源找出来。要使大型体育场馆良性运行,实现体育场馆建设的基本点和出发点,必须在微观上给予个体和团体以激励约束机制,使其在适宜的层阶上最大限度地发挥才干与成就,在宏观上给予国家和地方以利益协调机制,使其分享发展大型体育场馆产业应有的社会和商业价值,同时还应该建立大型体育场馆产业化运作的目标保障机制(表 10-3)。

表 10-3　我国大型体育场馆的产业化运作的协调机制认知与选择

协调机制	选择场馆数	选择率（%）
激励机制	20	95.2
选择机制	8	28.1
约束机制	11	52.4
其他（竞争机制等）	2	9.5

二、我国大型体育场馆产业化开发利用模式

当前,不管是国内还是国外,为举办大型运动会而兴建的大型体育场馆的"一次性消费"现象屡见不鲜,这也成为当地政府的一大重要难题。导致这一现象的原因主要有两个方面:一方面,是由于大多数体育比赛商业化程度不高,场馆利用率低;另一方面,则是由于现代大型体育馆投资巨大,回收周期长,回报率低。但是,也有一部分大型体育场馆的产业化开发利用实践模式值得我们深入研究并加以借鉴,以便更多的大型体育场馆走出一条符合自己的产业化发展道路。

下面就分别对南京奥体中心场馆和上海八万人体育场的开发利用模式分别进行分析和阐述,然后再对我国大型体育场馆看台下空间的多种利用模式进行解析。

（一）上海八万人体育场的开发利用模式

1. 上海八万人体育场的基本情况

工程投资 12.9 亿元的上海八万人体育场,是国内赛后利用比较成功的例子。作为上海的标志性建筑之一,该体育场除了配备了比较完备的体育设施,还设立了宾馆、娱乐场所、购物商场等其他功能场所。

2. 上海八万人体育场运营的成功经验

第一，广泛扩展休闲设施。比如，上海八万人体育场建有高级座位、包厢、餐厅、酒吧等，利用赛场就能够使比赛日的收入得到较为显著的提高。

第二，使体育场建筑得到最大限度的利用。比如，在没有比赛的日子用于会议场所、零售场所、康体中心、电影院等。

第三，在体育场内开展各种非体育活动。这些活动通常都是非常赚钱的，比如音乐会或公司活动等。

（二）十运会南京奥体中心场馆的开发利用模式

十运会在南京奥体中心等场馆的成功举办，对江苏全省体育基础设施建设起到积极的促进作用，也带动了全民健身运动的开展，下面就对投巨资修建的一系列体育场馆的开发利用情况进行分析和阐述。

1. 十运会南京奥体中心场馆的基本情况

办好十运会，首先遇到的就是体育场馆建设的压力。化挑战为机遇，省市共建，市场运作，成就了一批世界级高水准的体育场馆。据了解，南京奥体中心 90% 仍是政府投资。

作为十运会主会场，南京奥体中心占地面积达 89.6 公顷，总投资近 22 亿元，主体建筑包括一个 6.2 万个席位的体育场，一个 1.3 万个席位的体育馆，以及游泳馆、网球中心和体育科技中心，堪称是国内功能最全、技术标准最高的综合性大型体育建筑群。

南京奥体中心体育馆是我国南方第一个可以举办大型冰上赛事的场馆，除了自行车和田径，所有室内项目比赛都可以在这里举办。可以说，它达到了标准的冰场大小，面积近 3 200 平方米。举办冰上项目比赛时，就安装制冷管道，浇水制冰；平时，则铺设美国原装进口的活动地板；举办排球、乒乓球等比赛时，在地板上铺设橡胶垫；举办体操比赛时，则搭建临时赛台。这就使最大限度地利用场馆的目的得以实现。为达到不同比赛项目的场地尺寸需求，体育馆在 1.3 万个席位中还设置了 3 000 个活动座椅。

2. 对体育消费市场进行积极的培育

公共体育设施，尤其是为大型赛事准备的场馆，具有投资巨大、带有公益色彩、回收周期长、回报率低的显著特点，同时，这也是投资者兴趣不大的主要原因所在。而其背后所反映出来的，是大众整体消费水平、消费能力的不足,体育市场远未发展成熟等问题,鉴于此,可以得知,培育体育消费市场才是体育场馆持续利用的真正出路。

据介绍,南京奥体中心在设计中对赛后商业使用的可能性进行了充分的考虑,除必需的竞赛用房,尽可能建成商业用房。其中,体育场设有176个包厢,数量为全国之最;体育馆共设28个包厢,每个包厢面积在20～30平方米之间,装有空调,配备了厨房和卫生间,这是国内第一家在体育馆内设包厢的。[①]一般来说,这种包厢往往是由单位预先常年购买或租用,邀请其贵宾、客户前来观看比赛,满足有实力企业的公关需要的。

除了在体育场和体育馆可以进行品牌专卖、展览、文艺演出等活动外,南京奥体中心还在游泳馆、网球中心预留了很大面积,可经营餐厅、咖啡屋、酒吧、桑拿等服务项目,赛后可以成立俱乐部,吸收会员。南京奥体中心预留的空地还可以建成超市、汽车站或旅游集散中心,成为集健身、休闲、旅游、观光等功能于一体的公共服务场所。体育科技中心则按照宾馆的结构标准设计,赛时作为新闻中心和官员办公室,平时可作为宾馆经营。

（三）我国大型体育场馆看台下空间的多种利用模式

要充分合理地利用大型体育场馆看台下的空间,可以采用的利用模式主要有以下几种。

1. 体育休闲娱乐利用模式

体育场馆向大众开放已成为国家法规,同时也是历史发展的必然趋势。现代体育运动的功能性越来越趋于综合性,主要包括健身、娱乐、社交等,体育场馆围绕群众性体育活动进行赛后的功能开发,形成以体育健身运动为核心,文化、娱乐、社交等活动为补充的综合性体育设施,能够使场馆的利用率得到有效的提升。其中,较为具有代表性的有上海八万人体育场、广东奥林匹克中心等。

2. 展览利用模式

将看台下的空间作为展览空间利用在现有的大型体育场馆赛后利用中,就是所谓的展览利用模式,当前,这一模式已经相当普遍。体育馆比赛厅是个天然的大型展场,看台下的空间则受看台规模所限,对于中小型展览空间的开发利用是较为适合的。需要强调的是,这种展示已不再拘

---

① 高扬,闵健.大型体育场馆建设与产业化运作研究[M].成都:电子科技大学出版社,2011.

泥于展柜、实物加标签的传统方式,人与人、人与展品之间有着很强的互动性,商业洽谈、电视宣传、模型制作等各种商业手段均可出现。展览兼顾展示和交流的性质,其空间布置也可相对灵活多样。较为具有代表性的是广州奥林匹克体育场。

3. 商业利用模式

商业利用模式,可以大致分为两种较为具体的形式:一种是小型商业出租模式,一种是大型商业中心开发模式。其中,小型商业出租模式较为常见。这种模式的特点主要表现为:在空间设计上,由于商业功能较单一,各空间宜与其他健身休闲设施穿插设置,以形成一定的商业规模和氛围。其中,上海体育场圆环状的二层疏散平台下全部设为小型商业设施是比较有代表性的。大型商业中心开发模式,就是指在前期策划各项相关条件许可的情况下,可将大型体育场馆看台下作大型商业中心开发。这种类型的赛后利用具有一定的要求,具体来说,主要表现为:需要大面积的、集中的功能空间,并且在体育建筑设计前期应对赛后利用有比较全面的考虑。其中,各种人群的流线问题是设计的关键点。较为具有代表性的是上海体育场的设计。

4. 餐饮利用模式

所谓的餐饮利用模式,就是指大型体育场馆的餐饮空间在比赛期间,主要服务于到场的观众,以茶座、咖啡及快餐形式为主;而大赛过后,伴随体育场馆新的项目的引入,以及各种休闲娱乐设施的兴起,餐饮空间一方面为到场的群众提供服务,另一方面,赛后利用的功能空间需要一定规模的餐饮空间相配套,如酒店、会展、体育俱乐部等。设计独特的餐饮空间在吸引旅客方面也具有较为显著的作用。由此可以看出,餐饮空间在体育建筑赛后利用中是不可或缺的重要部分,而看台下的综合利用,更需要各种餐饮设施作补充。较为具有代表性的当属 2008 奥运会国家主体育场。

第十一章 其他体育产业的发展及 市场化运营研究

体育传媒业、体育彩票业、体育广告业、体育赞助业等都是体育产业的重要组成部分,在体育产业中占据重要的地位。这些产业的发展与市场化运营会直接影响体育产业的整体发展水平,因此要加强对这些产业在发展和运营管理方面的研究,以促进这些产业的健康与可持续发展,从而实现提高整个体育产业发展水平的目的。本章就重点对这四个体育子产业的基本理论、发展现状以及市场经营管理进行研究。

第一节 体育传媒业的发展及运营研究

一、体育传媒概述

（一）大众传媒

1. 大众传媒的概念

社会发展中,人与人之间的信息交流和沟通具有重要的作用。人与人、人与社会之间的信息传播和交流的方式随着社会的进步也在不断发展变化。在传播媒介不断发展的过程中,信息的传播逐渐开始摆脱时间和空间的限制,在信息量增加的同时,信息传播的实效性也在逐渐增加。而所谓的大众传播媒介,主要是指处于职业传播者和大众之间的媒介体,如报纸、广播、电影、电视等。

2. 大众传媒的特征

大众传媒的产生与发展使人们的沟通方式不断地发生着变化。一般而言,大众传播媒介的特点主要表现在以下几方面。

（1）普遍性

①受众的普遍性

大众传媒的受众面广,其中包括不同年龄、不同性别、不同阶层的人。换言之,大众传媒是面向整个社会的。

②信息来源的普遍性

大众传媒力求将社会生活的真实全貌真实地反映出来,这体现在其对人类在政治、经济、文化艺术等方面的所有动态和成果。

（2）时效性和敏感性

现代社会的生活节奏越来越快,面对瞬息万变的周边环境,人们需要对外界信息快速进行接收,并且尽快地回送自己的反馈信息。因此,对电子技术、通信卫星等手段的运用已成为必然要求。

（3）公众教育性

现代教育的作用日益加强,方式也越来越多样化,运用大众传播工具便是开展教育活动的一个重要方式。大众传媒是面向社会的普及教育,其与社会对公众的要求相适应,实行终身教育,是学校正规教育的良好补充。

（二）体育传播的特征

体育运动竞赛的传播具有多方面的特点,具体分析如下。

1. 全覆盖

随着大众传播媒介的不断进步,电视、网络等获得了快速的发展,并逐渐在世界范围内普及开来,这使得信息传播的跨空间成为可能。随着媒介技术的发展,各种信息的全球共享逐步实现,在其影响下,时空差距造成的限制影响越来越小,地球成为"村庄"。

体育运动竞赛信息的传播正是得益于现代传播媒介的发展。在大众传播媒介的作用下,关心和欣赏体育赛事的人不断增多,不同国家、不同民族的人们都将欣赏和参与体育运动作为自己生活的一个重要部分。在大型运动会期间,在电视信号覆盖的区域内,很多人都在观看与欣赏体育比赛。

2. 全天候

电视直播具有一定的局限性,即播放时间受限,因此很多人无法对精彩的比赛进行欣赏。而随着计算机网络媒体的发展,人们可将各种信息存储在网络上,从而使人们在不同时间观看比赛成为可能。随着社会的发展,以计算机信息网络传播为核心的新媒介大量涌现,网络技术的广泛应用大大提高了体育信息传播速度与传播效率,带来了采编方式的革命。

3. 全景式

体育竞赛传播的全景式特点得益于传播媒介的发展。报纸、杂志、广播、电视、手机、网络等多种传播媒体使得其文化的传播更加具有形象性特点。体育运动发展过程中,传播媒介对其的发展具有重要的意义。

在印刷媒体时代,人们只能够通过阅读文字和图片来对体育活动进行了解和欣赏。而随着电视传播媒介的发展,人们不仅可以欣赏到声音,还能够对动态的画面进行观赏。通过多种传播手段对运动竞赛的比赛过程、比赛地点、新闻要点、比赛实况等方面进行全面的报道和分析,尤其是在竞赛过程中,为了能够使人们的观赏需求得到满足,媒体对竞赛进行了多角度的拍摄,使得观众能够取得更好的观看效果。

总之,体育竞赛的传播具有全景式的特点,这不仅体现在传播的形式上,还体现在传播的内容上。体育竞赛传播的全景式特点对于体育赛事观赏者的增加、对于扩大体育赛事观赏需求具有积极的意义。

二、体育传媒业的发展现状

体育类报刊、电视转播、体育网站等都是我国体育传媒的主要形式。体育传媒不仅可以对体育信息进行传播,促进社会文化生活的丰富,同时还可以对良好的经济效益、社会效益进行创造。然而,当前我国体育产业的市场开发还不全面,也不系统,因而利润回报空间还比较大。从我国的体育、教育、文化等各个领域的开发实践来看,目前我国的体育传媒业还是一个新兴的朝阳产业,充满巨大的活力与无限的希望。

近年来,我国体育网站、体育报刊的发展速度都很快,这主要是受经济利益驱动影响的结果,除经济因素的影响外,我国体育人口及体育爱好者的增加也是促进体育网站、报刊等快速发展的一个重要原因。体育爱好者特别是体育迷的增加使得体育新闻的市场需求日益扩大。所以,不仅是专业体育媒体登载体育新闻,一些综合性报刊也对体育的相关板块或栏目进行了新的开辟。在大型体育赛事如世界杯足球赛、奥运会等举办期间,大量的体育传媒还重点通过专版、专题来对不断更新的体育赛事信息进行报道,从而满足体育爱好者的需求。

在我国体育传媒业的发展过程中,境外因素的影响也日益明显。近年来,许多国外的体育传媒巨头开始进入中国市场,这在一定程度上使我国体育传媒业的发展面临着新的机会与挑战。关于国外体育传媒在我国的出现,不同学者有不同的看法,具有代表性的有以下两种。

一些学者认为,我们可以对发达国家体育传媒业的成功经验进行借鉴,以此来发展我国的体育传媒业。而且,我国也可以借此机会与国际接轨。

另一些学者认为,发达国家强势介入我国体育传媒界,会将我国的优秀传媒人才挖走,甚至会影响我国体育爱好者对体育赛事的观赏习惯,因此而威胁我国体育媒体业的发展。

以上两种观点都没有错,都是客观事实,我们应该抓住这一机遇,为我国体育传媒业走向国际奠定良好的基础,同时还要注意保持我国的特色,规避风险,确保我国体育传媒产业的健康发展。

三、体育传媒业市场化经营与发展的对策

（一）加强立法，对"体育媒介"资产予以保护

要想使市场的有序运行得到保障,就必须依赖完善的法律体系。在体育媒介发展的过程中,具有针对性的法规较为缺乏,这对于体育传媒的有序发展极为不利。为了更好地促进体育传媒产业的健康发展,需要以我国整个体育产业及体育传媒业的发展现状为依据,对国外相关方面的法律法规进行参考与借鉴,从而加强我国体育媒介方面的立法,对"体育媒介"资产切实加以保护。体育组织及经营机构在对体育媒介进行市场化的经营与管理时,应加强自我保护意识,适时到有关管理部门对有关商标、标志进行登记、注册与保护,从而使资源流失的现象得到有效避免。

（二）促进体育体制改革的不断深化

在体育传媒的发展过程中,相应体育组织要积极对体育管理体制、竞赛体制环境等进行逐步完善,从而对更多的观众构成吸引。在进行重大赛事的播报时,要以市场需求为依据对赛事的传播形式进行调整,从而吸引更多的观众,同时对赞助商的赞助积极性进行激发。

在体育传媒业的经营管理过程中,应对体育传媒与各经济主体的关系进行明确,并对营销的手段和方法进行合理的采用,从而使各方面参与的积极性得到有效的调动,进一步深入体育媒介的市场开发。在体育活动的传播过程中,内容是媒介的生命,在保证传播媒介真实的前提下,应对活动内容进行多角度深层次的挖掘,从而促进报道的新闻价值的提升。

相应的体育管理组织应在不违背体育项目发展规律,对国际体育组

织有关规定加以遵循的基础上,对我国一些赛事和规则进行相应的改革,以使媒介的报道和传播更加方便、有效。

（三）遵循市场营销规律,使观众需求得到满足

加强体育传媒业的市场运营需要搞好体育媒介市场开发。体育媒介市场开发应对市场经济运作规律加以遵循,并对现代市场营销观念加以正确树立。在体育媒介营销方面,要将不同阶段的工作重心都明确下来,并按照一定的运作规律来开展工作,如前期的市场调查、营销过程中的配合服务及售后的反馈调整等。

在对体育赛事进行报道时,应尽可能地使观众的需求得到满足,促进报道画面质量的提升,对比赛中的关键信息进行重点报道。以我国的男子篮球职业联赛为例,在进行相应的报道时,由于摄像机位置固定,并且摄像机较少,所以观众在欣赏比赛时无法获得良好的感官与心理体验。因此,可对其他国家体育传媒的发展经验进行借鉴,增设摄像机位,对体育比赛进行多角度的捕捉,对于精彩的镜头做到快速回放,以此来满足观众的多元观赏需求。

（四）建设高水平的体育传媒队伍

当前我国体育传媒产业的发展与国外发达国家相比还有一定的距离,而体育传媒人才的质量问题是导致这一差距存在的一个关键因素。我国体育媒体产业的发展中,高水平的专业人才较为缺乏,因此在激烈的国际竞争之中我国要取得主动权就有相当的难度。针对这一问题,我们一定要以媒介全球化之所需为依据,对体育人才发展战略进行科学的制定,并积极予以贯彻落实,对多方位全面发展的体育媒体人才进行培养,使这些人才既可以对多国的语言文字、体育文化加以掌握,又可以深入异国进行采访。在培养体育人才的过程中,要重点对其经营管理能力与新闻采编能力进行培养,使其在体育传媒产业的市场化运营中发挥积极的作用,实现自己的价值,从而推动我国体育传媒产业与整个体育产业的又好又快发展。

第二节 体育彩票业的发展及运营研究

一、体育彩票概述

（一）体育彩票的概念

2002 年财政部《彩票发行与销售管理暂行规定》中对彩票进行了全新的定义，即彩票是指国家为支持社会公益事业而特许专门机构垄断发行，供选择和自愿购买，并按特定规则取得中奖权利的有价凭证。[①] 目前，这是有关彩票的定义中较为权威的一个，我国彩票的发行目的、发行方式以及性质等都能够在这一定义中得到反映。

体育彩票又称"体育奖券"，指的是以筹集体育资金等名义发行的，印有号码、图案或文字的，供人们自愿购买并能够证明购买人拥有按照特定规则获取奖励权利的有价凭证。[②] 从根本意义上来说，体育彩票是市场经济的产物，它在本质上是一种商品，具有特殊价值，并使消费者的特殊需要得到满足。

（二）体育彩票的类型

体育彩票具有以下六个类别。

1. 传统型彩票

以抽奖方式决定获奖者的彩票就是所谓的传统型彩票。

如果彩票购买者所买彩票的号码与抽出号码一致，就是获奖者。传统型彩票采用固定编号的形式，购买者不能对号码进行自主选择，中奖规则已经事先设定，每隔 15 ~ 30 天集中进行一次开奖。

2. 即开型彩票

即开型彩票也叫作"即开即兑型彩票"，彩票购买者在一个销售点上实现购票和兑奖全过程的彩票就是所谓的即开型彩票。

彩民购票后就能知道自己是否中奖。随着这类彩票玩法的不断发展，其形成了多种不同的具体形式，现行的主要有刮开式、撕开式、揭开式三种。

---

① 夏正清. 体育产业经营管理 [M]. 西安：西安地图出版社，2011.
② 同上.

3. 结合型彩票

传统型和即开型彩票两种玩法相结合的彩票就是所谓的结合型彩票,这种彩票至少有两次开奖机会,因此吸引了大量的人购买。

4. 竞猜型彩票

以体育运动竞赛的结果为竞猜对象的彩票就是所谓的竞猜型彩票,其属于一种电脑型彩票,足球彩票和赛马彩票就是这类彩票的典型。

竞猜型彩票的竞赛内容在不同国家各有差异,而且这一类型的彩票有多种玩法。以足球彩票为例,玩法甚多,如"一场球哪方胜""哪个队先进球""比分是多少"等。人们购买竞猜型彩票具有较强的主动性,可以凭自己的主观意志购买,因此这类彩票对人们具有强大的吸引力。

5. 数字型彩票

购买者按照要求的位数对数字进行选取,以不同组合方式决定奖额的彩票就是所谓的数字型彩票,其属于一种博彩形式的彩票。一般这种形式的彩票每天都会开奖。

数字型彩票的发展离不开技术的支持,这也是最根本的因素。开奖要依靠热线计算机网络,自动化处理系统的逐步完善促进了数字型彩票的不断普及与发展。

6. 乐透型彩票

人们自己在一组数域中选号构成一注彩票,根据所中的号码确定奖额的多少的彩票形式就是所谓的乐透彩票。

乐透型彩票具有极强的趣味性。目前世界上流行 30 多种乐透型彩票,但玩法基本上都一样。乐透型彩票与电脑、网络、电视等之间具有密切的联系,这也促进了彩票业运行机制的不断完善。

(三)体育彩票的作用

1. 融资作用

为大型赛事融入资金是体育彩票的一个主要作用。举办大型体育赛事离不开大量资金的支持,而且仅仅靠政府投资,是无法解决实际需求的,因此要开辟多元的融资途径,发行体育彩票就是其中一个手段。近几十年来,各国举办大型体育赛事,都会通过发行体育彩票来达到融资的目的。与此同时,承办比赛的城市也可以利用这笔资金来进行基础建设。

2. 公益作用

发行体育彩票的收入大量用在社会公益事业及体育事业方面。体育事业的发展、人民体质的增强、全民健身计划的实施和奥运争光计划的落实等都需要资金，而体育彩票为这部分资金的积累提供了重要的渠道。有些国家在发展体育事业的过程中，部分经费就来自于体育彩票收入。

3. 增加国家财政收入

作为一种特殊商品，体育彩票由政府专控，它是政府补充财政收入的一种工具，这就是其特殊性的表现。政府为对体育事业发展中资金投入不足的问题进行解决，采取了发行体育彩票这样一项补偿性财政政策。所以说，体育彩票是国民收入再分配的一种行为。

4. 促进相关产业发展

随着体育彩票业的发展，各种相应服务和配套商品也不断涌现，如彩票图书、彩票出版物、彩票软件、彩票售息传播服务等。这些服务和商品的出现不但使市场和广大彩民的需要得到了满足，同时也对这些相关行业的发展起到了积极的促进作用。同时，由于发行彩票促进了国家财政收入的增加，因此国家在建设公共事业方面也相应增加了投入，从而促进了城建、建筑等产业的发展。

二、体育彩票业的发展现状

（一）发行成本高，彩票品种少

现阶段，我国体育彩票的发行经营成本与国外一些国家相比而言较高，德国体育彩票发行成本为 16.3%，日本为 10.1%，而我国高达 20%。我国体育彩票与福利彩票相比而言，在品种上只有很小的差异，这也是两者间存在激烈竞争的一个主要原因。当前，世界上有品种较多的体育彩票，而我国体育彩票的品种较少，相对单一，一些游戏品种甚至已经开始衰退了，因此必须通过及时有效的调整、创造来丰富体育彩票的品种。

（二）对彩民具有一定的消极影响

通过调查发展，在我国大都是中低收入阶层的人群购买彩票，年轻人占了较大的比例，将购买彩票当作赌博投机，妄想一夜暴富的大有人在。有些人将自己全部的精力与时间都投在了彩票上，整天对彩票号码进行研究，甚至不惜借钱、变卖财产来购买彩票，这些都是体育彩票对彩民造成的一些负面影响,值得我们反思。

(三)市场监管与法律制度不完善

我国体育彩票产业的发展较晚,因此对全国彩票市场进行规范的法律文件至今还未出现,虽然现在有一些相关的行政法规,但也只是地方性的,并不适合全国通用,而且应急措施居多。此外,在对这些行政法规加以执行的过程中,往往会出现一些无法进行责任归属的问题。执法中无法可依的情况也较为普遍。

近年来,虽然我国体育彩票市场的发展潜力较大,但因为监管力度不足,众多问题也随之出现。例如,彩票公益金的使用范围有限,在未经批准的情况下个别地方对彩票的发行方式和游戏规则擅自进行改变等,这些问题都对体育彩票业的正常发展造成了严重的影响。

三、体育彩票业的经营与管理

(一)体育彩票的营销策划

1.体育彩票的玩法策划

在进行玩法策划时,应根据彩民的实际需要进行设计,充分了解彩民的兴趣和需要,并组织有关专家对新玩法进行论证。在彩票经营和管理过程中,应重视体育彩票旧玩法的改进和更新以及新玩法的设计与开发。

2.体育彩票的宣传策划

在进行宣传时,应使公众不断加深对体育彩票的认识,吸引越来越多的彩民购买体育彩票。重点宣传是利用一些影响较大的事件进行较大规模的宣传。利用这些事件为载体进行宣传,有利于吸引社会注意力,可有效地扩大宣传效果。通过实行有针对性、集中式的宣传,可迅速提高本次销售的社会知名度,扩大知晓人群。在宣传过程中,应结合多种媒介进行组合传播。

3.体育彩票的销售网络策划

建立健全销售网络对保障体育彩票市场的稳健发展有重要作用。一般认为,加强体育彩票销售网络的管理有以下三方面的内容。

(1)销售点布局

在进行销售点的布局时,应对负责人的资格进行严格的审查,确认其具备一定的经济能力和能承担相应的法律责任。还应制定详尽的合同书来规范双方的权利和义务。在对销售点进行布局时,应加强宏观的调控和管理,根据地区的经济发展情况和人口状况来进行销售点的配置。

（2）销售点管理

销售点应建立相应的经营管理方面的规章制度,加强其营业时间、服务态度、财务结算、知识技能、票务管理、操作规则等方面的管理。在彩票销售过程中,应保证销售点的各个环节能够有效运行。需要注意的是,在彩票销售中,应加强安全防范管理,维护彩票销售秩序的稳定。

（3）完善管理机构

经过这些年的发展,我国逐渐形成了一套完善的管理体系,彩票的销售网络遍布全国,并建立了国家、省市、地方三级管理机构。但是随着经济社会改革的不断进行,我国现有的计划性和市场性相结合的管理体制将面临严峻的考验。在以后的发展过程中,我国应建立健全地方体育彩票管理体制,充分发挥地方在体育彩票管理中的作用。

（二）体育彩票的销售技巧

1.彩票销售前的市场调查

体育彩票具有计划性、大众性、金融性、娱乐性,作为一种特殊商品,它又具有很强的市场性。因此,体育彩票销售的第一步就是要研究市场,在销售前进行市场调查,以便了解市场、掌握市场。

2.做好售前准备工作

首先,要向当地政府和财政部门申报,取得政府、财政部门和其他有关部门支持与配合。

其次,必须要有事前的总体策划和各个环节的周密设计。策划和设计的内容,既包括市场预测、发行策略和操作技术,也包括安全措施等。

3.恰当确定奖组规模

确定奖组规模时,应考虑以下三个因素。

（1）要适应大奖组"快"的特点,应根据地域大小不同采取不同的时间。

（2）要树立全局观念,严格按照财政部门和上级主管部门的有关规定和部署,控制发行规模,不能超过批准发行额度。

（3）要符合当时彩票发行指导思想,并在做好周密安排和严密组织的前提下,顺应大奖组逐步扩大的发展趋势,根据销售时机、地点、操作力度和市场条件的变化,使大奖组规模逐渐放大。

4.适当选择场地

体育彩票销售的场地,首先要能够容纳巨大的人群,还应同时具备交通便利和安全可靠等条件。

5.进行全面的监督

在彩票发行过程中,如果缺乏透明性,公众不了解具体的情况,则会造成公众对于出奖结果的怀疑。为了保证彩票事业的公平公正,应建立和完善相应的监督机制,并及时进行信息的公示。

第三节　体育广告业的发展及运营研究

一、体育广告概述

（一）体育广告的概念

为了销售与体育运动有关的产品所采取的宣传活动就是所谓的体育广告。体育广告有广义与狭义之分。

广义的体育广告指的是企业借助体育运动的形式以本企业的观念、产品、服务为内容展开的介绍、宣传等活动。狭义的体育广告是指体育经营组织通过口头、文字、图画等说服的方式对体育产品的服务或者销售进行的公开宣传。[①]

随着体育市场化发展进程的加快,生产、流通以及消费领域之间的联系与沟通需要体育广告来发挥桥梁作用,企业已经将体育广告策略作为提升自己产品竞争力的一项重要手段了。

（二）体育广告的优势

与现代社会中的各种广告媒体(如报纸、杂志、广播、电视及网络等)相比,体育广告具有自身的特征与优势,具体表现在以下几个方面。

1.观众多、宣传面广

体育运动具有广泛的群众基础,现场观看大型体育竞赛的观众一般都很多,全世界范围内观看体育竞赛的电视观众更是数以亿计,如此多的

---

① 夏正清.体育产业经营管理[M].西安：西安地图出版社,2011.

观众数量是其他广告媒体无法比拟的。观众多、广告信息传递面广是体育媒体广告最明显的特征与优势。

2. 时间长、受益多

一般来说,广告时间都比较短,以秒计时,我们在平时看电视节目就能了解到这一点。但一场体育赛事的广告时间就很长,往往需数十分钟甚至数小时。特别是在大型体育比赛中,电视转播的重复率较高,因此赛事中广告的重复率也就提高了。对于广告投放商来说,虽然投资只有一次,却能受益多次。

3. 易于接受、推广效果好

现代社会中,不管是什么领域,市场竞争都特别激烈,因此各种媒体都有大量的商业广告。久而久之,消费者对广告的兴趣逐渐下降,甚至产生了厌烦心理。但通过体育媒体来进行广告宣传,特别是在体育赛事中将广告牌作为赛场背景,就能够吸引大量观众的注意力,观众在对精彩比赛进行观赏的同时可以对广告信息的宣传进行自然的接受。

4. 影响深远、效益好

体育明星的影响较为广泛,所以通过体育明星来做广告能够产生良好的效益。体育爱好者都有自己喜欢的体育明星或体育队,迎合观众的口味,通过其喜欢的体育明星来做广告能够收到良好的效果。尽管体育明星做体育广告宣传与代言的要价很高,但企业从中获得的经济效益及其他效益也是无法估量的,可以达到双赢的效果。

(三)体育广告的作用

一般来讲,体育广告的作用主要表现在以下几个方面。

1. 传递有效信息,促进生产者与消费者的沟通

传递信息、沟通生产者与消费者是体育广告的一个主要功能与作用。通过体育媒体,体育产业部门将产品或劳务信息向现实和潜在的消费者传递,即通过体育媒体将体育产品的生产者与消费者联系起来。

作为特殊的宣传载体,体育广告对体育爱好者具有强大的吸引力。在整个体育生产活动中,为了使生产者和消费者建立有效的沟通关系,体育媒体起到了重要的桥梁作用。例如,生产单位、销售单位需要通过对广告的发布来对消费者进行寻求,如果单位急需某种设备或产品,同样需要通过对广告的发布来寻找生产厂家。

2.树立企业形象，促进消费产品知名度的提升

体育广告具有良好的宣传功能，一些品牌原本不被人认识，但经过体育广告的宣传之后，逐渐被人熟知，知名度迅速提升，该品牌所属的企业进而成为赫赫有名的知名企业。所以，很多企业为了宣传自己的体育用品或服务的品牌，不惜投入大量的资金来进行广告宣传，以此来树立良好的企业形象，提升知名度。

3.激发市场需求，对产品的市场销量进行刺激

刺激消费者对企业产品的兴趣，促使消费者购买企业产品，从而增加销售量与经济效益，这是体育广告的最终目的。也就是说，作为企业的一种宣传手段，体育广告借助体育媒介来发挥宣传作用，从而激发相关单位或个人对该产品发生兴趣，进而使其产生购买的动机，并最终实施购买行为，达到增加企业产品的销售量和销售额的目的。

4.介绍产品知识，对消费者的合理消费进行引导

与其他形式的广告相同，体育广告可以通过对体育产品知识的介绍来对消费者的消费行为进行科学的引导。这主要体现在以下两个方面。

首先，消费者在对某些体育产品进行购买时，由于对产品的性能和结构不了解，所以难以做出正确的选择，而通过体育广告的介绍与宣传，消费者能够在一定程度上增加对体育产品的了解，因此做出正确的选择。

其次，消费者在使用与保养体育产品上由于缺乏一定的经验，所以会影响产品的使用年限与效果。通过观看体育广告，消费者能够对体育产品的使用及保养方法有所明确，进而可以正确使用与保养产品，促进产品使用寿命的延长。

5.对体育事业的持续健康发展进行有效的推动

在体育事业的发展过程中，体育广告发挥着非常重要的推动作用。通过调查国内外体育事业的发展状况后了解到，不管是国内，还是国外，体育事业都在向着社会化、产业化的趋势与方向发展，具体表现在以下两方面。

（1）通过体育广告的宣传作用，可以使大量的社会流动资金涌入体育运动与体育赛事的相关活动中，从而减轻国家的财政负担，解决资金不足对体育事业发展的制约问题。

（2）体育广告可以使运动员获得高额的个人收入，因此其可以刺激运动员竞技水平的提升。运动员为了争取更多的广告机会，获得更多的广告收入，需要不断提升自己的技术水平和竞赛技能，树立良好的社会形

象,从而促进自身价值的提升。

二、体育广告业的发展现状

(一)体育媒体选择单一

媒体传播范围和产品的目标市场相一致,所有社会公众都是体育传播的对象,这些对象要分成不同群体,每个群体各有特色,不同群体都要以自己的特点为依据来对媒体进行选择,这就是所谓的合适的媒体选择。但是,我国大部分商家在对媒体进行选择的时候,都没有对群体的分类和特征进行认真的分析与研究,只是片面地进行广告宣传,而没有从多维度、多层次的角度考虑,这就造成了广告媒体单一的问题出现。

在我国,电视转播在体育广告业中的分量较重,但电视台这个部门是由国家和地方垄断的,在控制与管理上十分严格,体育广告的宣传因此在很大程度上受到了限制。虽然我国的体育报纸杂志种类较多,但这些报刊杂志中对体育新闻以及赛事进行报道的居多,很少有涉及体育广告内容的杂志报纸。在大型赛事举办期间,尽管赛场周围放置了广告牌,但其覆盖范围有限,因此也无法达到大范围宣传的效果。

(二)市场规模有限

尽管我国的体育广告业在以较快的速度发展,但相比于一些发达国家,我国体育广告业的整体规模还是较小的,其尚未成为一个独立的行业。而体育广告业在一些发达国家和地区已经形成了巨大的规模,成为一个独立行业,并且在体育产业中居于主导地位。反观我国,体育广告基本上是在其他广告的"夹缝"中生存,所以很难取得大规模的发展。

(三)广告设计缺乏创新

广告的成功很大程度上取决于广告的创意,一些文字加工和艺术处理可以提升广告创意,广告创意的主要表现形式是带有文字图像的广告商品。加尔·布雷恩(西方经济学家)认为,企业和广告可以"创造"现代消费者的欲望和需要。作为一门艺术,广告集中了大量的现代技术设备,其富于变化,能够在不同的角度刺激人的感官,使人产生深刻的影响。

我国的体育广告没有鲜明的、足够的广告创意,只是将纯粹的商品或没有面部表情的体育明星呈现在消费者面前,丝毫谈不上创意和新颖。而体育广告没有对体育和商品的有机结合点进行深层次的挖掘是其缺乏创意的一个关键原因。

三、体育广告业的运营策略

与其他的广告经营管理相同,体育广告的发布过程同样受到微观管理和宏观管理。体育广告具有相对广泛的社会影响力,因此在发布的过程中一定要注意体育广告对社会所造成的影响。

体育广告的经营管理应该符合社会道德规范,同时还应该接受国家相关行政部门的监督。体育广告经营单位应该在强调经济效益的同时考虑到社会效益,担负起维护企业利益与社会公共利益的责任。具体来说,体育广告的经营管理主要包括以下几个方面的内容。

（一）加强交流沟通

体育广告经营单位与企业之间的交流与沟通在实施体育广告的过程中具有非常重要的作用。但是在实际的体育广告操作过程中,很多体育广告经营单位在寻找广告商的过程中与目标的关系开始非常密切,但是在签订体育广告合同之后就变得非常冷漠。这种做法不利于体育广告经营单位与企业的合作,也不利于体育广告经营单位的长期发展。体育广告经营单位与广告商之间健康的关系应该是互惠互利的,协议双方是利益共同体,因此双方只有不断加强交流沟通才能够最终实现"共赢"。

体育广告经营单位与企业之间的沟通包括两种形式,即正式沟通与非正式沟通。正式沟通指的是双方通过协议建立的沟通机制进行交流和沟通,沟通的对象为比较重要的事件;而非正式沟通指的是双方通过不定期的小范围交流来进行协调。不管沟通方式的正确与否,在体育广告的营销管理过程中都是非常必要的。只有确保体育广告经营单位和企业之间沟通的渠道畅通,才能使体育广告协议双方在问题处理中取得更多的共识与谅解,并最终实现双方共同利益的最大化。

（二）搞好危机公关

在体育广告执行过程当中,体育广告经营单位与企业都应该树立危机意识,注意风险的防范。体育广告中非正常因素的出现对体育广告经营单位和企业来说都是不利的。因此,体育广告经营单位和企业都应该做好危机公关,尽量消除体育广告实施过程中潜在的负面因素。

首先,体育广告经营单位应该加强对体育活动过程的管理,从而推动体育活动的顺利展开。一方面,体育广告经营单位要选择社会形象较好、经济效益较好的企业,从而避免合作企业不能及时支付广告费用的问题;另一方面,体育广告经营单位应该监督企业利用体育媒介开展的营销活动,对企业在营销中出现的违规现象要求其及时停止并改正。如果广告主在生产经营中出现了违法、违纪、违背社会道德等行为时,应该及时停止与之联系。

其次,企业在体育广告合同履行的过程中应该加强与体育广告经营单位的及时沟通与广泛交流,对体育广告过程中可能出现的问题做出预测并制定出相应的对策。如果体育赛事、明星代言人、体育广告本身发生问题,应该做出及时的反应与处理,从而最大限度地挽回社会的影响;如果体育媒介出现违法、违纪、违背社会道德的行为,应该果断停止与其联系。

（三）强化法律管理

加强法律管理就是指广告管理机关依据有关法规对广告宣传和广告经营活动进行的引导与监督行为。广告管理法制化是市场经济发展的客观要求与必然的结果,其目的在于保护合法经营、维护消费者的利益以及正常的经济秩序,从而保证广告事业的健康发展。体育广告的法律管理在宏观管理上具体表现为宣传方面的法律管理、经营方面的法律管理。

（四）预防埋伏营销

1. 埋伏营销的含义

埋伏营销指的是某公司通过其他形式的广告与推广活动,直接减弱那些通过支付体育广告费用而获得的体育广告经营单位认同的官方广告主(或赞助商)的关系,从广告主(或赞助商)那里挖走部分观众的不正当营销行为。 埋伏营销实质上是不向体育广告经营单位支付体育广告费用,但是通过寻求与体育广告经营单位的联系迷惑消费者,使他们错误地认为埋伏营销的企业就是比赛的官方广告主(或者赞助商)。

2. 埋伏营销的种类

（1）比赛

埋伏营销的企业经常会组织一些与体育比赛结果相关的猜奖活动,或者将比赛门票作为奖品进行发送。

（2）电视广告

埋伏营销的企业会在比赛期间播放广告来误导消费者,使他们认为埋伏营销企业所生产的产品是体育赛事的指定用品。

（3）赞助电视转播

埋伏营销的企业通过赞助电视机构来转播体育赛事的方法与体育活动搭上关系。

（4）赞助运动队或者运动员

埋伏营销的企业会对运动员或者整个运动队进行赞助，但并不向整个体育比赛的组织者支付费用。

（5）推广宣传

推广宣传的主要表现包括：使用观众所熟悉的体育活动照片从事商业活动；使用体育活动的巧合背景做广告；发布对竞争对手所赞助的运动员、运动队和赛事的庆祝性的广告；制作和发行印有运动员、运动队和赛事标志的纪念品。

3. 埋伏营销的危害

埋伏营销者的投入虽然很多，但是广告的投入并没有落在体育广告经营单位的手里，这就对体育广告经营单位和与体育广告经营单位有正式协议的企业的利益造成了很大损失。此外，埋伏营销还有可能诱使更多的企业参与这种高收益、低成本的营销活动，从而造成市场竞争的混乱。

一般来讲，埋伏营销的危害主要包括对体育广告经营单位以及对广告主（赞助商）两方面。

（1）埋伏营销对体育广告经营单位的危害

第一，对体育广告经营单位体育广告资源的整合构成威胁，使得广告主（赞助商）对体育活动的赞助产生犹豫，使体育广告经营单位预期的收益无法实现。

第二，对体育广告的筹资造成不利影响，妨碍体育活动的正常开展。

（2）埋伏营销对广告主（赞助商）的危害

第一，混淆视听，迷惑广告主（赞助商）的目标受众，造成目标受众的流失。

第二，造成广告主（赞助商）预期利益无法实现，导致企业资源的浪费。

4. 埋伏营销的防治

对体育广告埋伏营销的防治主要包括两方面的内容。

一方面，我国对埋伏营销的危害已经有很大程度的重视，同时采取了一些相应的防范措施。首先，国家工商局对赞助体育活动的企业广告用语做出了规范，使消费者能够明确地区分体育活动的合作伙伴与非合作伙伴；其次，国家广电总局、国家体育总局就电视转播管理和转播权问题下发了相关文件,来制约和防范埋伏营销。另一方面,体育广告经营单位可以充分发挥自身的作用来对埋伏营销进行防治,具体从以下几方面展开。

首先,树立自身利益与广告主利益共生的指导思想,对埋伏营销进行坚决打击。

其次,在实施体育广告活动前就应制定防止埋伏营销的方案,积极与政府、赞助企业、传媒等进行沟通和联系。

最后,对体育广告活动的过程实行监控,一旦发现埋伏营销者应及时与之交涉,并争取有关部门的配合。

第四节　体育赞助业的发展及运营研究

一、体育赞助概述

（一）体育赞助的概念

体育赞助指的是以体育为题材、以达成各自目标为目的、以支持和回报为内容、以利益交换为形式的一种特殊的商业行为。[①]

对体育组织机构和教练员、运动员等个人而言,体育赞助这种商业行为就是对自己的所有体育无形资产进行开发;对企业来说,体育赞助是一种有效的企业营销方式,可以促进企业形象和员工士气的提升,促进产品销售范围的扩大,促进企业在国际、国内市场上竞争力的增强。体育赞助双方是商业伙伴,二者互利互惠。

（二）体育赞助的原则

1. 持续原则

体育赞助中,赞助各方长久地合作就是所谓的持续原则。对赞助各方来说,保持合作的长久性是有好处的。一方面,从体育组织的角度来看,合作的长久性就意味着自己所需的资金、实物、技术等方面的支持都是稳定的。另一方面,从企业的角度来看,长期合作可以节省前期投资。由于企业在前期举办赞助活动后,自己的品牌与被赞助的项目之间的联系已

---

① 夏正清.体育产业经营管理[M].西安:西安地图出版社,2011.

经形成了,倘若中断赞助,就可能由自己的竞争对手获得赞助机会,此时消费者头脑中已经建立的品牌联想就很有可能向竞争品牌那边迁移,竞争对手因而自然就获得了其前期投资的收益。健力宝公司在之前赞助体育活动时,因为没有持续赞助,中途中断了一年,结果严重影响了其销售额。消费者以为健力宝不再赞助是因为企业效益不如从前了,所以久而久之,健力宝也就"无人问津"了。

2. 互惠原则

在体育赞助中,赞助各方应在对自身利益加以考虑的同时,对其他各方的利益予以充分的尊重,从而实现共同发展,这就是互惠原则。坚持互惠原则需要做到以下两点要求。

(1)对互惠原则进行贯彻,要求赞助各方对"双赢"的意识与理念加以正确树立。从体育赞助的角度来看,不是要尽可能实现双赢,而是必须实现双赢,只有这样才能继续维持良好的合作关系。

(2)互惠原则还要求赞助各方懂得站在对方的角度上来思考问题,即学会换位思考,树立为对方创造价值的观念,如果对方出现失误,要表示谅解,各方的给予要保持均衡。这样才能将各方的资源和优势充分发挥出来,从而共同通过体育赞助来实现各自的目标。

3. 效益原则

体育赞助的效益对赞助各方来说,含义都不同,具体阐述如下。

第一,对体育组织来说,获得更多的资金、物品就是实现了效益。

第二,对企业来说,媒体曝光率、广告权增加;知名度、企业形象提升;销售量和利润增加就是实现了效益。

第三,对中介来说,获得更多提成和佣金就是实现了效益。

第四,对运动员来说,代言合同、酬劳增加就是实现了效益。

第五,对媒体来说,收视率、广告收入增加就是实现了效益。

然而,需要注意,只有消费者的利益实现了,以上这些效益才有实现的可能性。因为体育赞助是以体育消费者为基础和最终指向的,也就是说,消费者是体育赞助的关键"买单者"。消费者获得自己的效益后,才会继续通过交纳费用来参与体育活动。所以说,赞助各方效益的实现是以消费者利益得到保障为基础的。

效益的多少一定程度上由管理因素决定,对效益原则加以贯彻,关键是要促进体育赞助管理运作水平的提高。体育赞助效益的提高一定程度上要看体育赞助活动的运作是否专业、规范。

4.诚信原则

体育赞助要遵循诚信原则,这就要求体育赞助各方在合作工作中要以信用为核心,不允许做出欺诈性的行为。合作双方建立起来的伙伴关系会因为失信、失约而受到严重的影响。例如,在足球甲 A 联赛中,单方更改比赛条件、造成比赛延误的情况就曾多次出现,俱乐部没有按照赞助协议严格履行承诺与职责,因此影响了自己的信誉,也影响了赞助者对其的信任。由此可见,如果不遵循诚信原则,不仅会损害他人的利益,对自己的利益也有影响。

体育赞助活动中,合作各方的主观意愿、各方目标是否达成、合作是否协调、继续合作的条件是否具备等因素都会影响合作关系是否可以保持长久性。当然,长久的合作关系还会受到其他因素的影响。而只有对诚信原则加以积极的贯彻与严格的遵循,才能使持续原则、互惠原则、效益原则具有稳固的基础。

二、体育赞助业的发展现状

20 世纪 80 年代初期,我国体育赞助业开始产生,20 世纪 90 年代我国开展足球职业联赛后,体育赞助的增长幅度有了提升,市场领域也开始广泛关注体育赞助的商业价值。但是,目前与国外发展水平较高的体育赞助业相比来说,我国体育赞助业的发展还处于初级阶段,体育赞助规模较小,市场狭窄。具体来说,我国体育赞助业在当前的发展情况表现在以下几个方面。

（一）体育中介没有充分开发体育资源

当前,我国体育中介没有深度开发体育赛事资源,在许多体育中介组织看来,体育赛事只是简单的比赛活动,而没有对赛事的特性给予关注,如比赛级别、举办地、涉及人数以及受众等。中介组织也没有从商业化的角度来包装体育赛事,因此在策划赞助方案时创意不足,难以激发公司、企业的赞助热情。只有全面分析体育赛事涉及的诸多因素,才能将赛事商业包装的契合点挖掘出来,才能高质量地包装赛事,从而促进赛事赞助方案的顺利实施。

（二）法律不健全，企业赞助体育活动面临较大的风险

我国制定并出台了《中华人民共和国合同法》(以下简称《合同法》)、《中华人民共和国公益事业捐赠法》(以下简称《捐赠法》),它们对捐赠人、

受赠人、受益人等权利职责方面的条件作了相关规定。《捐赠法》中规定，"捐赠人应当依法履行捐赠协议，按照捐赠协议约定的期限和方式将捐赠财产转移给受赠人。"这说明在签订公益性体育赞助协议后，捐赠人就必须对自己的义务加以履行。然而，《合同法》中又规定："赠与人在赠与财产的权利转移之前可以撤消赠与。"这表明，一般的体育赞助协议只是实践性的合同，如果在转移赠与财产之前没有进行公证，允许"赠与"进行撤销。由上可知，体育赞助协议具有混合性特征，因此在体育赞助活动中难免会有纠纷。一些赞助人对自己赞助资金的行为作了承诺，而且也对赞助协议进行了签订，却不予以履行，因此体育部门的工作难以按计划开展。尤其是对于体育比赛的赞助，赛事组织单位已经开始为赛事的举办做筹备工作了，但一些已经谈好的赞助却没有及时到位，因此影响了比赛的进行，不仅浪费了人力、物力，而且也耽误了体育部门的工作。

而另一方面，企业是出于自身利益的需要才对体育活动进行赞助的，企业将赞助体育活动作为一种营销手段，主要目的是提高其知名度，树立良好企业形象，对企业的品牌效应进行营造，从而对更多的市场份额加以争取，促进经济效益的增加。然而，因为现阶段我国体育赞助市场还没有健全的法制，这样企业的赞助活动就会面临一定的风险。例如，"黑哨""假球"等现象在我国足球职业联赛中出现后对企业赞助体育的效益造成了严重的影响。企业对足球联赛加以赞助，是为了获得更大的经济效益，但出现"黑哨""假球"现象后，赛事的魅力减弱，对观众的吸引力也降低了，对联赛加以赞助的企业面临着巨大的损失，但相关法律中没有明确规定关于损失的补偿问题，这样企业就需要面临着一定的风险来开展赞助活动了。

（三）赞助商较为缺乏，赞助效益较低

无形资产是体育资产的重要组成部分，无形资产具有很强的渗透性、企业利用这一优势来对自己的形象进行宣传，增加自己的知名度，从而对市场进行进一步的开拓。例如，德国的阿迪达斯企业获得世界杯的赞助权后，在世界上广泛宣传自己的品牌，从而在全球都有很高的知名度。然而，在我国只有少数的企业将赞助体育活动看作是一项投资活动，能够长期赞助的企业更是不多，鉴于此，必须对有效的市场营销活动进行开展，从而对企业的体育赞助需求进行激发。一些体育组织部门尚未树立科学的市场营销理念，对企业的赞助需求也不予关注，仅将体育赞助当作获取经济利益的途径。这就使得体育赞助业难以取得健康有效的发展。体育组织在对体育赞助活动进行开展时，更多地关注自己的经济利益，而对赞助单位的利益很少考虑,缺少双赢的意识,这就使企业对其进行赞助的积极性受到了打击,也使体育赞助的发展受到了制约。

另外,在体育赛事赞助活动中,倘若没有找到企业品牌(企业内涵)与体育赛事之间的契合点,就无法有效结合体育组织的利益和赞助企业的利益,这样就会使体育赞助的效益受到影响,不仅企业的赞助积极性受到了打击,而且体育赛事举办单位的预期融资效果也无法实现。

三、体育赛事赞助的营销

体育赛事赞助这项活动具有很强的实践性,其本身的理论并不十分深奥,关键在于运作。一般来说,体育赛事赞助的市场运作与营销大概按照以下五个程序来进行。

（一）设计赞助方案

体育赛事赞助能否取得成功,一个重要的基础与前提就是对详尽的体育赛事赞助方案进行设计与制定。从操作上看,设计赞助方案主要包含 7 方面的内容,即对赞助的必要性加以分析;对工作机构进行建立;对相关资料进行收集与分析;对赞助目标进行拟订;对赞助"产品"进行设计;对赞助价格进行制定;对目标赞助商进行选择。此外,在对体育赛事赞助方案进行设计时,还需要对以下两方面的事项加以注意。

1.设计策划方案应确定基调

不管是体育赛事,还是与其相关的活动,我们从整体上策划与之相关的方案就需要首先将一个基调确定下来,实际上确定基调就是对赛事或赛事相关活动进行定位,使媒体、企业及其他受众在理念上对其有一个大概的认知。在形式上,基调具体通过风格、色彩及排版得以体现;在内容上,基调具体从策划方案的语言和逻辑中体现出来。

2.设计策划方案应有亮点

策划方案的设计应该有亮点,一本策划方案中应该有最出彩的部分。一篇文章或一首歌中出彩的句子总是最为人传唱,我们对体育赞助策划进行制作与设计时,要将重点问题作为本方案的高潮和精彩激昂的部分,这样才能够突出这一方案的煽动性。在编排时,我们要将亮点重点突出,采用图文并茂的方式使之形象、生动,以增加对企业的吸引力。

制作与设计体育赛事商业赞助策划方案会涉及很多方面的知识,如经济、体育、传播、文化、心理、美学等,因此设计者要在实践中不断丰富自己的知识,开拓自己的视野,积累经验,总结技巧,在实践中不断提高自己的设计能力,这样一定能对更多、更好的策划方案进行创作,从而对体育赛事的商业赞助进行更有效的组织和实施。

（二）谈判

赞助各方的初步意向达成之后,就要对赞助合作的具体内容与方式进行谈判了。这是体育赛事赞助运营中非常重要的一个环节,需要做好以下几方面的工作。

1.谈判场地的选择与布置

（1）谈判地点的选择

谈判的效率、谈判双方的心情以及谈判的效果都会受到谈判场地选择与布置的影响。选择谈判场地包括两个方面,即谈判地点和谈判会场。谈判地点通常在己方、对方或第三方,不管是哪一方,在选择时需要遵循的基本原则就是交通方便、环境优美、安静、安全等。

（2）谈判会场的选择与布置

选择谈判会场应以谈判时间的长短、谈判人员的数量以及谈判内容的保密程度为依据来进行,办公室、会议室、酒店商务套间、会客室等都可以作为谈判会场,会场应该具备电脑、投影仪、打印机等必要的谈判设备。布置会场主要就是安排座次和环境。

在安排座次时,如果会场中的谈判桌是长形或方形,通常谈判双方面对面入座,中间位置留给主谈者,主谈者两侧是其他谈判人员;倘若会场中的谈判桌是圆形,通常双方主谈者在圆桌直径两端面对而坐,主谈者两侧仍是其他谈判人员。对环境的安排通常就是保证会场光线、温度适宜,会场气氛良好,装饰大方等。

2.谈判人员的配备与分工

（1）谈判人员数量的配备

配备多少谈判人员、配备哪些谈判人员是体育赛事商业赞助谈判人员配备与分工策略的主要问题。通常而言,应该以谈判的地点、时间、内容、赛事特征、人员素质以及对方谈判人数等为依据来对体育赛事商业赞助谈判人员的数量进行确定。一般有以下几种情况。

第一,倘若将谈判地点安排在对方,可适当增加谈判人数;倘若谈判地点是赛事运作管理机构,则可安排相对较少的谈判人数。

第二,如果对方谈判人员数量较多时,赛事运作管理机构也要安排几乎对等的谈判人员。

第三,如果谈判人员素质高,有丰富的谈判经验,那么安排少量的人员即可,反之多安排一些人员。

第四,如果谈判的是高规格和大规模项目,应使谈判人员数量适当增加。

（2）谈判人员专业的配备

在体育赛事商业赞助谈判人员配备的组成方面有以下几个要点。

第一,一般来说,体育赛事商业赞助谈判必须配备三类人员:体育赛事运作管理机构内部具有一定身份的负责人、了解赛事竞赛组织的人员、在赛事商业赞助方面实践经验丰富的人员。

第二,在配备以上三种人员的基础上,如果涉及具体合同条款谈判时,还应配备对体育赛事商业赞助较为熟悉的专业律师。

第三,在配备以上三种人员的基础上,如果与外资企业进行谈判,还应该配备相应的翻译人员。

第四,在对谈判人员进行配备时,要考虑组成结构,不但要对相关人员的业务专长进行考虑,还要对不同人员性格上的互补加以关注,使不同的人员都能够将自己的优势发挥出来,此外还要了解对方谈判人员的性格,从而对本方谈判人员进行有针对性的配备,以促进良好谈判效果的取得。

（3）谈判人员的分工

配备人员时不仅要考虑相关人员的业务专长,还要考虑谈判角色的分工问题。"主谈者""调和者""协从者""记录者"等是基本的谈判角色。这些角色并非固定,在谈判过程中会根据实际情况调换角色。

（4）对谈判人员的相关要求

配备好相关的谈判人员后,要使全体人员对谈判的主题、内容和策略尽快进行了解,并组织人员进行讨论,收集各方意见或建议,共同商榷对谈判方案进行修改,使谈判口径、步调及意见能够统一。

3.谈判议程的安排

体育赛事商业赞助的谈判议程并非只是安排谈判时间与地点,它对谈判的节奏与进度进行控制,对谈判双方的情绪与心理有着很重要的影响。如果谈判者有经验,就懂得如何谨慎运用谈判议程安排这一工具来获取主动有利地位。

体育赛事运作管理机构应该对谈判议程安排的主动权进行争取。对谈判议程进行拟定时,应全面考虑谈判时间、地点、人员、内容等因素,一方面保证合理系统地安排议程,以使目标对象能够容易理解和接受;另一方面对议程的安排要尽量确保赛事运作管理机构处于有利位置。例如,在与目标对象展开首轮谈判时,对方办公场所是比较适宜的谈判地点,这方便我们对对方的实际情况有一个直观的了解,也有利于将我们的诚意表达出来,获取对方的信任,使进一步深入谈判的可能性得以增加。倘若是由对方对谈判议程进行拟定,体育赛事运作管理机构需要对该议程的利弊因素进行全面考虑,对对方公平合理的安排表示尊重,如果对方安排不合理,就需要将自己的意见明确提出,有针对性地进行修改。

安排体育赛事商业赞助谈判时间,主要就是对各议题谈判占用的时间以及先后顺序进行合理分配。这种安排不但要考虑在计划时间内是否可以将谈判程序完成,更要对怎样取得最好的谈判效果进行考虑。

体育赛事商业赞助的谈判议程并不是一成不变的,不是机械的,可以以谈判的实际情况为依据来对其进行及时改变,同时也需要对各种不可确定因素进行考虑,将机动应变的时间预留出来。

4.谈判价格的调整

体育赛事商业赞助谈判中的价格调整无非就是调低价格和调高价格两种。很少有将价格调高的情况,但并不是完全没有这种情况,比如在谈判过程中,其他企业对赛事很感兴趣,有意向投资赞助,这时提高谈判价格就极有可能。此外,增加谈判对象权益也可能提高谈判价格。将价格调低的情况很多,为了给予目标对象一定的优惠,力求尽快达成赞助协议,就很有可能调低价格。

不管是将价格调高还是将价格调低,在操作时一定要小心谨慎。将价格调高可能会使双方之间的信任关系遭到破坏,而将价格调低也可能会使目标对象质疑赛事的商业价格,或者认为继续降价的空间还很大,因此就会使谈判时间延长,这时赛事运作管理机构就会处于不利的被动地位。所以,在体育赛事商业赞助的谈判中,调整价格时要注意将时机和分寸把握好,不管是调高还是降低,都要为目标对象提供合理且充足的理由。同时需要注意,对价格的调整幅度要严格控制,不可过大,也不要过于频繁地调整价格。

(三)签订协议与合同

一般来说,会先以策划书为根据来签订意向性协议,并按双方要求,进一步加工策划书,再以加工后的策划书为依据来签订正式合同。

赞助合同具有买卖性质,所以要以合同法的相关规定为参照来安排合同的格式和内容。需要注意的是,因为赞助合同的标的(合同当事人双方之间存在的权利和义务关系)多是无形资产,关于物质产品鲜少涉及,而且有很多赞助和回报的方法。所以,要依据具体赞助与回报内容来确定标的、数量、质量等,这些方面的模式并不需要统一。但要严格参照合同法的有关规定来确定其他方面的内容。

此外,特定类型的赞助合同还需遵循一些特殊的规定。例如,关于标志和名称特许权的合同,要将无形资产的定义特许地理范畴、使用范围、合法产权人等写清楚;关于运动员赞助的合同,是将某一赛事的运动员作为赞助对象,还是将经常性赞助的运动员作为赞助对象,合同中要对此进行明确,同时还要说明运动员要对何种产品的广告活动进行参与,合同中还要明确要求运动员的作风、成绩、形象等,如果运动员出现意外事故(违约、丑闻、伤病等),如何进行处理,这也要在合同中予以明确。

(四)体育赛事赞助的实施

在体育赞助活动中,体育赛事赞助的实施是一个非常重要的环节,这一环节同时也最复杂,涉及很多变动因素。因为存在错综的利益关系,所以不可避免会出现意外事件,这会在一定程度上考验赞助实施者的能力。只有将赞助的实施计划和组织工作做好,遇到问题时随机应变,对意外问题进行及时处理,才能顺利开展赞助活动。通常,宣传、新闻工作、公共关系、回报落实等都是体育赛事赞助实施中涉及的重要内容。

1. 宣传

(1)宣传内容

体育赛事宣传是从赛事筹备开始到赛事结束都要开展的工作,宣传工作主要包括介绍赛事内容、规模、趣闻轶事、参与者基本情况等,同时,赛事进展,教练员、运动员、赞助商的基本资料等也是赛事宣传运作中涉及的主要内容。

(2)宣传形式

对体育赛事进行宣传推广的形式主要有专访、有奖征答、海报、答读者问、秩序册、拍摄比赛资料等。

2. 回报落实

技术部门要对责任到人的计划进行制定,要以事先商定的方式、数量和质量为参照将回报内容一一落实。

3. 新闻工作与公共关系

将赞助双方的固定联系人确定下来,由联系人来对赛事的有关信息进行提供;协助赞助者与新闻媒体建立联系;安排赞助者与有影响的人物(如知名人物、优秀运动员、政府官员等)见面;对赞助者进行邀请,使其对某些公开活动(新闻发布会、晚会、颁奖等)进行主持；活动后对纪念品进行赠送等。

（五）总结

当完成体育赛事赞助实施阶段的工作后,就开始对赛事赞助活动进行总结。在整个赞助活动中,总结这一环节不可缺少,总结阶段应开展以下几方面的工作。

首先,撰写体育赛事赞助评估报告。

其次,建立本次体育赛事赞助活动的专项档案。

再次,召开总结大会。

最后,举办感谢活动。

参考文献

[1] 刘远祥. 体育产业结构优化研究 [M]. 济南：山东大学出版社，2015.

[2] 陈爱辉. 我国体育产业政策变迁的研究 [D]. 北京体育大学，2015.

[3] 夏正清. 体育产业经营管理 [M]. 西安：西安地图出版社，2011.

[4] 肖林鹏. 体育管理学 [M]. 北京：北京师范大学出版社，2011.

[5] 王海娜. 竞技体育产业发展研究——以山东省为例 [D]. 山东农业大学，2012.

[6] 唐豪. 中国竞技体育产业市场研究 [M]. 上海：学林出版社，2005.

[7] 江福云，江治宜. 我国竞技体育产业发展研究 [J]. 体育文化导刊，2009（08）.

[8] 王宏达. 竞技体育产业可持续发展中的信任危机及其对策 [J]. 文体用品与科技，2012（04）.

[9] 钟天朗. 体育服务业导论 [M]. 上海：复旦大学出版社，2008.

[10] 鲍明晓. 体育产业：新的经济增长点 [M]. 北京：人民体育出版社，2000.

[11] 王子朴，原玉杰，詹新寰. 我国体育产业政策发展历程及其特点 [J]. 上海体育学院学报，2008，（02）.

[12] 吴超林. 体育产业经济学 [M]. 北京：高等教育出版社，2004.

[13] 丛湖平. 体育产业理论与实践 [M]. 北京：人民体育出版社，2006.

[14] 杨铁黎. 体育产业概论 [M]. 北京：高等教育出版社，2010.

[15] 曹可强. 体育产业概论 [M]. 上海：复旦大学出版社，2004.

[16] 钟天朗. 体育经营管理：理论与实务 [M]. 上海：复旦大学出版社，2004.

[17] 李万来. 体育经营管理概论 [M]. 北京：人民体育出版社，2006.

[18] 李骁天，王莉. 我国体育用品产业市场垄断与竞争分析——以市场行为为切入点 [J]. 北京体育大学学报，2008，12（31）.

[19] 江和平，张海潮. 中国体育产业发展报告(2008—2010)[M]. 北京：

社会科学文献出版社,2010.

[20] 陈鹏.中国体育:亚运会后何去何从 [J].瞭望(新闻周刊),2010(48).

[21] 杨丽丽.我国体育产业结构现状与优化对策研究 [D].上海体育学院,2013.

[22] 马海涛,谢文海.国际大都市体育产业组织路径的经验与启示.世界地理研究,2012,2(21).

[23] 李琛.体育产业组织的人力资源范式研究 [J].体育成人教育学刊,2013,1(29).

[24] 郭晶晶.中国体育产业市场研究 ——基于 SCP 范式 [D].武汉大学,2012.

[25] 张贵敏.体育市场营销学 [M].上海:复旦大学出版社,2006.

[26] 杨俊祥,和金生.知识管理内部驱动力与知识管理动态能力关系研究 [J].科学学研究,2013,2(31).

[27] 闻扬,杜力萍.中国体育产业系统探讨 [J].西南师范大学学报,2004,4(29).

[28] 李岚.试论现代企业经营管理新理念 [J].经营管理者,2016(06).

[29] 李银珠.税收筹划——现代企业经营管理新理念 [J].企业经济,2004(07).

[30] 刘平江.体育俱乐部的经营与管理 [M].北京:北京航空航天大学出版社,2014.

[31] 王勇.体育俱乐部经营管理实践 [M].北京:中国经济出版社,2015.

[32] 苏义民.我国体育健身产业发展现状与政策建议——关于加快我国体育健身休闲产业发展的思考 [J].西安体育学院学报,2010(06).

[33] 杨铁黎,苏义民.休闲体育产业概论 [M].北京:高等教育出版社,2011.

[34] 谢卫.休闲体育概论 [M].成都:四川大学出版社,2014.

[35] 魏建建.我国体育产业的发展现状研究 [D].武汉体育学院,2013.

[36] 李万来.体育经营管理概论 [M].北京:人民体育出版社,2006.

[37] 高扬,闫健.大型体育场馆建设与产业化运作研究 [M].成都:电子科技大学出版社,2011.

[38]栾秀群,王大川.中国体育传媒发展研究[J].中国报业,2012(02).

[39]蹇晓彬,徐薇薇.我国体育广告业发展现状及对策分析[J].山西师大体育学院学报,2006（S2）.

[40]李亚莉,杨红怡.我国体育赞助市场存在的问题及对策研究[J].湖南工业大学学报,2009（02）.

[41]齐星.国内体育彩票业历程回顾及趋势展望[J].当代体育科技,2014（26）.